NOUVEAU TRAITÉ
DE LA
CIVILITÉ
Qui se pratique
EN FRANCE
parmi les honnêtes-gens.

Nouvelle Edition revûë, corrigée, & de beaucoup augmentée par l'Auteur.

De la Boutique de feu M. JOSSE,

A PARIS,

LOUIS JOSSE, à la Couronne d'Epines.

Chez {

ET

CHARLES ROBUSTEL, au Palmier.

} rûë saint Jacques.

M. DCC. XXVIII.

A MONSEIGNEUR
LE DUC
DE CHEVREUSE.

MONSEIGNEUR,

On s'étonnera avec raison de voir que je mette ici sous votre illustre nom des Ouvrages qui y sont si peu proportionnez, & à vos grandes qualitez. Je suis confus moi-même de les présenter à un Seigneur, que la sagesse a perfectionné avant l'âge; que la nature a partagé d'une élévation d'ame, & d'une force d'esprit capables de pé-

EPITRE.

netrer les choses les plus sublimes ;
qu'une éducation digne de ces beaux
talens a rempli des plus belles lu-
mieres ; & qu'un genie singulier
pour des occupations serieuses, &
particulierement pour la guerre,
dérobe dès long-tems à toutes ces
petites productions.

Mais comme pour satisfaire aux
instances que l'on m'a faites de travailler à recueillir les regles des
mœurs des gens du monde, je m'y
suis appliqué le plus qu'il m'a été
possible ; & comme cependant j'ai
vû que plus je remplissois mon sujet,
plus il y avoit de vuide ; que plus
je disois de choses, plus il en res-
toit à dire : je me suis enfin avisé
d'un heureux expedient, pour suppléer tout ce qui se pouvoit remarquer sur cette matiere, sans que je

EPITRE.

fuſſe obligé dem'étendre davantage.
Et tout ce ſecret, MONSEI-
GNEUR, eſt de vous propoſer
vous-même pour modele. Je ſuis
aſſuré qu'en vous voyant, &
qu'en imitant la civilité, la ſageſſe, la douceur & l'honnêteté
qui vous ſont naturelles, on n'a plus
beſoin de Livre ni d'étude. C'eſt
avoir appris toutes les regles pour
bien vivre, que de vous avoir
bien obſervé : Et c'eſt de ma part
avoir mis la derniere main à un
ſujet d'une étenduë infinie, que de
propoſer en votre illuſtre perſonne,
comme je fais un exemplaire achevé, un Livre vivant & parfait.

A votre égard, MONSEI-
GNEUR, je ne ſuis pas en peine
de vous faire approuver la liberté
que je prens. Toutes ces belles qua-

EPITRE.

litez n'ont garde de se dementir en cette rencontre. Vous avez trop de bonté pour refuser d'obliger qui vous pourrez : vous avez trop d'honnêteté pour ne pas prendre mon intention en bonne part : Vous aimez trop la justice pour ne pas accepter ces effets de ma reconnoissance, puisque de plus grands surpassent mon pouvoir ; & vous avez enfin trop de complaisance pour ne pas agréer le zele d'une personne, quoi qu'indigne, qui est, & même plus qu'elle ne peut exprimer,

MONSEIGNEUR,

Votre très-humble & très-
obéïssant serviteur, I. M.

I. AVERTISSEMENT.

LE succès qu'a eu ce Traité a verifié l'opinion qu'en avoient quantité de personnes de merite & de qualité. Il se trouve en effet qu'il est très-utile non seulement aux personnes qui ont des enfans à élever, & aux jeunes gens ; mais à ceux-là même, qui bien qu'avancez en âge, ne sont pourtant pas assez instruits de la politesse & de l'honnêteté que l'on doit observer dans le commerce du monde.

Ce fut aussi pour cette raison que ces mêmes personnes, qui ont un zele particulier pour l'éducation de la jeunesse, convierent l'Auteur, après la premiere édition de cet Ouvrage, de le revoir & de l'augmenter, y contribuant avec cela de leur part, & envoyant à l'Imprimeur grand nombre d'observations, qui sont toutes très-judicieuses & très-utiles.

Il y condescendit de sa part avec joye, & voulut bien ne pas laisser imparfaite une chose dont on lui rendoit la perfection si facile. Pour donner même une meilleure forme à ce Traité, que l'on pourroit presque appeller maintenant l'Ouvrage de tout le monde ; il retrancha ce qui étoit superflu : il étendit plusieurs préceptes, qui paroissoient trop concis pour leur importance : il insera fidelement les observations qui lui avoient été communiquées : Et il n'oublia rien lui-même de ce qui lui vint dans l'esprit pour accommoder cette instruction à toutes sortes de personnes.

Ce fut dans cette vûë qu'il toucha quelque chose de la civilité des Dames, sçachant bien que comme elles sont naturellement modestes, c'étoit assez que de leur marquer en general quelques principes, pour leur donner lieu de suppléer elles-mêmes au reste. Outre que la plûpart des préceptes que l'on donne aux hommes, peuvent servir pour les femmes.

Au reste, il seroit fort inutile de dire ici combien la Civilité est necessaire à un honnête-homme ; puisque l'experience nous montre qu'elle est même tellement le propre de l'esprit humain, comme la raison est le propre de l'homme, que de même que la raison marque qu'il n'est point brute, la Civilité prouve de même invinciblement que les bê-

tes n'ont point de raison. Car nous faisant voir par tous leurs mouvemens
qu'elles ne connoissent ni la bienséance,
ni l'honnêteté, ni l'ordre, ni la modestie,
ni la propreté, ni la convenance des choses & des actions ; qu'elles ne le connoissent, dis-je, ni ne le peuvent pas
connoître; il ne faut point d'autres preuves pour en conclure, qu'elles n'ont point
d'ame raisonnable.

Or on laisse à juger sur ce principe,
quel nom on peut donner aux hommes
qui n'ont point de civilité, ni d'honnêteté : & combien peu les personnes gros-
sieres & mal élevées different de l'espece
qui n'a point de raison. Mais il vaut
mieux guerir les défauts de notre prochain que leur insulter.

Et c'est pour cela que l'on donne ici
les regles de l'honnêteté, afin que les
personnes de bon naturel qui n'ont pas
la commodité ni le moien de venir à
Paris ou à la Cour ; (a) puissent les apprendre sans peine & en peu de tems.

Mais aussi afin que cela se pût faire
avec encore plus de succès, il seroit à
souhaiter que l'on voulût veiller sur les
enfans, & leur rendre par de bons principes de morale, l'esprit docile & sus-
ceptible des préceptes de la vie du mon-

(a) Non cui-
vis homini
contingit
adire Co-
rinthum.
Hor. Epist.
Lib. 1. Ep.
27.

de : autrement c'est jetter de bon grain dans des ronces; c'est semer des terres incultes. Il y a un Livre qui traite *de l'Education des Enfans*, imprimé depuis quelque tems, qui peut être d'un très-grand secours à ceux qui en ont à élever.

Et pour ceux qui ont le jugement plus mûr, il est bon de les avertir de lire toujours conjointement avec cette instruction, un Traité imprimé depuis quelques années, intitulé *l'Education d'un Prince*. Il est composé de divers Ouvrages de deux des plus grands genies de ce siecle; & il est absolument necessaire que les personnes dont nous parlons, le lisent pour se former l'esprit avec ces belles connoissances. Il faut qu'ils tâchent de pratiquer les vertus qu'ils y apprendront, autant qu'elles auront de rapport à leur condition : afin que la Civilité soit soutenuë de principes solides ; & qu'elle serve d'ornement à leur sagesse ; au lieu que sans cela elle ne serviroit que de couverture à leur peu de merite.

Mais sur tout il est important qu'ils lisent, & qu'ils étudient soigneusement le *Traité de la Civilité Chrétienne*, lequel se trouve si à propos inseré dans le même Livre, pour établir plus solidement les principes de la Civilité commune, qu'on

AVERTISSEMENT.

peut dire que ces excellens Maîtres font comme venus d'eux-mêmes à notre secours.

Car leur Traité fervant pour la theorie & les principes generaux de la Civilité, & le nôtre pour la pratique & le détail particulier de la bienféance, ces deux pieces font enfemble comme un ouvrage complet fur cette matiere ; fi toutefois le nôtre, qui n'eft fait que de materiaux fimples, peut former une piece d'Architecture dans le corps de cet édifice, & avoir du rapport avec un ouvrage qui eft enrichi & rehauffé de pierreries exquifes & précieufes.

Quoiqu'il en foit, comme c'eft en quelque façon exceller que de les fuivre, nous avons nous-mêmes inferé dans un des Traitez qui accompagnent celui-ci, fous le titre de *l'Art de bien employer le tems en toutes fortes de conditions*, toutes les maximes qui fervent à l'éducation des enfans, depuis la mamelle jufqu'à ce qu'ils foient maîtres d'eux-mêmes.

LEs mêmes perſonnes qui avoient en-gagé l'Auteur à mettre au jour ce Traité de la Civilité, lui ayant deman-dé un ſecond Traité, qui fût comme l'accompliſſement de celui-ci, il n'a pû les refuſer ; ſçachant lui-même qu'il n'y a point de travail mieux employé que celui qui peut contribuer à former l'eſ-prit, & à regler les mœurs de ceux qui en ont beſoin. Vous donnez, ont-ils dit, des maximes pour vivre avec les honnê-tes-gens ; mais quelles meſures gardera-t-on avec les gens incommodes, bruſ-ques, querelleux, violens.

En effet, le monde eſt compoſé de bons & de mauvais : & il ſemble que quiconque entreprend de propoſer des regles pour bien vivre avec le monde, n'a executé que la moitié de ſon deſſein, de n'en avoir donné que pour vivre avec les bons & les raiſonnables ; il ſemble, dis-je, que pour s'en acquitter parfai-tement, il doit en donner auſſi pour

bien vivre avec les gens fâcheux & dérai-
fonnables.

. Cette raifon fi convainquante ayant
donc perfuadé l'Auteur, il a fait une fuite à ce Traité de la Civilité , fous le titre de *Traité du point d'honneur* , pour
achever de donner les moiens de fe conduire honnêtement avec toutes fortes de
perfonnes.

Ainfi ona maintenant un corps entier
de morale , que l'Auteur a divifé en trois
parties , pour répondre à autant de differens états de la vie des perfonnes fecu-
lieres.

Le premier devoir étant de bien vivre les uns avec les autres ; on en verra les
moiens dans ces deux Traitez : j'entens
celui de la *Civilité* , & celui du *Point-
d'honneur* , ou des *Regles pour converfer
& fe conduire fagement avec les incivils
& les fâcheux.*

Le fecond devoir , qui eft de fe bien
acquitter de fa profeffion , eft contenu
dans le *Traité de l'Art de bien employer
le tems dans toutes fortes de conditions.*

Et le troifiéme devoir étant de bien
vivre dans le Mariage , l'Auteur en donne les regles dans le Traité qui porte
pour titre , *Moïens d'entretenir la paix
dans le Mariage* : enforte que ces qua-

tre Traitez , qui regardent en general ,
& comprennent enfemble toutes les actions de la vie civile , feroient impar-
faits l'un fans l'autre, puifqu'il ne fuffit
pas d'être honnête-homme en une partie
de nos mœurs, mais qu'il faut l'être auffi
dans toutes les autres , pour l'être veritablement.

NOUVEAU TRAITÉ
DE
LA CIVILITÉ
Qui se pratique
EN FRANCE
parmi les honnêtes gens.

CHAPITRE PREMIER,

De quoi il s'agit dans ce Traité, & en quoi consiste la Civilité.

L A Civilité, dont nous prétendons donner ici des regles, n'est
que la modestie & l'honnêteté
que chacun doit garder dans ses
paroles & dans ses actions : car il n'est
pas question, ce me semble, de la bonne
grace ou d'un certain air & attrait, qui
est comme naturel dans les actions de certaines personnes, lesquelles ont un ta-

lent particulier de la nature pour plaire en tout ce qu'elles font, & pour ne déplaire jamais quoi qu'elles fassent, On ne sçauroit donner de préceptes certains pour s'acquerir cet heureux agrément; puisque c'est une pure liberalité de la nature. [a]

(a) Gaudeant bene nati.

La Civilité doit venir de l'interieur.

Mais comme c'est fort peu de chose de plaire seulement aux yeux du corps, si nous n'avons en même-tems le bonheur de plaire aux yeux de l'ame; ce n'est pas non plus ce charme exterieur que nous devons seulement rechercher, comme le principe de la veritable politesse : nous devons aspirer à quelque chose de plus solide, qui marque la bonne disposition du dedans, plutôt que la belle disposition du dehors.

En effet, si nous nous attachions seulement à cette bonne grace exterieure, il se rencontreroit que ceux (b) qui ont quelque remarquable incommodité corporelle passeroient pour des monstres dans la vie civile ; au lieu que s'ils ont l'ame belle & bien cultivée, leurs actions peuvent être aussi agréables, que celles des personnes les mieux faites.

(b) Neque enim solum corporis qui ad naturam apti sunt; sed multò etiam magis animi motus probandi, qui item ad naturam accommodati sunt. Cic. lib. 1. Off.

Ce qui fait la Civilité,

Je trouve donc que pour établir les regles de la veritable politesse, il ne faudroit que bien déduire celle de la bien-

séance

féance. Or cette bienféance n'étant autre chose qu'une certaine modeftie ou pudeur honnête, qui doit accompagner toutes nos actions; c'est proprement de cette vertu qu'il feroit à propos de parler,
fi nous en étions capables; puifque ce feroit enfeigner tout d'un tems le moien
d'acquerir cette politeffe & cet agrément
qui fçait fi bien nous concilier l'affection
& l'applaudiffement du monde. (a)

(a) Model-
tia eft per
quam pudor
honeftatis
claram &
ftabilem
comparat
auctorita-
tem.
Cic. Rh.

CHAPITRE II.

La définition, les circonftances & les dif-
ferentes efpeces de la Civilité.

LEs Anciens l'ont définie: (b) *une fcien-*
ce qui enfeigne à placer en fon veri-
table lieu ce que nous avons à faire ou à
dire. Or nous ne fçaurions pratiquer cette fcience, fi nous n'obfervons exactement les quatre circonftances qui fuivent.
La premiere eft, *de fe conduire chacun felon*
fon âge & fa condition. La feconde, *de*
prendre toujours garde à la qualité de la
perfonne avec laquelle on traite. La troifiéme, *de bien obferver le tems.* Et la quatriéme, *de regarder le lieu où on fe rencon-*
tre. Ces regles qui vont à fe connoître foi-
même, à connoître les autres, à obferver

(b) Scien-
earum rerum
quæ agentur
aut dicentur
loco fuo col-
locandarum.
Cic. libr. Off.

B

les lieux & le tems font fi neceffaires, que
fi l'une des quatre manque, toutes nos actions de quelque bonne intention qu'elles
partent, paroiffent inciviles & difformes.

De quelle Civilité on entend traiter ici. Mais il feroit bien difficile de donner
des regles fi exactes de la modeftie, qu'el-
les puffent fe rapporter à tous les hommes
en general, à tous les lieux du monde, &
à tous les tems de la vie. On fçait que ce
qui eft bienféant chez quelques nations,
eft ridicule chez d'autres : que ce qui eft
agréable, & quelquefois même édifiant
en un païs, eft offenfant & fcandaleux
dans un autre : enfin que ce qui eft à propos en un certain tems, déplaît & importune bien fouvent un moment après.

A caufe donc de cette varieté, nous nous
déterminerons à traiter feulement de la
bienféance qui peut être en ufage parmi
des Chrétiens, & particulierement en
France : & nous tâcherons enfuite par
quelques divifions & par quelques exemples, d'en faire voir plus diftinctement la
pratique.

Au refte, pour ce qui regarde les am-
baffades ou autres ceremonies publiques,
foit en France, foit dans les païs étrangers, on en peut confulter les ceremo-
niaux, & ceux qui ont voiagé, ou qui en
fçavent la pratique & l'ufage, pour ap-

prendre d'eux à se conduire en ces occasions.

Qui pourroit en effet marquer ici les mœurs de toutes les differentes nations, vers lesquelles les jeunes gens que nous prétendons instruire peuvent faire voiage? & quelles regles de civilité en peut-on donner, puisque les unes n'en ont point du tout, si on les compare à la Civilité Françoise; que les autres en ont de toutes differentes, & dont l'idée corromproit plutôt l'esprit de cette jeunesse, qu'elle ne l'édifieroit; & que les autres enfin en ont, pour ainsi dire, trop. Toutes leurs manieres sont si compassées, si étudiées & si reglées, que c'est comme se mettre en métier, que de vouloir les apprendre: outre que de les sçavoir, ce n'est nullement sçavoir la Civilité: elle doit être naturelle, puisqu'elle n'est autre chose que la modestie, qui ne prescrit pas le nombre des pas, ni certaines paroles affectées comme l'hypocrisie, mais qui remplit l'esprit d'un mépris chrétien de soi-même, & d'une estime pour tous les autres.

Il ne faut donc pas se mettre en peine de ce que nos jeunes gens n'apprendront point toutes ces differentes cerémonies dans ce Livre; on est assuré que pourvû qu'ils puissent bien apprendre cette modeſtie, dont nous voulons traiter, qui eſt la veritable civilité, ils ne paſſeront point pour incivils en quelques lieux du monde qu'ils aillent ; & qu'ils ſeront au contraire civils en tout païs, s'ils le ſont à la mode de France.

Pour le dire en peu de mots, cette modeſtie, dont nous entendons parler, n'eſt autre choſe, à le bien prendre, que l'humilité. Je ſçai bien, & nous en avons l'experience tous les jours, qu'il y a quantité de perſonnes qui paſſent dans le monde pour fort civiles & fort honnêtes, & qui toutefois ne ſont pas humbles, couvrant ſous cette modeſtie apparente beaucoup de vaine gloire & d'amour propre : [a] mais toujours s'ils n'ont pas d'humilité, ils font ſemblant d'en avoir; & cela même ſert de preuve aux principes que nous établiſſons „ & fait voir que l'on ne peut être modeſte ſi on eſt humble; ou que la modeſtie n'eſt autre choſe que l'humilité: Dieu enſuite juge de la ſincerité ou de la fauſſeté du cœur. Et il en juge en ſorte que nous voyons qu'il confond ces ames doubles, en ce que, quelque étude qu'elles apportent à ſe cacher ſous cette humilité feinte, on les découvre toujours, & on les fuit & tous leurs pieges. C'eſt donc la veritable humilité qui

Premiere ſource ou cauſe éloignée de la Civilité, qui eſt l'Humilité.

(a) L'Humilité n'eſt ſouvent qu'une feinte ſoumiſſion, dont on ſe ſert pour ſoûmettre les autres : c'eſt un artifice de l'orgüeil, qui s'abaiſſe pour s'élever : Et bien qu'il ſe transforme en mille manieres, il n'eſt jamais mieux déguiſé & plus capable de tromper,

doit être le fondement de nos actions.

Si cette vertu est bien pratiquée, je dis même par les personnes de la première qualité, le rang que l'on tient, ou de la naissance, ou de la fortune, n'en exemptant personne : & les grands n'étant veritablement grands aux yeux des Sages, qu'autant qu'ils sont humbles & vertueux ; si, dis-je, cette humilité est bien pratiquée, on pratiquera bien ces regles, parce qu'elle n'est autre chose que l'honnêteté & la modestie dont il s'agit.

que lorsqu'il se cache sous la figure de l'humilité.
Reflex. mor. 254.

Cette vertu consiste non seulement à ne présumer rien d'avantageux de soi-même, mais aussi à préférer sur toutes choses la satisfaction & la commodité des autres à la sienne propre ; jusqu'à avoir de l'horreur pour tout ce qui peut fâcher ou désobliger quelqu'un ; c'est être veritablement modeste, que d'être dans cette disposition. Et comme ce dernier sentiment vient de la charité qui nous porte à regarder en toutes choses les autres comme nous-mêmes ; c'est-à-dire, à leur faire & à leur vouloir du bien, & à ne faire ni ne vouloir de mal à personne : il s'ensuit que la Civilité d'un Chrétien est cet air charitable & honnête, qui exale, pour ainsi dire, de l'humilité fondée sur la charité chrétienne.

Ce que c'est que l'humilité.

(a) Modestia provenit ex quadam dulcedine affectûs, quâ quis horret omne quod potest alium contristari. S. Th. 2. 2æ. quæst. 157. art. 1.
Justitiæ partes sunt non violare hominem: verecundiæ, non offendere. Cic. lib. 1. Off.

Les effets le montrent visiblement : comme il n'y a rien qui rebute davantage, & qui soit plus insupportable que l'orgüeil & la vanité qui vient de l'amour propre, lequel n'aime personne, il n'y a rien au contraire qui soit plus agréable, plus touchant & qui gagne plus le cœur, que l'affabilité & la soumission, ou ces sentimens & ces démonstrations humbles & charitables, de bonne volonté. C'est un caractere que Dieu a imprimé dans toutes les vertus, qui émanent de lui, de fraper les yeux & d'attendrir le cœur de ceux qui les voient pratiquer : mais sur tout il a revêtu de cette gloire l'humilité & la charité.

De-là vient même, que quelque défaut d'adresse qui se rencontre dans les actions des personnes humbles, modestes & charitables; elles ont néanmoins l'avantage, que bien loin que l'on s'en choque, on le prend en bonne part, & on l'excuse; au lieu que de quelque politesse qu'un homme fier, superbe & dédaigneux accompagne ce qu'il fait, tout déplaît, tout offense.

La modestie est donc l'effet de l'humilité fondée sur la charité, comme la bienséance de nos actions est l'effet de notre modestie.

CHAPITRE III.

De la fausse confiance, qui est directement opposée à la Civilité.

NOus venons de voir dans le Chapitre précedent , que parmi les orgueilleux il y en a quelques-uns qui sont civils, & d'autres qui ne le sont point. C'est ce que nous allons éclaircir dans celui-ci ; de peur que l'on ne croie , que nous nous soyons contredits, & afin tout d'un tems d'ôter de notre chemin un mauvais principe , qui empêcheroit que les regles que nous allons nous prescrire, ne fissent d'impression sur notre esprit.

Lorgüeil, qui est une idée que l'amour propre fait naître en nous,de notre mérite, & qui nous porte à croire , que nous sommes au dessus des autres hommes,est l'ennemi naturel de la civilité,ainsi qu'on peut le juger des principes incontestables que nous venons d'établir. Il est impossible, proprement parlant, qu'un orgüeilleux soit civil ; puïsque de dire qu'il est civil, c'est la même chose que de dire qu'il est humble , ce qui est une contradiction manifeste.

Que l'orgüeil est la cause de cette confiance, & ce que c'est.

Cependant, comme nous venons de di-

D'où vient
que des or-
gueilleux sont
humbles.

re , nous voions ce paradoxe en la personne de plusieurs ; ils sont humbles ,
quoiqu'ils soient orgueilleux ; mais ils ne
sont humbles , que parce qu'ils ne sont
simplement qu'orgueilleux. L'orgüeil
tout seul, ou reduit à ses propres forces ,
se sent trop foible pour donner la loi : il
est contraint de se faire violence , mais
aussi-tôt qu'il est secondé , il leve le mafque , il redevient lui-même. Il en ef. ici
comme des autres passions ; elles sont
foibles toutes seules ; mais d'abord que
l'une vient au secours de l'autre , la force
se redouble , & elles entreprennent. L'a-
mour de la gloire , par exemple , voudroit bien gagner des batailles , mais il
demeure sans effet s'il est tout seul : est-il
soûtenu par le courage ou la hardieffe , il
ne considere plus le danger.

Il en est de même de l'orgüeil quand
il est seul : il est comme un ennemi défar-
mé qui s'humilie , qui donne de bonnes
paroles , qui demande quartier : & c'est
le caractere de tous les orgueilleux , qui
sont dans l'indigence , ou qui ambition-
nent quelque avancement. Il n'y a sorte
de soumission qu'ils ne fassent pour parvenir à leurs fins ; y sont-ils parvenus ,
ils deviennent fiers , arrogans , insolens ,
méprisans. C'est cet avantage qui leur en-

fie le cœur , ou qui leur donne la confiance de tout entreprendre : & par confe-
quent , c'eſt, ſi nous y prenons garde, cette
confiance , qui ſe joignant à l'orgüeil ,
rend les perſonnes orgüeilleuſes inciviles.

Cette confiance vient de la poſſeſſion
de certaines choſes qui donnent naturellement de la préſomption : c'eſt pourquoi
elle n'eſt que l'orgüeil même ; mais c'eſt
un orgüeil qui augmente ſes forces par
l'idée de ces choſes, qui viennent de dehors : de la même maniere que nous
voions arriver à un feu dans lequel on
jette de l'huile. C'eſt bien le même feu ,
mais cette huile redoublant les forces de
ce feu , il ſemble que ce ſoit un nouveau
feu , qui vient ſe joindre à celui-là.

Ce qui nour-
rit l'orgueil
dans pluſieurs
perſonnes.

Une perſonne orgüeilleuſe qui aura de
la naiſſance , s'imagine que la civilité le
degrade , & on la voit ſe faire une extrême violence , quand il faut qu'elle ploie
devant une perſonne éminente : elle ne ſe
ſoumet qu'en colere , & c'eſt l'avantage
de cette naiſſance qui donne à ſon orgüeil
la confiance d'être incivil.

Une perſonne qui croit avoir de la doctrine , croit en même-tems , ſi elle s'aime dans ſon talent , que c'eſt ſe faire injure , que d'être civile : tant ſon orgüeil
prend de confiance de cette litterature.

C

Un homme qui sçaura qu'il passe dans le monde pour avoir une vertu singuliere, croira, s'il s'applaudit dans cette réputation, que c'est à lui-même, à qui on doit du respect, bien loin d'en devoir rendre à personne; & c'est son orgüeil, qui se sentant si puissamment armé lui remplit l'esprit de cette confiance.

Une personne qui se croira belle & bien faite sera fiere & dédaigneuse, s'imaginant de même que c'est à elle à recevoir des adorations, & non pas à en rendre; & c'est son amour propre, qui se voiant secondé par la beauté, qui se croit elle-même toute puissante, s'anime de cette confiance.

Un homme qui se sent beaucoup de bien, ou qui a quelque Charge qui lui donne du crédit, rendra, à la verité, des devoirs à une personne élevée: mais ce seront des devoirs qu'il rendra froidement, dédaigneusement, à sa commodité, ou enfin parce qu'il ne pourra pas éviter de les rendre; & cela viendra de ce que cette ame naturellement orgüeilleuse se fortifie de l'assurance que lui donne le grand bien qu'elle possede, & le poste qu'elle occupe.

Un homme orgüeilleux qui se sentira appuié de la faveur de quelque puissance, s'enfle de tant de confiance, que bien loin de rendre aucunes honnêtetez à personne, il se croit obligé pour répondre à sa fortune, d'insulter indifferemment tout le monde.

Et c'est de la même source que vient la confiance de ceux qui sont dans le maniement des affaires. Ils se confient au besoin qu'ils croient que l'on a de leurs personnes; & faisant de cet empressement un point de vanité, ils en prennent occasion, ou de ne pas regarder les gens, ou de reconnoître leurs soumissions avec tant de négligence, que personne ne se sépare d'eux qu'en se croiant offensé.

Enfin l'amour propre qui n'inspire pas cette confiance de même maniere en tous les hommes, se sert même du naturel seul d'un homme, pour le détourner des devoirs de la sociéte. Par exemple, une personne paresseuse, ou qui n'aime que son plaisir, se tient contente de sa maniere; & la confiance qu'elle a en ce qu'elle se croit capable de se satisfaire elle-même, lui fait regarder le reste du monde avec nonchalanche; & toutes les assiduitez & les témoignages d'honnêteté comme de veritables croix.

Or ces personnes-là ne s'arment toutes que d'une fausse confiance. Déja c'est une faute palpable de dire, qu'un honnête homme, ou un Chrétien puisse prendre de telles confiances, qui l'exemte de s'humilier. C'est-là le naturel des démons : avec cela il est faux que l'on puisse prendre confiance, ou sujet de s'élever en toutes ces choses-là : puisque la plûpart nous viennent, sans que nous y contribuions. Nous n'avons aucune part à notre naissance & à notre beauté ; je veux dire que nous ne nous faisons point naître tels qu'il nous plaît ; & ainsi il est ridicule d'en tirer vanité.

Veritablement nous contribuons à notre doctrine & à notre vertu ; & nous pouvons avoir contribué à acquerir les biens, les charges & la faveur que nous possedons : mais c'est en vain que nous estimons cette doctrine, cette vertu, ces biens, ces charges & cette faveur capables de nous élever, puisque tout cela n'est rien moins qu'un sujet de nous élever. Etre savant & être orgüeilleux, c'est être ignorant ; être vertueux & être superbe, c'est être scelerat ; être riche & être arrogant, c'est ne voir pas plus loin que son nez ; & ainsi du reste. La confiance la plus legitime que l'on pourroit prendre, doit venir du veritable merite. Toutes ces choses conçûës dans le sens que les conçoi-

vent ces personnes-là, ne font point le veritable merite ; elles ne peuvent donc pas
être capablea de donner de la confiance.

Qu'est-ce donc, me direz-vous, qui
fait le merite ? C'est la vertu, & c'est cela même qui doit obliger ces personnes-
là à être civiles. Si la vertu fait le merite :
si la vertu est la même chose que l'humilité & que la charité ; & si la Civilité n'est
qu'un rejetton de l'humilité & de la charité, il est visible que ces personnes-là
doivent necessairement être civiles, quand
même dans le fond elles ne seroient
point vertueuses. Elles le doivent, dis-je,
si elles prétendent se faire de leurs avan-
tages un merite.

La chose parle d'elle-même : un homme
de qualité incivil, passe pour tout autre
chose dans le monde, & semble par-là
désavoüer ses titres.

Un sçavant mal élevé & suffisant, tourne lui-même sa doctrine en ridicule.

Un vertueux arrogant est haï de Dieu
& des hommes.

Une belle personne, mais méprisante
& glorieuse, est le rebut du monde, elle
qui croit voir le monde à ses pieds.

Un homme riche & superbe, est un
animal insociable, & une statuë d'or, que
personne n'encense qu'à regret.

Un Officier d'une gravité immobile & dédaigneuse paſſe pour un ſpectacle.

Un homme de faveur qui en abuſe, eſt regardé comme le fleau de tous ceux qui ont affaire à lui.

Un homme empreſſé, incivil, ſe tourne lui-même en dériſion.

Un homme ſenſuel, qui n'a conſideration que pour lui-même, paſſe pour tout autre choſe que pour un homme.

Bons effets de la Civilité. Tout au contraire, ce même homme eſt-il civil, eſt-il commode, chacun l'aime, quoiqu'il n'ait aucun veritable talent pour ſe faire aimer.

On ne ceſſe pareillement de loüer & d'admirer un homme, qui ſans s'arrêter à l'embarras des affaires, n'oublie ni ſa perſonne, ni les autres, & répond aux devoirs qu'on lui rend ; ſinon par de pareils devoirs, ce que ſes occupations ne lui permettent pas ; du moins par tout le plus d'honnêtetez qu'elles lui permettent.

On s'intereſſe de même dans la faveur d'une perſonne que l'on voit ne s'enorgüeillir point. On regarde cette faveur comme un effet de juſtice : & ce qui excite l'envie à l'égard de ceux qui en prennent ſujet de ſe mêconnoître, fait naître ici la joïe. On celebre cette conduite honnête comme un prodige.

C'eſt la même choſe à l'égard d'un Officier, dans lequel on voit de l'humanité, de la douceur, de la charité, des manieres civiles & obligeantes: on le revere plus par ce caractere, que par celui de la Charge.

Un homme riche, qui eſt honnête homme, commode & bien-faiſant, eſt un tréſor, qui vaut plus que tous les tréſors qu'il poſſede ; chacun le benit, & voiant ces richeſſes en ſi bonnes mains, chacun lui en ſouhaite encore plus qu'il n'en a.

Quels charmes une beauté n'a-t'elle pas lorſqu'elle eſt humble, qu'elle eſt honnête & bonne ? tout plaît en elle : tous les cœurs ſont à elle ; tous les vœux ne ſe font que pour elle.

Un homme qui marque par ſes actions avoir de la vertu, & qui ſe diſtingue particulierement par ſon humilité, par ſa bonté, par ſa charité, eſt regardé de tout le monde comme un miracle.

Un homme ſçavant, qui par ſa modeſtie croit en lui-même, que tout ce qu'il ſçait n'eſt rien en comparaiſon de ce qu'il ignore : & qui pour cette raiſon ne préſumant rien de ſa perſonne, eſt civil, honnête, accommodant envers tout le monde, eſt cheri & eſtimé de tout le monde.

Enfin un homme de naiſſance, qui
C iiij

ajoûte la conduite à ce jeu de hazard, & qui tâche de se rendre illustre par la vertu, & sur tout par l'humilité & la charité est comme une pierre précieuse, qui brille parmi les autres.

Il faut donc fuir ces vaines confiances, qui fomentent l'orgüeil, & qui étouffent dans l'ame tout le germe qu'il pourroit y avoir d'honnêteté; & il faut même détester les fausses apparences de civilité, qui deshonorent & couvrent à la fin de confusion la personne qui les pratique. En un mot, il faut se graver dans l'esprit ce précepte; que la civilité doit, comme nous avons déja dit, être immuablement fondée sur la vertu; & qu'ainsi l'orgüeil, la fausse confiance & l'hypocrisie sont ses ennemis capitaux, mais particulierement la confiance, qui enfle & anime l'orgüeil.

Fuir ces fausses confiances, & embrasser la véritable Civilité.

CHAPITRE IV.

Du respect, qui est la cause immediate de la Civilité.

APrès avoir détruit ce qui détruit en nous la Civilité, & après avoir fait voir la cause éloignée de la Civilité, il est à propos à present de parler de sa cause prochaine: il y a toûjours dans toutes les

productions une double cauſe. La cauſe
éloignée de l'homme, par exemple, eſt
Dieu : la cauſe prochaine de l'homme,
ſont ſes pere & mere. La cauſe éloignée
de la Civilité eſt la modeſtie, qui a elle-
même, comme nous venons de voir, pour
cauſe, l'humilité & la charité ; & ſa cauſe
prochaine eſt la bien-ſeance, qui tire ſon
origine du reſpect. Comme Dieu crée
l'homme, qui eſt la cauſe & le pere d'un
autre homme ; la modeſtie produit le reſpect, qui eſt le pere de la bien-ſeance,
d'où vient la civilité.

Par l'humilité nous connoiſſons & ſen-
tons notre peu de vertu & de valeur, par
rapport au merite des autres. Par la charité nous ne nous aimons que par rapport
à l'amour dont nous aimons notre prochain ; & ce ſont deux ſentimens qui forment en nous la modeſtie, qui eſt *un ſenti-*
ment de l'ame, qui fait que nous nous eſtimons,
& aimons nous-nêmes, & les autres dans la
juſte meſure que nous devons.

D'où vient la modeſtie, qui forme le reſpect ; & ce que c'eſt.

Lorſque ce ſentiment regarde les autres, nous l'appellons reſpect, comme qui
diroit égard & conſideration pour quelqu'un.

Il y a deux ſortes de reſpects, le reſpect que l'on peut appeller commun, parce qu'il ſe doit par tout à tous, ſelon diſ-

ſerens degrez. L'autre eſt particulier, parce qu'il ne ſe doit qu'à certaines perſonnes.

Le reſpect commun eſt *un ſentiment mo-*
deſte de nous-mêmes à l'égard de ceux que
nous croions dignes de notre ſoumiſſion &
de notre amour. Ce ſentiment eſt naturel
en nous : & Dieu nous en jette les ſemen-
ces dans l'ame, auſſi-tôt qu'il nous crée ;
parce que nous créant pour vivre en ſocieté enſemble, & cette ſocieté ne pou-
vant pas ſubſiſter ſans ordre, ni cet ordre
s'établir entre choſes égales, qu'en ſe ſou-
mettant les unes les autres ; la nature toute
ſeule nous montre qu'il eſt juſte, que le
plus jeune, par exemple, ſe ſoumette au
plus vieux, le moins intelligent & le moins
excellent, à celui qui l'eſt plus : de même,
parce que cette ſocieté ne peut ſe maintenir, ſi ceux qui la forment ne s'aiment, ſur
ce principe que pour s'unir, il faut compatir enſemble, & que pour compatir
enſemble il faut s'aimer ; Dieu a pareillement imprimé dans nous des ſentimens
naturels d'amour les uns pour les autres ;
& comme en effet c'eſt le plus fort lien
de la ſocieté, parce qu'il eſt le plus volontaire, Dieu a voulu créer les hommes
d'une maniere que cet amour pût être per-
petuel dans l'homme. Il l'a naturellement
fait foible, nud, pauvre, en ſorte qu'un

homme eſt comme obligé par force, d'aimer un autre homme, pour le beſoin continuel qu'il en a. Ainſi on aime naturellement ceux qui nous font du bien, ou ceux
qui nous en peuvent faire; & comme la
vertu eſt le témoignage le plus ſenſible
d'une volonté bien-faiſante, on aime ſou-
verainement la vertu dans les autres, c'eſt-
à-dire, par deſſus toutes choſes; & ceux-
là même qui n'ont rien à attendre d'un
homme vertueux, l'aiment par ce principe naturel: & parce qu'ils ſont aſſurez
que s'ils en avoient beſoin, ils en rece-
vroient tout le ſecours dont ils feroient
capables, c'eſt ce qui naturellement produit & maintient la charité parmi les
hommes: & c'eſt en quelque façon ce
même interêt qui cultive la ſoumiſſion &
la déference parmi eux. Il eſt comme naturel de déferer à ceux dont on attend
quelque bien.

C'eſt donc ce que la nature nous inſpire
d'elle-même; mais comme Jeſus-Chriſt
eſt venu perfectionner en nous ces ſentimens naturels, il nous a fait voir que ce
reſpect n'eſt pas introduit parmi les hommes, pour avoir en vûë l'interêt, mais
pour unir les membres de Jeſus-Chriſt entr'eux; & qu'ainſi il ne devoit pas ſe diſ-
tinguer, ſelon la difference des perſonnes

mais qu'il se devoit rendre indifferemment à tous, sur ce fondement que nous
sommes tous freres par le Christianisme.
C'est cette admirable regle que S. Paul
nous donne en commandant à chacun de
nous *d'avoir pour son prochain une affec-*

a Rom.
XII, 10.

tion & une tendresse de frere, en nous pre-
venant les uns les autres par des témoigna-
ges d'honneur & de déference. Ce qui fait
voir que l'esprit du Christianisme est un
esprit de civilité & de respect; car comme
l'amour & la soumission forment cette espece de respect, le même Apôtre ne cesse
de nous prêcher cet amour & cette sou-

b Ib. XIII.
3.

mission: (b) *Ne demeurez,* dit-il encore,
redevables que de l'amour qu'on se doit

c Ib. XV. 1.

toûjours les uns les autres. (c) *Supportons*
les foiblesses des infirmes, & ne cherchons

d Ephes. V.
21.

point notre propre satisfaction. (d) *Soumet-*
tez-vous les uns aux autres dans la crainte

e Phil. XI.
3.

de Jesus-Christ. (e) *Que chacun par humi-*
lité croie les autres au dessus de lui. Ce
respect chrétien, qui doit accompagner
toutes les paroles & toutes les actions des
Chrétiens, est le respect commun.

Respect par-
ticulier; ce
que c'est.

  Le respect particulier est celui que l'on
rend aux personnes qui ont quelque caractere de grandeur & d'autorité comme
juridique sur nous; car à l'égard de ces
sortes de personnes, le respect est mêlé non

seulement de soumission & d'amour, mais aussi d'admiration & de crainte. Nous regardons avec admiration, c'est-à-dire ici, ravissement d'esprit, leur excellence, leur grandeur; & nous craignons leur autorité & leur pouvoir.

C'est de cette qualité que doit être le respect que nous devons à Dieu : si ce n'est que ce respect doit encore surpasser tous les autres respects; car comme rien au monde, je veux dire, ni dans le ciel, ni sur la terre, ne se peut penser de si grand que Dieu; comme rien ne se peut concevoir de si bon que Dieu, rien s'imaginer de si puissant que Dieu, nous devons avoir pour Dieu tout le respect que l'ame de l'homme est capable de concevoir; puisque Dieu comprend en un degré souverain tous les motifs qui peuvent faire naître du respect en nous. Et ce respect a encore ceci de particulier, que tout le monde y est obligé, grands & petits, sujets & souverains; enfin toute la nature doit reverer cette souveraine majesté.

Le respect que nous devons aux personnes souveraines; est pareillement un respect particulier; parce que nous ne considerons pas seulement leur élevation & les grands biens que nous en recevons, mais aussi l'autorité absoluë, dont ce ca-

ractere facré eft revêtu ; où il faut comprendre tous ceux à qui le Souverain met
fon autorité entre les mains.

Il faut dire la même chofe du refpect
que nous devons à nos peres & meres. La
nature qui leur donne préféance & autorité fur nous , & les grands biens dont
nous leur fommes redevables , ne permettent pas à des ames faintes , d'avoir pour
eux un refpect commun : & fous le nom
de peres & meres font compris tous ceux
qui exercent fur nous une pareille autorité , ou un pareil gouvernement qu'eux.

Maintenant tous ces refpects fe mani-
feftent au dehors dans la focieté civile par
certains devoirs , qui s'expriment par les
paroles & les actions , felon les loix que
la raifon de l'homme s'eft prefcrite. Cette
raifon fuivant les principes de la nature ,
de l'honnêteté. dont la nature a jetté les
femences dans l'ame de l'homme , & le
rapport que l'ufage a introduit dans les
chofes , a fait ces regles. Ces regles font
ce que l'on appelle bien-féance , & la
pratique de ces regles s'appelle Civilité ;
hors que cette même bien-féance nous apprend par une de fes regles , que quand il
s'agit des devoirs qui regardent le refpect
particulier , il faut donner à l'effet le
nom de la caufe : je veux dire , qu'au

Comment s'exprime le refpect.

lieu , par exemple , d'appeller les devoirs qu'il faut rendre à des personnes qui ont autorité sur nous , des civilitez ; il faut retenir le nom de la cause , & les appeller des respects.

Ainsi donc , la Civilité vient de la bien-séance. La bien-séance vient du respect : le respect se forme de la modestie : la modestie est un rejetton de l'humilité & de la charité, & tout ensemble un composé de l'admiration & de la crainte ; ce qui suffira pour donner en general une idée des causes de la Civilité. Nous l'allons maintenant traiter dans le détail.

D'où vient regulierement la Civilité.

CHAPITRE V.

Du discernement de ce qui est bien-séant, d'avec ce qui ne l'est pas , selon l'usage.

LA premiere regle de la bien-séance, est de sçavoir faire le discernement de ce qui est honnête & convenable , d'avec ce qui ne l'est pas : car bien qu'un homme eût l'ame humble , charitable , modeste & très-respectueuse , si avec cela il étoit stupide , ou qu'il voulût faire le singulier , il ne passeroit jamais ni pour modeste , ni pour respectueux , ni pour.

civil , & ne feroit nullement propre à vivre parmi les honnêtes gens.

Trois chofes neceffaires pour bien faire ce difcernement.

Pour être capable de faire le difcernement des chofes bien-féantes , d'avec celles qui ne le font pas , il feroit en premier lieu à defirer que l'on eût naturellement bon fens & bon jugement , pour de foi-même connoître la qualité differente de chaque chofe. Bien fouvent faute d'efprit , on s'égare , & on prend le change , faifant myftere des chofes frivoles ; & paffant au contraire legerement par deffus beaucoup d'autres qui font très-confiderables.

En fecond lieu , il faudroit obferver exactement ce que l'ufage a établi parmi nous pour honnête , & éviter de même auffi tout ce qu'il a condamné comme indécent.

En troifiéme lieu , on devroit bien prendre garde de ne pas confondre la familiarité avec la bien-féance.

Pour le premier , on n'a point de précepte à donner ; c'eft un bien qui nous vient de la nature fans le fecours de l'art ; fi ce n'eft peut-être que par une bonne éducation , & par une étude & application extraordinaire fur nous - mêmes , nous ne corrigions & rectifions en quelque façon le défaut de la nature.

Pour

Pour le second, il faut sçavoir que cet usage est formé tant du consentement general des honnêtes gens, que par la bien-séance même, dont la nature a donné les premieres regles. Cet usage se l'est proposé comme son guide & modele, pour la suivre dans les choses qu'elle-même nous suggere être bonnes & honnêtes; & pour imiter sa pudeur & sa retenuë dans celles qu'elle juge indécentes. (a)

Elle nous a, par exemple, tellement obligez de nous conduire selon les talens qu'elle nous a donnez, (b) que si nous prétendons passer ses bornes, en nous contrefaisant, soit dans la parole, soit dans l'action, comme il arrive, en plusieurs, qui se font la voix languissante, ou la langue grasse, & qui affectent un certain marcher & des gestes qu'ils n'ont point de la nature, la contrainte & l'irrégularité paroissent aussi-tôt, & l'amour que l'on a pour la simplicité y fait trouver une indécence qui rebute, & qui choque.

De même la nature aiant voulu cacher certaines parties de notre corps, & certaines actions; le consentement & l'usage s'accordent tellement à les tenir cachées pour garder l'honnêteté, que celui-là passeroit pour le plus deshonnête du monde,

Que la nature donne les premiers preceptes de la Civilité.

a Quod si sequamur ducem naturam, nunquam aberrabimus. *Cic. ib.*

b Admodum autem tuenda sunt sua cuique non vitiosa, sed tamen propria, quo facilius decorû tueatur. *Ib.*

On n'est jamais si ridicule par les qualitez que l'on a, que par celles que l'on affecte d'avoir. *Refl. mor.*

c Id. maxime quemque decet, quod est cujusque suum maxime. *Cic. ib.*

n omni genere quæ sunt recta & simplicia laudantur. *ib.*

qui découvriroit publiquement ce qui ne se doit point découvrir, ou feroit quelques actions, & profereroit quelques paroles, pour les exprimer contre l'honneur, pour ainsi dire, & la pudeur de la nature. (*a*)

Pour les autres actions dont la nature ne se cache point, & qui nous sont cependant communes avec les animaux, comme cracher, tousser, éternuer, manger, boire, &c. parce que la raison nous dicte naturellement, que plus nous nous éloignons de la maniere des bêtes, plus nous nous approchons de la perfection, où l'homme tend par un principe naturel, pour répondre à la dignité de son être; le consentement de l'honnêteté veut aussi, que puisque l'on ne peut pas se dispenser de ces actions, qui sont naturellement indispensables, on les fasse le plus honnêtement, c'est-à-dire, le moins approchant des bêtes, qu'il est possible.

Il en est de même de certaines choses qui ne dépendent point de la nature, mais que le même consentement a introduites de tout temps parmi nous; comme de se découvrir la tête pour témoigner notre respect, de donner le pas à une porte, le haut bout dans une chambre ou à table, la main droite ou le haut du pavé dans une ruë, &c. Car ces choses sont aussi tellement de l'essence de la Civilité, que si un homme n'ôte pas le chapeau pour resaluer, jusqu'aux personnes de la plus petite condition, qui l'auroient salué le premier, il passera pour un homme très-incivil & très-mal élevé.

Quant au troisiéme moien, que nous avons dit être necessaire pour faire un bon discernement, il consiste à bien distinguer la familiarité d'avec la bienséance : & il est en effet d'autant plus important de le faire, qu'en certaines rencontres, la familiarité peut être tout-à-fait bien-séante & honnête : là où elle seroit ailleurs extrêmement incivile & choquante.

Qu'il faut distinguer la familiarité d'avec la Civilité.

Pour la connoître, il faut sçavoir premierement, que la familiarité est *une liberté honnête, que des personnes, qui parlent ou agissent ensemble prennent entr'elles, laquelle leur fait, par une certaine convention tacite & réciproque, prendre en bonne part ce qui les choqueroit, étant pris à la rigueur.*

Ce que c'est que la familiarité & envers qui il en faut user.

De plus, il faut remarquer que toute la conversation des hommes se passe d'égal à égal, ou d'inferieur à superieur, ou de superieur à inferieur.

Et enfin que tout ce qui se traite dans le monde arrive, ou entre des personnes qui ont une longue habitude ensemble; ou entre celles qui n'en ont point du tout.

D'égal à égal; si on se connoît beaucoup, la familiarité est une bien-séance; si on se connoît peu, elle est une incivilité; & si on ne se connoît point du tout, elle ne sçauroit être qu'une legereté d'esprt.

D'inferieur à superieur; si on se connoît beaucoup, ou si on se connoît peu (à moins d'un commandement exprès), la familiarité est une effronterie; & si on ne se connoît point du tout, c'est une insolence & une brutalité.

De superieur à inferieur, la familiarité est toûjours dans la bien-séance, & elle-même obligeante pour l'inferieur qui la reçoit. Ainsi selon ces remarques, toutes nos actions à l'égard des autres, sont ou absoluës & indépendantes, ou dépendantes, selon la difference des trois sortes de personnes, superieures, égales, & inferieures. Aux premieres tout est permis, parce qu'elles commandent: aux autres beaucoup de choses se souffrent, parce que l'on n'a pas droit de les censurer; & aux dernieres rien n'est bienséant que ce qui est dans les regles de la modestie. C'est pourquoi la familiarité convient aux deux premieres especes, & non pas à la derniere, sans l'ordre exprès de la personne de qui nous dépendons ; encore y faut-il garder de grandes mesures.

Mais comme ces principes generaux pourroient beaucoup servir à une personne qui sçauroit les appliquer à toutes ses actions : il est sans doute aussi, que quiconque pourroit reduire ces regles à certains chefs, & les expliquer dans le détail, elles seroient bien plus intelligibles, & d'une bien plus grande utilité.

Quel exemple on se choisit dans ce Traité, pour appliquer ces principes.

Nous en pouvons faire ici la tentative, en commençant toûjours par l'exemple de la conversation d'un inferieur avec un superieur, qui se connoissent peu l'un & l'autre, comme de l'espece qui a le plus de besoin par tout de bons préceptes. Representons-nous donc un jeune homme qui désire d'être instruit ; & conduisons-le chez un grand, par tous les lieux & dans tous les tems, qu'il peut converser avec lui.

CHAPITRE VI.

L'entrée dans la maison d'un Grand, &
ce qu'il faut observer à la porte,
dans les anti-chambres, &c.

La porte. POUr commencer par la porte de la maison d'un Prince, ou d'un grand Seigneur, ce seroit incivilité, en cas qu'elle fût fermée, de heurter fort & plus d'un coup : & ce seroit encore une

La court. malhonnêteté d'entrer dans la court en carrosse, à cheval, ou en chaise. Il faut mettre pied à terre, à moins que par ordre du maître de la maison, on n'obligeât de faire entrer votre carrosse, ou votre chaise.

L'antichambre. A la porte des chambres ou du cabinet, c'est ne sçavoir pas le monde que de heurter ; il faut grater.

Et quand on grate à la porte chez le Roi & chez les Princes, & que l'Huissier vous demande votre nom, il le faut dire, & jamais ne se qualifier de Monsieur.

Il n'est pas de la bien-séance de s'enveloper dans son manteau, quand on entre, ou dans la maison, ou dans les chambres : chez le Roi entrant ainsi, on s'exposeroit à quelque correction.

C'est effronterie d'entrer de soi-même sans être introduit, si on est tout-à-fait étranger dans la maison.

Que s'il n'y a personne pour nous introduire, & que l'on s'en rapporte à nous pour entrer, il faut voir doucement si la porte est fermée par derriere: si elle l'est, il ne faut pas la pousser, ni rien faire à l'étourdie; mais il faut attendre patiemment qu'on l'ouvre, ou grater doucement. Que si personne ne vient il faut s'en éloigner, de peur que l'on ne soit trouvé comme écoutant, & faisant l'espion, ce qui choque extrême-ment ceux qui sçavent vivre.

Il est de la civilité d'avoir la tête nuë *Le chapeau.* dans les sales & dans les antichambres: & avec cela il faut remarquer que celui qui entre, est toûjours obligé de saluer le premier ceux qui sont dans la chambre.

Il y en a même qui aiant appris le rafinement de la civilité dans quelque païs étranger, n'osent en compagnie ni se couvrir, ni s'asseoir le dos tourné au portrait de quelque personne de qualité éminente.

Il est contre la civilité, de dire à une personne au dessus de vous, de se cou-

vrir : mais c'eft auffi une incivilité, fi
vous vous couvrez vous-même, lorfque
vous le pouvez faire à l'égard d'un égal
ou inferieur, de ne point faire couvrir
la perfonne avec laquelle vous parlez,
quand elle feroit de beaucoup votre inferieure, fi elle n'eft pas dans votre dépendance.

Et c'eft ce qu'il faut obferver particulierement fi ces perfonnes ont en elles
quelque qualité qui merite qu'on les mé-
nage ; comme fi ce font des Eccléfiafti-
ques ou des perfonnes âgées : & alors fi
on ne veut pas ufer de paroles de commandement, comme : *Couvrez-vous,
Monfieur, foiez couvert, &c.* on pourra prendre la circonlocution : *Il fait
froid ici, &c.* ou la familiarité, en difant, par exemple : *Voulez-vous m'en
croire ? laiffons là les façons, couvrons-
nous.*

A votre égard fi vous êtes inferieur,
il faut bien fe donner de garde, comme
nous venons de marquer, de dire à une
perfonne fuperieure de fe couvrir, ou
de vous couvrir vous-même, qu'après
qu'il vous l'aura dit : & il faut même
refifter honnêtement à ce commandement, fi cette perfonne eft de très-grande qualité ; mais auffi il ne faut pas le
lui

lui faire dire importunément trois ou quatre fois.

Que fi vous étiez de beaucoup fuperieur, il ne faut pas preffer de fe couvrir une perfonne fi inferieure, qu'elle ne pourroit le faire fans manquer à fon devoir.

C'eft s'expofer à un affront que d'avoir fon chapeau fur la tête, dans la chambre où on a mis le couvert du Roy, ou de la Reine; & même il faut fe découvrir lorfque les Officiers portent la nef & le couvert, & paffent devant vous.

Dans la chambre où eft le lit, on demeure auffi découvert: & même chez la Reine, les Dames en entrant faluent le lit, & perfonne n'en doit approcher, quand il n'y a point de baluftre.

A l'égard des Dames, il eft bon de favoir qu'outre la reverence qu'elles font pour faluer, il y a le mafque, les coëffes & la robe, avec quoi elles peuvent témoigner leur refpe^a. Car c'eft, par exemple, incivilité aux Dames, d'entrer dans la chambre d'une perfonne à qui elles doivent du refpect, la robe trouffée, le mafque au vifage, & les coëffes fur la tête, fi ce n'eft une coëffe claire; & il eft auffi à remarquer que la reverence ne doit jamais être, ni courte ni

Les coëffes

Le mafque.

E

trop précipitée , mais baſſe & grave , & pourtant ſuccinte , où il y a lieu de la faire , ou au moins en s'inclinant un peu du corps , quand on ne fait que paſſer.

C'eſt incivilité auſſi d'avoir ſon maſque ſur le viſage , en un endroit où ſe trouve une perſonne d'éminente qualité , & où on en peut être apperçû , ſi ce n'eſt que l'on fût en caroſſe avec elle.

C'en eſt une autre , d'avoir le maſque au viſage en ſaluant quelqu'un , ſi ce n'é-toit de loin ; encore l'ôte-t-on pour les Perſonnes Royales.

En la chambre d'une perſonne de gran-de qualité où le lit eſt clos , c'eſt incivi-lité de s'aſſeoir ſur le baluſtre.

S'aſſeoir, ſe Promener. C'en eſt auſſi une , de s'appuyer ou s'aſſeoir ſur les bras ou ſur le doſſier de la chaiſe du Roy , qui eſt d'ordinaire tournée contre la muraille.

Il n'eſt auſſi nullement de la politeſſe , de ſe promener dans l'anti-chambre en attendant : cela eſt défendu chez le Roi : & ſi on le fait , les Huiſſiers ont droit de vous le dire , & de vous faire ſortir.

Il n'eſt pas de la bien-ſéance non plus de chanter , ou de ſiſler en attendant , comme on dit , pour ſe des-ennuyer : ce qu'il faut auſſi ſe garder de faire dans les ruës , ou autres lieux , où il y a concours de monde.

CHAPITRE VII.

Ce qui regarde la conversation en compagnie.

Comme c'est une marque de legereté d'esprit, ou de vanité, d'entrer effrontément en un lieu, où il y a des personnes occupées ensemble, je dis, quand il seroit permis d'y entrer, à moins que l'on y ait quelque grande affaire, ou qu'on ne le puisse sans se faire regarder : c'est aussi le propre d'une personne éventée, en s'approchant de quelque compagnie, de crier de loin à ceux que nous connoissons le plus, comme quelques-uns font de toute leur force : *Monsieur*, ou *Madame, votre serviteur, je vous souhaitte le bon jour, &c.* Mais il faut s'approcher doucement, & quand on est tout contre, faire son compliment d'un ton de voix qui soit modeste.

C'est aussi une très-grande incivilité de tirer par le manteau ou par la robe, une personne qualifiée à qui vous voulez parler.

Il faut attendre qu'elle vous voye ; & si elle parloit bas & en particulier à quelqu'un, il faut vous retirer jusqu'à ce

Entrée dans une chambre.

E ij

qu'elle ait achevé de parler. Que si vous aviez quelque chose de très-pressé à lui dire, & particulierement pour ses interêts, il faut tourner par où elle peut vous voir, s'approcher avec respect à votre tour, & dire, ou haut, ou bas, ce que vous avez à dire, & de la maniere qu'il le faut dire.

Il faut observer aussi d'avoir un marcher modeste, ne frappant point fortement le plancher ou la terre, ne traînant point les pieds, ne marchant point comme si on dansoit, ne marquant point la cadence de la tête ou des mains ; mais se retenant en soy-même & marchant doucement, sans tourner la vûë çà & là.

Que si quand vous arrivez dans une compagnie, on vous fait civilité, & que l'on se leve pour l'amour de vous, il faut bien se garder de prendre la place de personne ; mais il faut se mettre à une autre place, & même à la derniere : observant neanmoins, que c'est une grande incivilité, de s'asseoir en un lieu où il y a des personnes à qui nous devons du respect qui seroient debout, & de s'asseoir enfin, quand elles seroient assises, si elles ne le commandoient absolument.

Le parler. Moins encore faut-il demander dequoi on s'entretenoit, ou si on trouvoit le difcours entamé, l'interrompre, en demandant incivilement : *Qui eft celui-là qui a fait, ou dit cela ? &c.* Et particulierement fi on remarque, que l'on parle en mots couverts.

Que fi on entre en converfation, c'eft une incivilité de parler à quelqu'un de la compagnie, ou dans la rencontre à un valet, en une langue que le refte de la compagnie n'entend pas.

Il eft incivil auffi de parler à l'oreille de quelqu'un ; & encore plus de rire aprés avoir parlé : plufieurs s'en offenfent.

Il feroit inutile de marquer ici ce que l'on dit tous les jours aux enfans, que quand on doit répondre, *oui*, ou *non*, il faut toujours y ajouter ; *Monfieur, Madame, Monfeigneur, &c. oui, Monfieur, oui, Madame, &c.* On fçait auffi que lorfque l'on doit répondre *non*, pour contredire quelque perfonne de qualité, il ne le faut jamais faire crûment, mais par circonlocution, en difant, par exemple : *Vous me pardonnerez, Monfieur, &c. je vous demande pardon, Madame, fi j'ofe dire, que la coqueterie eft un mauvais moyen pour plaire, &c.* On n'ignore pas non plus, que c'eft une rufticité, ou une plaifanterie villageoife, de joindre le *Monfieur* ou

C iij

le *Madame*, à quelque mot qui puiſſe faire équivoque ; comme *ce Livre eſt relié en veau, Monſieur ; c'eſt-là une belle cavale, Madame ; il étoit monté ſur un âne, Monſieur.*

Col. 4. 6. Enfin, pour le dire en general, il faut, ſelon le précepte de ſaint Paul : *Que vôtre entretien étant toujours accompagné d'une douceur édifiante, ſoit aſſaiſonné du ſel de la diſcretion : enſorte que vous ſachiez comment vous devez répondre à chaque perſonne.*

Il eſt de même très-malhonnête de faire ſervir de comparaiſon la perſonne à qui l'on parle, pour marquer quelque imperfection ou quelque diſgrace en une autre ; comme, par exemple, en diſant : *Je connois cet homme-là ; j'y étois quand il s'enyvra ; il eſt de vôtre taille, Monſieur, il a de grands cheveux, comme vous, &c.* De même à une Dame, en diſant : *Cette perſonne n'a pas trop bonne réputation, je la connois très-particulierement. C'eſt une femme pleine, grande & brune, comme vous, Madame, &c.* Comme auſſi de parler déſavantageuſement d'une perſonne devant une autre qui auroit les mêmes défauts, comme qui diroit devant une camuſe : *Cette Dame a bien mauvaiſe grace de faire la belle, étant* camuſe, comme elle eſt. Cela eſt plaiſant, qu'une boiteuſe veüille trouver à redire à ce paſſage de Sarabande, parlant devant une boiteuſe, &c. Mais pour mieux dire, il ne faut jamais d'une façon, ni d'autre, parler déſavantageuſement, ou médire de qui que ce ſoit; car la médiſance n'eſt pas ſeulement une action contre l'honnêteté, mais elle eſt avec cela la marque d'une ame baſſe. Il faut obſerver pour regle inviolable de la parole, de ne dire jamais de bien de ſoi-même, ni jamais de mal de perſonne.

C'eſt auſſi une incivilité de joindre après le *Monſieur*, ou le *Madame*, le ſurnom ou la qualité de la perſonne à qui on parle; comme *oui*, *Monſ. Cicerville*; *oui*, *Monſ. le Marquis*, en parlant à lui-même; au lieu de dire, *oui*, *Monſieur*.

C'eſt de même manquer de reſpect à une perſonne, que de lui répondre, comme font la plûpart, quand elle nous dit quelque choſe d'obligeant, ou qu'elle répugne à notre civilité: *Vous vous moquez*, *Monſieur*. Il ne faut point du tout ſe ſervir de cette façon de parler; mais tourner la phraſe autrement, & dire: *Vous me donnez de la confuſion*, *Monſieur*, *c'eſt mon devoir*, *&c. je m'oublierois trop moy-même*, *Monſieur*, *&c.*

Il est de même offensant, lorsque l'on conte quelque avanture, & particulierement si elle est odieuse, de la mettre insensiblement sous le nom de celui à qui on parle, au lieu d'user d'un terme indefini, comme quand pour dire, par exemple : *on s'emporte, on dit quelque chose de désobligeant, & on a sur les oreilles :* on dit au contraire inconsidérement, *vous vous emportez : vous dites quelque chose de désobligeant : & on vous donne sur les oreilles.*

Il faut aussi éviter en faisant une histoire avantageuse, non-seulement de s'y loüer, mais même si la chose s'est passée en la compagnie d'un grand Seigneur, de parler en pluriel, comme, *Nous allâmes là ; nous fîmes cela, &c.* Il ne faut parler que du grand Seigneur, sans parler de soi-même ; & dire : *Monsieur N. y alla ; il fit cela : il vit le Roi, &c.*

Tout de même, quand un inferieur parle d'une action d'un Grand à son égard, il ne faut pas qu'il dise crûment : *Monsieur N. me dit cela, m'envoya à la Cour, &c.* mais par circonlocution : *Monsieur N. me fit l'honneur de me dire cela : de m'envoyer à la Cour, &c.* Et si c'est à lui-même : *Vous eûtes la bonté :*

vous me fîtes la grace de parler pour moi,
vous prîtes la peine, &c.

Où il est bon d'avertir aussi, qu'il faut
que les termes conviennent ensemble :
comme : *Vous eûtes la bonté de me faire*
cette grace ; & non pas, *ce service ;* car service, *amitié,* ne conviennent qu'à personnes égales, ou de superieur à inferieur.
Monseigneur, je vous supplie d'avoir la
bonté de me faire ce service, est très-incivil : *de me faire cette grace, cette faveur,*
&c. est dans l'ordre.

Comme aussi, il faut éviter d'user de
mots de commandement, pour tout ce
qu'on veut dire à quelqu'un en s'adressant à lui ; mais s'accoûtumer à tourner
la phrase par circonlocution, ou par quelque mot indefini, comme au lieu de
dire : *Allez, venez, faites ceci, dites cela*
&c. Il faut dire par circonlocution :
Vous ferez bien d'aller ; ne trouveriez-
vous pas à propos de venir, &c. il faudroit,
ce me semble, faire cela, &c. Au lieu tout
de même de dire : *Vous vous moquez de*
dire cela ; parce que ce discours est offensant, il faut tourner par l'indefini :
Ce seroit se moquer de dire cela.

C'est une simplicité à un homme qui
veut passer pour sçavoir son monde, de
parler de sa femme, de ses enfans, & de

les proches pour les loüer devant une
compagnie, où il y a des personnes de
qualité : on peut bien en parler, si cela
vient à propos, mais sans rien exagerer.
Et il en faut même parler honnêtement
si on y est obligé ; de peur que de s'en
taire tout-à-fait, on ne donnât sujet d'ê-
tre soupçonné de jalousie, ou de peu d'a-
mitié.

Mais il ne faut pas trop applaudir aux
loüanges qu'on leur donne, non plus
que nommer sa femme par le nom &
par la qualité que l'on a, ou par quelque terme badin, comme, par exemple,
si c'étoit un Président qui parlât & qu'il
dît voulant nommer sa femme, *Madame la Présidente, mon cœur, ma fanfan, est
la plus ceci, est la plus cela, &c.* au lieu
de dire simplement, *ma femme.*

Pour une femme, parlant de son mari,
elle peut l'appeller par le nom qu'il a,
devant des gens de mediocre qualité, en
y ajoûtant, *Monsieur,* s'il n'est lui-même de basse condition ; mais devant des
personnes éminentes, il faut dire simplement, *mon mari.*

Au reste un mari est tout-à-fait
ridicule de caresser sa femme devant le
monde.

Une femme se doit bien garder de dite, *Monsieur* tout court, quand elle parle de son mari ; c'est une faute pourtant qui est assez ordinaire, & sur tout parmi les Bourgeoises.

Il est pareillement incivil de s'informer trop particulierement d'un mari, sur le sujet de sa femme, à moins que ce ne fût ensuite de quelque longue absence & d'un grand voyage, ou que l'on sçût qu'elle fût malade : encore ne le faudroit-il point faire du tout, à l'égard d'un mari à qui nous devrions du respect.

Et s'il arrive qu'il soit à propos de le demander, il faut parler tout autrement que le mari en parleroit : car au lieu que pour parler sainement, il ne doit dire, que *ma femme* en parlant d'elle ; il ne faut point dire parlant à lui de sa femme, *quel âge*, par exemple, *a Madame votre femme ?* mais se servir alors du nom, ou de la qualité du mari, pour parler de la femme : *Quel âge auroit bien Madame la Présidente ? je souhaite que la santé de Madame la Maréchale soit parfaite :* ou par le surnom : *je suis fort aise que Madame de Beau-sejour soit heureusement accouchée,* parlant à Monsieur de Beau-sejour son mari.

On passe de même pour ridicule, si en parlant ou écrivant de son pere, ou

de sa mere, on dit : *Monsieur mon pere ;
Madame ma mere*, *&c.* Cela n'appartient qu'aux Princes ; il faut dire simplement : *mon pere, ma mere, &c.* Outre que ce sont des termes bien plus propres, & qui conviennent mieux que tous autres au respect & à la pieté naturelle. (*a*) D'ailleurs de grands enfans n'ont pas de grace à dire, *mon papa, maman, &c.* & sur tout aujourd'hui que ces noms sont entierement bannis parmi les gens de condition. Les enfans de haute qualité en parlant de leur pere, peuvent dire, *Monsieur le Duc*, ou *Monsieur le Comte, &c.*

Il n'est pas aussi de la civilité, quand on parle à un tiers d'une personne de qualité en sa presence, de la nommer, & de continuer par *luy* ; comme, par exemple, si voulant parler à Monsieur Alexandre, de Monsieur le Comte d'Harcourt, en sa presence, je disois : *Monsieur a fait des merveilles à Casal* ; & que Monsieur Alexandre me demandât : *Fût-ce Monsieur qui secourut cette Place ?* je répondois, *ce fut lui*, je manquerois au respect envers Monsieur le Comte d'Harcourt, qui entendroit lui-même ce discours ; il faudroit donc dire : *c'est Monsieur qui la secourut.*

Cela est de même offensant de montrer avec le doigt celui dont on parle, ou dont on entend parler, s'il est present.

C'est pecher aussi contre la civilité, que de faire des recommandations, ou baise-mains à une personne par un autre qui est au dessus d'elle, & à qui elle doit du respect.

Ce seroit pareillement manquer au respect, que de se mêler dans la conversation, qu'une personne qui est notre superieure, auroit avec d'autres : il ne nous est pas permis alors de parler, si on ne nous interroge, ou si cette personne ne nous engage d'entrer dans ce qu'elle dit, quand, par exemple, elle nous prend à témoin, ou qu'elle nous veut laisser dire quelque chose qui est à son avantage, & qu'elle auroit confusion de dire elle-même, &c.

Il y a même de l'incivilité de répondre le premier à une personne de qualité, quand elle demande quelque chose en presence d'autres personnes, qui sont au dessus de nous ; je dis même, quand il ne s'agiroit que de choses communes. Comme, par exemple, si elle demandoit : *Quelle heure est-il ? quel jour est-il aujourd'huy ?* il faut laisser répondre les personnes les plus qualifiées avant nous, à moins que l'on ne s'en informât directement à nous.

C'eſt auſſi une incivilité de couper le diſcours à une perſonne que nous voulons reſpecter, quand elle heſite en parlant, à trouver ce qu'elle veut dire, ſous prétexte de lui ſoulager la memoire, comme ſi elle diſoit : *Ceſar défit Pompée à la bataille de. de. de.* & que nous ajoutaſſions de *Pharſale* : il faut attendre qu'elle nous le demande.

Tout de même il n'eſt pas permis de redreſſer cette perſonne, quand même en parlant elle s'abuſeroit, car c'eſt une eſpece de démenti : comme ſi en prenant Alexandre pour Darius, elle diſoit, *c'eſt une marque du bon naturel de Darius d'avoir pleuré en voyant Alexandre mort.* Il faut attendre que cette perſonne ſe reprenne, ou vous donne occaſion de parler vous même de cette matiere, & de la détromper : ce qu'il faut faire alors ſans aucune affectation de peur de la mortifier.

Comme auſſi en parlant, c'eſt une incivilité de dire à la même perſonne : *Vous m'entendez bien ; m'entendez-vous ? je ne ſçai ſi je m'explique, &c.* Il faut éviter ces façons de parler, mais pourſuivre ſon diſcours, &c. Si vous remarquez qu'elle ne vous entend point, il faut répeter ou éclaircir, mais en peu de mots ce que vous avez dit.

Il est ridicule en racontant une histoire, de dire presque à chaque parole, *ce dit-il*, *ce dit-elle*, *&c.*

Il faut s'abstenir aussi de ne rien dire qui puisse faire mal au cœur, & de faire souvenir de certaines rencontres, qui ne sont point avantageuses à ceux à qui on parle, ou qui peuvent donner quelque mortification ; comme de dire crûment à une personne : *Mon Dieu, que vous avez mauvais visage* ; de dire à une Dame qui fait la jeune, qu'il y a long-temps qu'on la connoît, &c.

Que si quelqu'un parloit, & faisoit quelque récit, il ne faut pas l'interrompre pour dire mieux que lui ; parce que c'est une marque de vanité, qui est choquante.

Autre chose est, s'il s'agissoit, par exemple, d'un fait que chacun eût besoin de prouver & d'éclaircir, pour l'interêt de quelqu'un.

C'est aussi une incivilité, quand une personne a parlé, de dire, par exemple : *Si ce que vous dites est vrai, nous sommes mal. &c. Si Monsieur dit vrai, nous n'avons plus sujet de nous étonner que, &c.*

C'eſt un honnête démenti ; il ne faut jamais témoigner que l'on doute de ce que
dit un honnête homme. Il faut dire, par
exemple : *Selon ce que vous dites, nous*
ſommes mal, &c. Ce que dit, Monſieur,
fait voir que nous n'avons pas, &c.

Il faut ſe donner de garde de dormir,
de s'allonger & de bâiller quand les autres parlent ; c'eſt une choſe très-deshon-
nête, parce que c'eſt un témoignage que
l'on s'ennuye, ce qui eſt déſobligeant.
Et cela eſt encore plus incivil, ſi on fait
de grandes exclamations en bâillant ; il
faut éviter, ſi on s'ennuye, que la compagnie s'en apperçoive, & ne pas tomber
dans l'abſurdité de ceux qui demandent :
Quelle heure eſt-il ?

Le trop d'en-
jouement, de
familiarité &
de peu d'at-
tention à ce
que l'on fait.

Comme donc d'être endormi & ſtupi-
de en compagnie, eſt tout-à-fait déſa-
gréable ; auſſi ſon contraire, qui eſt un
trop grand enjoüement, ſent ſon écolier :
il faut s'abſtenir de joüer des mains en
donnant des coups, & folâtrant avec l'un
& avec l'autre : il en peut même arriver
à la fin quelque affaire, ſi le monde ne
ſe plaît pas à ces ſortes de jeux.

Il n'eſt pas d'un homme de qualité,
s'il ſe trouve en compagnie de Dames,
de patiner & de porter la main tantôt à
un endroit, tantôt à un autre : de baiſer

ser par surprise, d'ôter la coëffe, le mouchoir, quelque brasselet, de prendre quelque ruban, de s'en faire une faveur : de se l'attacher pour faire le galant, le passionné ; d'emporter des lettres d'une Dame, ou de ses livres ; de regarder dans ses tablettes, &c. Il faut être extrêmement familier, pour en user de la sorte, à moins que de cela, ce sont des actions tout-à-fait indecentes & injurieuses, & qui rendent odieuse la personne qui les fait.

C'est aussi contre le respect, de se prendre une dent avec l'ongle du pouce, pour exprimer un dédain : comme quand on dit : *Je ne m'en soucie non plus que de cela*, tirant le bout de la dent avec l'ongle du pouce : la même chose est de faire nargue avec les doigts, &c.

Il est aussi fort indécent dans une compagnie de Dames, & même en toute compagnie serieuse, de quitter son manteau, d'ôter sa perruque, ou son juste-au corps, de se couper les ongles, de se les ronger avec les dents, ou de se les nettoyer, de se grater quelque part, de racommoder une jarretiere, un soulier qui blesse, de prendre sa robe de chambre & ses pantouffles, pour se mettre, dit-on, à son aise. Ce seroit presque la mê-

me chofe, fi un Officier de Cavalerie pa-
roiffoit dans un camp en fouliers, & non
avec la botte, devant fon General.

Il eft pareillement fort incommode &
fort déplaifant, d'entendre toujours en
compagnie, une perfonne fe plaindre de
quelque mal, ou de quelque indifpofition: on attribuë cela à manque d'efprit, à quelque feinte, ou à trop d'a-
mour propre, croyant que c'eft ou pour
couvrir par ce vain & continuel prétexte, le peu de talent que l'on a pour fournir à la converfation, ou pour avoir lieu
de prendre impunément fes aifes, aux dépens des autres.

Il eft de fort mauvaife grace, quand
quelqu'un montre à la compagnie quelque bijou, ou autre chofe, de mettre
d'abord la main deffus pour le regarder
des premiers: il faut moderer fa curio-
fité, & attendre qu'il faffe le tour jufqu'à vous pour le voir. Quand c'eft à
votre tour, il n'eft pas bien-féant de faire de grandes admirations, ni de s'épui-
fer en louanges, comme font quelques-
uns, qui témoignent par ce grand étonnement une vile complaifance, ou de n'a-
voir jamais rien vû, & de ne s'entendre
point à la valeur des chofes. D'autre côté auffi il ne faut pas être indifferent, ni

froid à eſtimer ce qui eſt eſtimable, c'eſt
une ſotte gloire, ou une marque d'envie
malſéante à tout le monde, & ſur tout
à une perſonne bien née ; mais il faut
être en cela modeſte & équitable.

Il eſt bon d'avertir ici, qu'il faut toujours ôter ſon gant, & baiſer la main,
en prenant ce que l'on nous preſente :
comme auſſi en rendant, ou donnant
quelque choſe à quelqu'un : mais ſi on
nous demande cette choſe-là, il faut la
préſenter promptement, de peur de faire attendre, & puis l'ayant préſentée, il
faut baiſer la main. Et quand nous parlons ici de la main, nous entendons que
ce doit être la main droite.

*La main &
le gant.*

Il faut auſſi ſçavoir que c'eſt une incivilité d'avancer la main pardevant une
perſonne qualifiée, pour donner à quelqu'un, ou pour prendre ſoy-même quelque choſe ; il faut la donner ou prendre
par derriere.

Mais pour revenir au bijou, papier, ou
autre choſe, ſi on le renfermoit avant
qu'il vint juſqu'à nous, il ne faut pas en
témoigner d'empreſſement, mais il faut
ſupprimer tout d'un coup l'envie que
nous aurions de le voir ; en remarquant
toutefois qu'il eſt incivil à ceux qui le
montrent à quelques-uns, de ne le pas

*Que la cu-
rioſité eſt in-
civile.*

faire voir au reste de la compagnie.

C'est de même une grande indiscretion de regarder par dessus l'épaule de quelqu'un qui lit, ou écrit, ou de jetter curieusement les yeux, ou les mains sur des papiers qui sont sur une table, &c.

Comme aussi de s'approcher trop près de ceux qui comptent de l'argent, ou d'un coffre fort ouvert, ou bien d'un cabinet dans lequel on cherche des bijoux, ou autre chose ; (a) & même si on étoit seul dans un cabinet avec le maître de la maison, & qu'il fût obligé de sortir pour quelque affaire, il faut sortir aussi, & attendre hors du cabinet qu'il revienne.

(a) Ni los ojos à las cartas ; ni las manos à las arcas. *Refranes.*

C'est une incivilité de lire devant des personnes de qualité, quelque papier, ou quelque lettre que l'on nous viendroit de rendre, à moins, que ces personnes y prenant interêt, ne nous y obligeassent par ordre exprès.

C'est aussi une incivilité de regarder les livres d'une personne que l'on doit respecter, à moins que ce ne fût dans une bibliotheque, où elle prendroit cela à honneur.

Se lever de son siege.

Que si quelqu'un arrive de nouveau, ou qu'une personne de la compagnie se leve pour s'en aller, ou pour faire honheur à celle qui entre, quand même celui qui entre seroit notre inferieur, il faut se lever aussi par civilité.

Et si on est obligé d'aller & de venir devant des personnes de qualité, il faut pour la bien-séance, tâcher d'aller toujours par derriere.

Que s'il arrive quelqu'un qui nous veüille parler, quand même ce ne seroit qu'un laquais de la part d'une personne pour laquelle nous devions avoir du respect, il faut se lever de son siege, & le recevoir debout & découvert.

Et à propos de laquais, il est bon d'avertir que si on parle à une personne qui soit de qualité à avoir des valets-de-pied, c'est une incivilité choquante que de lui dire, par exemple: *Un de vos laquais m'est venu dire*, *Monsieur*, ou *Madame*, *de vous venir voir*. Il faut dire : *un de vos valets-de-pied*, *&c.* Ce n'est pas pour honorer le laquais, c'est pour honorer le maître.

Laquais & servantes.

Il en est de même des servantes, à l'égard d'une Dame : *Votre Demoiselle*, *votre fille*, *votre femme de chambre m'a dit*, *Madame*, *&c.* & non pas *votre servante*.

Mais il faut bien se garder d'aller se mêler avec des gens qui seroient dans un

N'interrompre personne.

entretien particulier, quand même ils seroient de notre connoissance, ou que
nous aurions habitude avec eux : ce qui
se reconnoîtra, ou parce qu'ils se reti-
rent à part ; ou parce qu'ils parlent tout
bas ; ou bien parce qu'ils changent de
discours, quand nous nous en approchons,
ce qu'ayant remarqué, il faut doucement se retirer, de peur de les interrompre.

Comment il faut opiner. Que si on se rencontroit dans une compagnie où il fût question d'opiner ou de
parler sur une affaire, ou autre chose :
il faut, quand c'est notre tour, se découvrir pour saluer la personne la plus qualifiée, & le reste des assistans, & dire
alors son sentiment. Que si dans cette
assemblée il y a une personne éminente
en dignité, & comme en relief par dessus les autres, il faut lui adresser le discours, & se servir du singulier, en disant, par exemple : *Monseigneur, ou
Monsieur, après ce que ces Messieurs ont
déja dit, il est inutile d'employer de longs
discours pour vous persuader une verité si
constante.* Que si la compagnie est à peu
près de personnes égales, il faut se servir du pluriel : ou *Messieurs,* ou *Messei-
gneurs, &c.*

Comment il Et pour ce qui est des assemblées qui se

font pour quelque ceremonie, il eſt bon
d'avertir qu'il faut avoir égard à deux
ſortes de perſonnes dans ces ſolennitez.
La premiere eſt, de ceux qui ſont les Auteurs de la ceremonie. Et la ſeconde,
de ceux qui en ſont ſeulement les conviez.

en faut n'ir à l'égard des perſonnes des ceremonies publiques, & des ſpectac. &c.

Pour les Auteurs, quand il s'agit du
ſerieux de la ceremonie, il faut toûjours
leur ceder, quand même ils ſeroient nos
inferieurs. Par exemple, ſi ce ſont perſonnes qui ſe marient, l'époux, & l'é-
pouſée, leurs proches, & les gens d'E-
gliſe doivent être privilegiez, & il eſt
de la civilité de leur faire honneur fuſſent-ils beaucoup au deſſous de nous.

Si c'eſt un Baptême, les Comperes &
Commeres, l'enfant & les autres qui ſont
de l'eſſence de la ceremonie, doivent
preceder. Si c'eſt un enterrement, les
parens du mort doivent avoir la premiere & la plus honorable place. Si c'eſt
dans une Egliſe, une Proceſſion, une
Offrande, &c. les Marguilliers & Officiers des Egliſes doivent paſſer les
premiers.

Pour les conviez, ſi on eſt de ce nombre, il ne faut point prendre ſoi-même
de place, s'il y a un Maître de ceremonie qui en donne; mais s'il n'y en a

point, & que les places soient à liberté d'un chacun, il est de la discretion de laisser les premieres vuides pour des personnes plus qualifiées, à moins que l'on ne fût d'un caractere & d'une dignité qui obligeât, suivant l'usage du monde, à se faire honneur soi-même, en se plaçant un peu honnêtement, non pour l'amour de sa propre personne, mais pour le respect de la compagnie dont on seroit membre, ou du Prince dont on seroit Ministre, &c.

A la Comedie, dans les loges, si elles sont tout proches & joignant le théatre; les moindres places sont les premieres, & les meilleures sont les plus reculées: si les loges sont éloignées, c'est tout le contraire.

Surquoi il ne faut pas oublier de dire en passant, que c'est pecher contre la civilité, lorsque l'on est proche d'une personne qualifiée, à quelque action ou à quelque spectacle de s'emporter d'admiration, & de faire des exclamations à chaque bel endroit, en présence de cette personne-là, & avant qu'elle en ait jugé: c'est faire mal à propos le bel esprit, & manquer en même-temps de respect. Il faut attendre que la personne qualifiée admire & loüe, blâme ou censure, & puis applaudir:

applaudir : à moins que d'abord elle ne demandât notre sentiment ; alors il faut le dire sans attendre & sans exagerer.

En general, à l'égard de toutes sortes de personnes, la civilité concernant la préseance, se doit mesurer sur ce que l'on est soi-même, & ensuite sur ce que sont les autres. Communément il est loüable & de la civilité de ceder aux Ecclesiastiques à cause de leur caractere ; & souvent des personnes qui sçavent vivre, ont trouvé à redire que des Seigneurs & des Juges traitassent des Ecclesiastiques & des Curez en valets. A la verité, il y en a quelquefois qui par leur peu de merite & par leur importunité, ne sont pas dignes qu'on leur fasse beaucoup d'honneur ; mais aussi leur caractere, quelque défaut qu'ait leur personne, ne doit point être traité avec mépris.

On doit aussi du respect aux Magistrats, sur lesquels rejaillit quelque rayon de la Majesté de la Loi, dont ils sont les dépositaires au nom du Prince ; aux personnes qui ont des dignitez publiques ; à ceux qui sont de qualité par leur naissance ; aux Dames, aux personnes âgées, & à ceux qui ont quelque talent extraordinaire, qui les distingue & les rend celebres.

G

CHAPITRE VIII.

L'audience d'un Grand.

Entre dans un cabinet.

Incivile est eum saluta-te, qui red-dit utinam, aut alvum exonerat.
Erasm, coll, ip Princ,

Si cette per-sonne est ma-lade, ou occu-pée.

À L'égard d'un Grand, lorsque l'on entre dans sa chambre, ou dans son cabinet, il faut marcher doucement, & faire une inclination du corps & une profonde révérence, s'il est présent : que s'il ne paroissoit personne, il ne faut point fureter çà & là, mais sortir sur le champ, & attendre dans l'anti-chambre.

Si cette personne est malade & au lit, il faut s'abstenir de la voir, si elle ne le demande : & si nous la voyons, il faut faire la visite courte, parce que les malades sont inquiets & sujets aux remedes & aux tems. Il faut de plus parler bas, & ne l'obliger que le moins qu'il se peut à parler.

Mais sur tout il faut observer que c'est une très-grande indécence de s'asseoir sur le lit, & particulierement si c'est d'une femme : & même il est en tout tems très-mal séant & d'une familiarité de gens de peu, lorsque l'on est en compagnie de personnes sur qui on n'a point de superiorité, ou avec qui on n'est pas tout-à-fait familier, de se jetter sur un lit, & de faire ainsi conversation.

Si cette personne écrivoit, lisoit ou étudioit, il ne faut pas la détourner, mais attendre qu'elle ait achevé, ou qu'elle se détourne elle-même, afin que nous lui parlions.

Si elle nous ordonne de nous asseoir, *Comment il* il faut obéir avec quelque petite démon- *faut s'asseoir* stration de la violence que souffre notre respect, & observer de se mettre au bas bout, qui est toujours du côté de la porte par laquelle nous sommes entrez, comme le haut bout, qui est toujours où la personne qualifiée se met.

De même il faut prendre un siege moins considerable que le sien, s'il y en a; le fauteüil est le plus honorable, la chaise à dos après, & ensuite le tabouret.

C'est une chose tout-à-fait indécente de se presenter devant des personnes au dessus de nous, & particulierement devant des Dames, & de montrer la peau à travers la chemise & la veste; ou d'avoir quelque chose d'entr'ouvert qui doit être clos par honnêteté, comme nous avons déja dit.

Quand on s'assied, il ne faut pas se mettre côté à côte de la personne qua-

lifiée : mais vis-à-vis, afin qu'elle voye
que l'on eſt tout prêt à l'écouter : il faut
avec cela tourner le corps un peu de côté & de profil, parce que cette poſture eſt
plus reſpectueuſe que de ſe tenir de front.

Comment ſe
tenir

Il ne faut pas ſe couvrir, ſi elle ne le
commande ; il faut avoir ſes gants aux
mains, & ſe tenir tranquille ſur ſon ſie-
ge ; ne point croiſer les genoux ; ne point
badiner avec ſes glands, ſon chapeau,
ſes gants, &c. ni ſe foüiller dans le nez,
ou ſe gratter autre part.

Il faut éviter de bâiller, de ſe moucher & de cracher ; & ſi on eſt obligé là
& en d'autres lieux que l'on tient proprement, il faut le faire proprement dans
ſon mouchoir, en ſe détournant le viſage,
& ſe couvrant de ſa main gauche ; ne
point regarder après dans ſon mouchoir.

A propos de mouchoir, on doit dire
qu'il n'eſt pas honnête de l'offrir à quelqu'un pour quelque choſe, quand même
il ſeroit tout blanc, ſi on ne nous y oblige abſolument.

Il ne faut point prendre de tabac en
poudre, ni en mâcher, ni s'en mettre
des feüilles dans le nez, ſi la perſonne
qualifiée, qui eſt en droit d'en prendre
devant nous, ne nous en preſentoit familierement, auquel cas il faut en pren-

dre, ou en faire le semblant, si on y avoit répugnance.

Si on est assis près du feu, il faut bien se donner de garde de cracher dans le feu, sur les tisons, ni contre la cheminée ; moins encore faut-il s'amuser à badiner avec des pincettes, ou à tisonner le feu. Que si cette personne témoignoit de vouloir accommoder le feu, alors il faut se saisir promptement des tenailles ou des pincettes pour la prévenir, à moins qu'elle ne le voulût faire absolument elle-même pour son divertissement. Il ne faut pas aussi se lever de dessus son siege pour se tenir debout le dos au feu ; mais si cette personne se levoit, il faudra se lever aussi.

Comment en user près du feu.

Que si par avanture il ne se trouvoit qu'un écran chez cette personne, & qu'elle vous contraignît de le prendre, après lui avoir témoigné la confusion que vous avez de l'accepter, il ne le faut pas refuser : mais incontinent après, sans qu'elle s'en apperçoive, il le faut mettre doucement de côté, & ne s'en point servir.

De même, si par quelque occasion cette personne se trouvoit chez vous près du feu, il ne faut pas souffrir qu'un laquais lui présente un écran ; mais vous devez lui présenter vous-même.

G iij

Et pour ce qui eſt des Dames, c'eſt une immodeſtie très-grande de trouſſer leurs juppes près du feu, auſſi-bien qu'en marchant par les ruës.

Comment parler quand on eſt ſeul avec cette perſonne-là.

Il faut auſſi lui laiſſer commencer le diſcours, quand elle ne diroit qu'un mot, qui nous donnât lieu de parler ; à moins qu'on ne vît cette perſonne-là en paſſant, pour l'informer promptement d'une affaire, ou la faire reſſouvenir d'une choſe qu'elle ſçût déja.

Il ne faut pas quand on parle, faire de grands geſtes des mains : cela ſent d'ordinaire les diſeurs de rien, qui ne ſont pathetiques qu'en mouvemens & en contorſions de corps.

Mais il eſt ridicule en parlant à un homme, de lui prendre & tirer ſes boutons, ſes glands, ſes manchettes, ſon manteau, ou de lui donner des coups dans l'eſtomac, &c.

Il s'en fait quelquefois un ſpectacle des plus divertiſſans, quand celui qui ſe ſent pouſſé & tiraillé recule, & que l'autre n'appercevant pas ſon incivilité, le pourſuit & le pouſſe juſqu'à lui faire demander quartier.

Il eſt mal-ſéant auſſi de faire en parlant certaines grimaces d'habitude ; comme de rouler la langue dans la bouche, de se mordre les lévres, de se relever la moustache, de s'arracher le poil, de cligner les yeux, de se frotter les mains de joye, de se faire craquer les doigts, en se les tirant l'un après l'autre, de se grater, de hausser les épaules, &c. Il ne faut pas avoir non plus une contenance toute d'une piece, fiere, arrogante, & dédaigneuse.

Il est de même très-mal-séant, quand on rit, de faire de grands éclats de rire, (a) & encore plus de rire de tout & sans sujet.

Que si par hazard cette personne laissoit tomber quelque chose, il faut en cette rencontre, comme en toute autre, la ramasser promptement; & ne pas souffrir qu'elle ramasse rien de ce qui nous seroit tombé, mais il le faut ramasser vîtement nous-mêmes.

Que si elle éternuoit, il ne faut pas lui dire tout haut, *Dieu vous assiste*: mais il faut seulement se découvrir si on est couvert, & faire une profonde reverence, faisant ce souhait interieurement.

Et si la necessité nous oblige nous-mêmes d'éternuer, il faut tâcher de le faire doucement, & non comme certaines gens qui en ébranlent la maison par les fondemens, ce qui est très-importun aux

Rire.

(a) Fatuus in risu exaltat vocem suam: vir autem sapiens vix tacitè ridebit. *Eccl. cap. 2.*

Laisser tomber quelque chose.

Eternüer.

personnes qui nous entendent.

S'il arrivoit qu'elle se mît en peine d'appeller quelqu'un qui ne fût pas proche d'elle, il faut sortir pour l'aller appeller soi-même, ce qu'il ne faut pas faire tout haut sur le degré, ou par la fenêtre, mais envoyer quelqu'un le chercher où il sera pour le faire venir; autrement c'est pecher contre le respect.

De-là vient que generalement parlant, les gens qui sçavent vivre, présument désavantageusement d'un Maître ou d'une Maîtresse, chez qui les domestiques sont si paresseux, qu'ils s'entr'appellent ordinairement, & s'entredisent tout ce qu'ils ont à dire par une fenêtre, ou crient de la court ou du haut de la montée; c'est un témoignage qu'ils n'ont aucun respect, ni aucune discretion; & par conséquent que le Maître, ni la Maîtresse n'en sont pas dignes, n'aiant pas l'esprit ou l'autorité de se faire respecter, & de tirer leurs domestiques de la paresse & de l'incivilité où ils vivent.

Il faut aussi être fort attentif à ce que dit cette personne de qualité avec laquelle nous sommes, pour ne lui pas donner la peine de repeter la même chose; il ne faut pas non plus l'interrom-

mais attendre qu'elle ait achevé de parler pour lui répondre. Il ne faut pas non plus la contredire ; & si la nécessité nous y obligeoit, pour l'informer de la verité , il ne le faut faire qu'après lui en avoir *fait excuse* , comme nous l'avons remarqué ci-devant ; & si elle s'obstinoit , il ne faut plus résister , mais attendre une autre occasion.

S'il y a dans la conversation d'autres gens (*a*) plus habiles, il les faut laisser parler, les écouter & se taire ; ou si on est pressé de dire son sentiment, il le faut faire en peu de paroles, & se bien garder d'imiter l'indiscretion de ceux qui se piquent d'occuper toujours le bureau dans les compagnies.

Comment parler en compagnie d'autres personnes.

(*a*) Si est tibi intellectus, responde proximo : sin autem , sit manus tua super os tuum ne capiaris in verbo indisciplinato, & confundaris, *Id. Cap.* 5. Adolescens loquere in tua causa vix : quum necesse fuerit, si bis interrogatus fueris, habeat caput tuum responsum suum. In multis esto quasi inscius & audi tacens, simul & quærens. *Eccl.* 3².

(*b*) Nec verò tanquam in possessionem suam venerit, *dit Ciceron d'un grand parleur*, excludat alios sed cum reliquis juribus, tum in sermone communi vicissitudine non nunquam utendum putet. *Off. sic. lib.* 1.

Si on est obligé de faire quelques complimens, il faut les faire courts, & répondre plutôt par des reverences, qu'avec de longs discours.

Que si cette personne nous avoit fait couvrir, ce qu'il ne falloit faire qu'a-

Se couvrir, se découvrir.

près un commandement absolu, il faut se découvrir, quand dans le discours on parle d'elle ou de quelqu'un qui la touche, ou de quelque personne de la premiere dignité, à laquelle cette personne qualifiée prend interêt : mais si à se découvrir souvent, cela l'importunoit, & qu'elle nous le défendît, alors il faut se tenir couvert.

Il faut en tous nos discours s'abstenir de jurer, qui est un vice, où plusieurs tombent par une méchante habitude, pensant par-là donner plus de créance à ce qu'ils disent : & quand on défend de jurer, on entend même exclure ces juremens qui ne signifient rien, comme, *testenon*, *pardy*, *morbleu*, *jarny*, étant certain que ni les uns, ni les autres ne sont nullement de personnes bien élevées ; & que quand on jure devant une personne de qualité, & particulierement devant les Dames, on perd le respect, pour ne rien dire de plus.

Il faut au contraire que notre discours soit simple, & qu'il marque en toutes choses notre retenuë & le respect, dont nous voulons persuader la personne à qui nous parlons.

C'est pourquoi il est bon de sçavoir encore, que c'est une très-grande incivilité

Ne point jurer.

Ne point interroger.

de queſtionner & d'interroger la perſonne que l'on veut honorer, & même quelque perſonne que ce ſoit (*a*), ſi ce ne ſont gens qui dépendent de nous, ou que l'on ſoit obligé de faire parler; & en ce cas il en faut uſer avec beaucoup de civilité & de circonſpection : parce que l'on prend ordinairement les gens curieux pour des eſpions, & que l'on craint & fuit naturellement les eſpions. (*b*) C'eſt pourquoi, ſi on eſt obligé de preſſentir quelque choſe de la perſonne que l'on doit reſpecter, il faut lui parler en telle ſorte que vous l'obligiez civilement à vous répondre, ſans pourtant l'interroger. Par exemple, ſi vous voulez ſçavoir ſi cette perſonne fera la campagne prochaine, de lui dire : *Irez-vous à la guerre, Monſieur ?* cela eſt choquant ; parce que cette demande eſt trop familiere: au lieu que cette façon de parler, *Sans doute, Monſieur, que vous ferez auſſi la campagne,* n'a rien d'offenſant que la curioſité que l'on excuſe, quand elle eſt reſpectueuſe.

Nous avons dit que la nature nous a donné des regles pour la pudeur : elles doivent en effet tellement ſervir pour nos diſcours même, que c'eſt manquer de reſpect, que de proferer une parole

(*a*) Arcanum neque tu ſcrutaberis ullius unquam. *Hor. Epiſt. lib. 8. Epiſt.* 18.

(*b*) Percunctatorem fugito : nam garrulus idem eſt; nec retinent patulæ commiſſa fideliter aures : Et ſemel emiſſum volat irrevocabile verbum. *Id. ibid.*

Ne point dire de parole libre.

fale : & quand c'eſt une converſation de femme, l'équivoquée même n'eſt pas per- miſe; elle choque la civilité, auſſi-bien que l'honnêteté.

Et non ſeulement l'équivoque, mais les mots auſſi qui laiſſent ou peuvent laiſſer la moindre idée ou image de deſ- honnêteté.

C'eſt pourquoi il faut obſerver, lorſ- qu'il ſe rencontre quelque licentieux dans une compagnie, qui ſort de ces regles, & profere quelque parole libre, de n'en pas rire, mais de faire ſemblant de ne l'avoir point oüie.

Comme les juremens & les paroles li- bres bleſſent la civilité, il en eſt de mê- me de la contention, de l'emportement, des grandes hyperboles, des fanfarona- des & des menteries, de la médiſance & de ſon contraire, qui eſt de parler à ſon déſavantage, & de ſe loüer ſans ceſ- ſe par comparaiſons, entaſſant une in- finité de ces façons de parler : *Pour moi je n'en uſe point ainſi ; pour moi je fais cela ; un Gentil-homme comme moi ; un homme de ma qualité, &c.* qui ſont diſcours auſ- ſi importuns & indiſcrets, comme ridi- cules.

Mais ? les grands parleurs, qui parlent long-tems, & ne diſent que des bagatel-

(a) Defor- me eſt de ſeipſo præ- dicare, falſa præſertim, & cum irriſione aucientium imitari mili- tem glorio- ſum. *Cic. Off. lib. 1.*

Ne point être incommo- de dans ſes converſations.

les : si ceux qui ne sçauroient parler de
rien, sans auparavant faire un prélude; si
ceux qui contestent sur tout ce qu'on leur
peut dire, quand ce ne seroit que des
choses très-indifferentes : si ceux qui font
les oracles, & assurent hardiment comme
veritable tout ce qu'ils disent, quoi
qu'eux-mêmes ne sçachent pas si cela est
vrai ou faux : si ceux qui ne parlent jamais sans s'échauffer & sans se mettre
en colere, quoique personne ne leur en
donne sujet, & seulement pour contredire, & vouloir par une présomption &
une opiniâtreté insupportable, obliger
tout le monde à suivre leur avis. Si tous
ces gens, dis-je, font incommodes &
insociables : ceux qui ne sçauroient par- (s) Alter ri-
ler sans élever le ton de la voix, jusqu'à xatur de lana
donner la migraine à ceux qui les écou- na. Propu-
tent, le font encore davantage. C'est gnat nugis
pourquoi il faut soigneusement éviter scilicet ut
toutes ces imperfections : & pour la der- non sit mihi
niere il faut prendre garde au ton de la &c. Hor.
voix que l'on a naturellement, & le haus- Epist. 18.
ser ou baisser selon la distance du lieu,
où est la personne à qui nous parlons :
cette distance doit être en cela notre regle unique, à moins que cette personne
ne fût sourde ; & qu'alors nous ne fus-
sions obligez de sortir de mesure.

Une autre incivilité fort mal plaisante est de ceux qui ne croient pas qu'on les entende, s'ils ne parlent bouche à bouche, crachant au nez des gens, & les infectant bien souvent de leur haleine. Les personnes qui ont de la civilité en usent autrement, & si elles ont quelque rapport à faire, ou quelque chose de secret à dire à quelque personne qualifiée, elles lui parlent à l'oreille.

Comment il faut se congedier d'auprès d'un Grand.

Au reste, il faut avoir grand soin de ne pas faire sa visite trop longue : mais observer, en cas que la personne qualifiée ne vous congediât point elle-même, de prendre le tems pour sortir, lorsqu'elle demeure dans le silence, lorsqu'elle appelle quelqu'un, ou lorsqu'elle donne quelqu'autre indice qu'elle a affaire ailleurs : & alors il faut se retirer sans grand appareil, & même sans rien dire, s'il arrivoit quelque tiers qui prît vôtre place ; ou si la personne s'appliquoit à autre chose. Que si votre retraite est apperçûë, & que ce grand Seigneur voulût vous faire quelque civilité au sortir de sa chambre, il ne faut pas l'en empêcher, parce que ce ne seroit pas paroître assez persuadé qu'il sçait ce qu'il fait, & que souvent il arriveroit que nous nous défendrions d'une chose, que l'on ne fait pas à notre sujet. On peut bien seulement témoigner par quelque petite action, qu'en cas que cet honneur s'adressât à nous, nous ne nous l'attribuons pas : & cela se fait en poursuivant son chemin, sans regarder derriere soi, ou même en se tournant, ou en s'arrêtant, comme pour le laisser passer, & montrer par-là, que l'on croit qu'il a affaire autre part.

Que si on ne peut pas éviter que la civilité ne se manifeste ; & que cette personne sorte de sa chambre, il faut s'arrêter tout court, se tirer à côté, & ne point sortir de cette place, qu'après qu'elle sera rentrée dans sa chambre.

De même, si par rencontre cette personne avoit à aller quelque part, & que nous nous trouvassions devant, il faut se tirer à côté, s'arrêter tout court, la saluer & la laisser passer.

Et même si c'étoit le Roi, la Reine, Monseigneur le Dauphin, Monseigneur le Duc d'Orleans & autres enfans de France qui dussent passer, il faut s'arrêter d'aussi loin que l'on entend le bruit, pour les laisser passer, soit que l'on fût à pied ou à cheval, en chaise, ou en carosse.

Que si la personne qualifiée nous menoit à une fenêtre, ou que même il y

eût quelque spectacle à voir de-là, il ne
faut point prendre place, ni s'approcher
de cette fenêtre, qui nous seroit commune avec elle, pour regarder : il ne faut
pas non plus cracher par la fenêtre, ni
en cette rencontre-là, ni en aucune
autre.

Que si la personne qualifiée nous re-
conduisoit jusqu'à la porte de la ruë, il
ne faut point monter ni à cheval, ni en
chaise, ni en carosse en sa présence,
mais la prier de rentrer dans sa maison
avant que d'y monter : que si elle s'obstinoit, il faut s'en aller à pied & laisser suivre le carosse, &c. jusqu'à ce
que cette personne ne paroisse plus.

Que si en présence de cette personne
qualifiée, il en arrivoit une autre qui fût
notre superieure, mais inferieure à l'autre, il ne faut pas quitter la personne
qualifiée, à qui nous faisons la cour,
pour aller au nouveau venu ; mais il faut
faire simplement quelque signe de civilité
muette. Que si ce dernier venu étoit superieur à la personne à qui nous rendons
visite, alors il faut que comme celle-ci se
rangera vrai-semblablement à son devoir, nous nous y rangions de même, &
que nous quittions le premier, pour honorer le dernier.

Comment
s'il survient
quelqu'un.

Que

Que si avec cela la personne qualifiée parloit à une autre, il ne faut pas se servir de ce tems-là pour faire conversation à part avec quelqu'un qui seroit près de nous : cette familiarité est mal-séante, outre que si on parle bas, cela est suspect & défendu ; & si on parle haut, ce bruit l'interrompt & l'importune.

Que si on est obligé d'accompagner cette personne superieure dans sa maison, ou même dans la nôtre, il faut, s'il y a lieu de cela, passer devant pour ouvrir les portes, & pour relever les tapisseries, s'il y en a à relever. Même si c'est un homme qui ait de mauvaises jambes & qui marche avec peine, il est de la civilité de lui donner la main pour l'aider à marcher.

Comment il faut marcher avec cette personne là.

CHAPITRE IX.

Des paroles indirectement inciviles.

NOus venons d'appliquer à plusieurs rencontres un bon nombre de paroles, ou de façons de parler, qui sortent des termes de la civilité ; mais afin que l'on soit encore mieux instruit sur ce sujet, comme presque le plus important de cette matiere, nous l'allons reprendre

H

dans ce chapitre ; & particulierement , parce que les choses dont nous allons parler , sont differentes de celles que nous venons de toucher.

Importance de bien conduire sa langue.

Les actions sont , à la verité , les interpretes de l'ame , puisqu'elles font voir au dehors la volonté de l'homme , qui est au dedans : mais les paroles expriment encore bien plus quel est son interieur , étant , comme elles sont , l'organe naturel de l'ame , par lequel elle parle & se manifeste aux autres hommes. Ainsi rien ne demande plus d'étude , que la conduite de la langue. Tous les défauts qui se trouvent dans les paroles sont les indices , ou les témoins irreprochables des défauts de l'esprit : & on ne peut naturellement rien inferer de paroles inciviles & choquantes , sinon que l'esprit est incivil & outrageux.

Qu'il y a des paroles qui désobligent quoiqu'elles paroissent bien-séantes.

Et c'est encore un point si délicat , que ces paroles sont non seulement telles quand elles choquent visiblement & directement les regles , comme nous avons pû voir par les exemples , que nous en avons rapporté jusqu'ici : mais que même souvent elles sont telles , toutes bienséantes qu'elles paroissent être. On se flate ici d'obliger , & par un contre-coup , on offense : on croit se faire applaudir ,

& par un effet contraire, on se fait mépriser, on s'imagine gagner le cœur
des gens, & par un contre-pied on l'a-
liéne : on croit y faire naître la bienveillance, & tout au contraire on y excite la colere. Ce sont de ces incivilitez
obliques & indiscretes dont nous allons
parler.

Une espece de ces sortes d'incivilitez
sont toutes les paroles dont on se sert
pour surprendre les personnes à qui on
doit du respect. Vivre chrétiennement
& charitablement dans le monde, ce ne seroit vivre qu'en gens du commun : il faut
tromper, il faut tendre des pieges, pour
être homme d'esprit. Et cette fausse opinion nous fait croire en même-temps, que
comme il n'y a rien de plus facile, que
de renoncer à l'honnêteté ; il n'y a rien
non plus de plus aisé que d'être spirituel,
prudent & habile. On se croit capable
de faire donner, comme on dit, dans le
panneau les plus avisez & les plus sages.

Il y a même certains ridicules, qui en
font un métier ; & qui croient se rendre
par là celebres dans l'hemisphere de l'in-
trigue : c'est le premier aveuglement qui
leur créve les yeux de l'esprit : le second
est, qu'ils croyent avoir acquis la plus
sublime & la plus fine prudence, quand

D'où vient
que l'on tombe
dans ces paro-
les

H ij

ils sçavent bien mentir & bien feindre.
C'est ce faux principe, qui assaisonne
tout ce que ces gens-là disent près des
Grands, de dissimulation, ou de fausse
prudence, & qui produit le mauvais effet, dont nous entendons parler ici ; par
cette raison que la finesse offense naturellement celui contre qui on l'emploïe.
Que peut en effet penser un homme qui
s'apperçoit qu'on le veut surprendre,
sinon que l'on croit qu'il est une bête ?
Et sur ce fondement, peut-on lui dire
rien, dont il ne soit vivement frappé,
quelque image d'honnêteté que cela nous
paroisse avoir.

Premier exemple de ces paroles, dans le mensonge. Supposons un inferieur qui ait une
grace à demander à une personne élevée
en autorité, & que cet inferieur soit du
caractere que nous venons de marquer.

Cet homme tout plein de lui-même &
de son bel esprit, se garde bien dans l'audience que cette personne lui donne,
de commencer par le point principal de
l'affaire qui l'amene : il s'étend à de
grands préambules sur les loüanges, le
merite & les hauts faits de la personne
qualifiée ; & après avoir poussé sa Rhetorique à bout, il entame sa demande.
Or c'est ce préambule qui est désobli-
geant, parce qu'on voit bien qu'il n'est

fait que pour endormir l'homme, de
qui on veut arracher un bien-fait. Il paroît obligeant, & il est indirectement
une offense.

Aussi il se rencontre souvent, selon les
exemples que nous en avons, que comme le Seigneur sent de loin le piege
qu'on lui tend, il jette notre rusé si fort
hors de son sujet, qu'il faut qu'il fasse
sa demande hors de propos ; & que bien
loin de s'appuyer des fleurs de son éloquence, il en essuye au contraire tout
le mauvais succès. Que si notre inferieur
ne loüe pas la personne éminente, il s'in-
sinue par ses propres loüanges ; & c'est
encore pis ; il mentoit avec quelque sorte d'excuse, en loüant le grand Seigneur ; mais en se loüant lui-même, il
se rend inexcusable, parce qu'il est sen-
siblement convaincu de la fausseté de sa
menterie. Et c'est pour cette raison, que
cet avant-propos est encore plus offensant que l'autre. Un Beneficier, qui n'es-
timoit pas son benefice capable de soûtenir sa qualité, entra par un prélude de
cette nature dans une conversation, qu'il
s'étoit ménagée près d'une personne éminente, & tout ensemble plus éclairée
que lui ; après avoir beaucoup exageré
quoi qu'indirectement, ses grandes oc-

cupations, ſes ſermons, ſon application
aux choſes de ſon métier, il paſſa au
point de la queſtion, qui étoit les grandes dépenſes qu'il étoit obligé de faire
pour maintenir ſon rang ; & pria ce Seigneur de lui accorder un tel benefice :
& pour ne rien obmettre des regles de
l'art, parla de ce benefice avec tant de
froideur, qu'il ſembloit que ce n'étoit
qu'un peu moins que rien. La perſonne
ſuperieure, qui ſçavoit fort bien qu'il
valoit dix-huit ou vingt mille livres de
rente, lui jetta à ſon tour l'hameçon :
Et combien vaut ce benefice, lui deman-
da-t-elle ? L'autre hardiment, & ſelon
les maximes de cette belle prudence :
Six mille livres de rente, ou environ, ré-
pondit-il. Ho, reprit la perſonne, *il*
n'y faut pas ſonger ; on veut faire quelque
choſe de plus pour vous. Il n'eſt pas neceſſaire d'examiner dans le détail la dif-
formité du procedé du Beneficier : cette
réponſe ſeche, & qui le couvroit de honte pour toute ſa vie, fait voir toute ſeule
que la perſonne d'autorité s'étoit tenuë
offenſée du piege qu'on lui vouloit tendre par ces belles paroles : & c'eſt là l'effet de cette fine habileté, ſoutenuë du
menſonge : voyons ſi elle ſera plus heu-
reuſe à couvert de la feinte.

Il n'y a rien de plus ordinaire parmi les ames doubles, que de loüer ou de blâmer près des Grands, les personnes sur lesquelles on veut sçavoir leurs sentimens; & c'est ce qui s'appelle dans ce langage-là, tirer les vers du nez : mais comme il n'y a rien de plus ordinaire , il n'y a aussi rien de plus connu ; c'est pourquoi tant s'en faut que les personnes d'autorité s'y laissent surprendre ; que les plus simples mêmes s'en défient , & la ruse demeure d'ordinaire infructueuse entre les mains de ces habiles , à leur pure confusion.

Un de ceux-là se fit fort d'obtenir d'une personne superieure, une grace en faveur d'une autre, qui cherchoit du merite plutôt dans la recommandation, que dans le merite même. Il alla à l'audience, & au travers de plusieurs épisodes, faisoit sans cesse l'éloge du client, pour qui il parloit. Le Seigneur l'interrompoit sans cesse adroitement, & n'entroit jamais dans les loüanges de ce tiers , découvrant bien que c'étoit un panegyrique affecté, & par consequent un piege ; puisqu'il n'y avoit nul rapport à tous les intermedes , dont on l'entrelassoit. Ainsi l'homme qui attendoit fort impatiemment aux avenuës , vit sortir son

Second exemple dans la loüange & le blâme.

prudent tout confus; & lui aiant deman-
dé le fuccès de la négociation, eut pour
toute réponfe, qu'il n'y avoit rien à
faire. *Comment*, dit-il, *je l'ai mis plus de
quatre fois fur votre chapitre*, répond l'in-
trigant, *mais il n'a jamais voulu mordre.
C'eft un homme tout d'une piece.... je vous
ai loüé, je vous ai élevé jufqu'aux nuës :
rien.* On voit encore là le grand fervice
que rend cette fine conduite : car tout
piege étant une injure, quelqu'innocent
que pût être celui-là, il aliena peut-
être pour toujours l'efprit de la perfonne éminente. Il faut en effet une grande
adreffe, ou pour mieux dire, ce n'eft
pas trop de la veritable prudence, pour
loüer quelqu'un devant une perfonne fuperieure, qui croit bien fouvent être en
toute maniere au deffus des autres par le
rang qu'elle occupe. Il en eft de même du
mépris, felon l'exemple que nous en donna un femblable finet. Il parloit fort dé-
favantageufement d'une certaïne perfonne à un homme de qualité, non pour lui
rendre mauvais office, mais pour tâter
là-deffus les fentimens du grand Seigneur. Celui-ci qui avoit fans doute les
oreilles battuës de ces fortes de fades fi-
neffes, paya de même monnoie ce rufé,
& lui fit une férieufe réprimande, de ce
qu'il

qu'il parloit mal de son prochain ; sans pourtant jamais entrer en matiere , ni justifier celui qu'il blâmoit. Il découvrit le piege , & fit porter à celui qui le lui tendoit , la peine de sa ruse désobligeante.

On pourra peut-être dire pour la défense de cette fine habileté , que nous fabriquons ces exemples à notre avantage , que nous faisons de la personne élevée un genie penetrant & éclairé , qui lit dans le cœur des hommes ; & que d'autre côté , nous mettons ce sçavoirfaire , ainsi que quelques-uns l'appellent , en mauvaises mains , ou en des mains peu adroites.

Abus de croire que les personnes élevées ne sont point clair voyantes.

Mais on doit sçavoir en premier lieu , que les exemples que nous venons de rapporter sont choses réellement arrivées , comme nous les avons dites. En second lieu , que c'est s'abuser à l'égard de la personne d'autorité , que de croire que telles personnes ne soient point clairvoyantes , puisqu'il est même presqu'impossible qu'elles n'excellent dans cette perspicacité. Leur personne seule & le rang qu'elles occupent en sont une preuve évidente. Par la personne nous entendons qu'elles ne peuvent que fort bien sçavoir le monde , étant comme nées dans la connoissance des choses : & par

I

---

cela même nous entendons leurs actions & leur conduite : nous les voyons agir en gens d'esprit, nous devons donc conclure de-là qu'elles en ont. Par le rang, nous voulons dire, qu'étant parvenuës à cette élevation, ou par leur naiſſance, ou par leur merite, il eſt aiſé d'inferer, que d'être ſeulement dans un tel poſte, cela ſuppoſe beaucoup d'adreſſe & de bon ſens. Ainſi c'eſt ſe tromper groſſierement, que de s'imaginer que l'on ſera capable de ſurprendre des perſonnes neceſſairement éclairées. Et il eſt en troiſiéme lieu encore plus abſurde de croire que ces faux prudens puiſſent le faire. Donnez-moi le plus habile que vous voudrez de ces joüeurs de gibeciere, & mettez cette habileté entre des mains les plus ſubtiles qu'il vous plaira, jamais vous ne pourrez dire, ſans mentir, que ces gens-là ſont prudens, ou gens d'eſprit. Un homme prudent eſt un homme qui a une grande lumiere & une grande netteté d'eſprit, & qui par cette lumiere diſcernant les bons moyens d'avec les mauvais, rejette ceux-ci, & prend les autres. Un homme qui met toute la prudence dans la menterie & la feinte, eſt un homme qui a l'eſprit petit, étroit & louche, & qui par conſequent ne peut naturellement être ni homme d'esprit, ni prudent.

Mais revenons à notre matiere, & établissons pour maxime inviolable, qu'il faut très-soigneusement éviter la dupli-cité, pour éviter ces incivilitez indis-cretes. Ouy, mais on dira encore : Est-ce donc que quand j'aurai à demander quelque grace pour quelqu'un, je la de-manderai du premier coup, sans prépa-rer l'esprit de la personne éminente par quelque prélude honnête, & sans loüer celui pour qui on la demande.

Comment il faut insinuer quelqu'un dans l'esprit d'un Grand.

On ne veut pas dire que cela soit mal fait ; mais on veut dire qu'il faut évi-ter tout ce qui n'a point de rapport, ou ce qui n'est point essentiel à la chose : car comme ce qui n'est pas essentiel est suspect, que tout ce qui est suspect sent le piege, & que tout piege est désobli-geant, il faut éviter tout ce qui n'est pas essentiel. Par exemple, je ne dirai pas tout crûment, si vous voulez, quoique ce soit le veritable tour : *Je vous supplie, Monseigneur, d'avoir la bonté de m'ac-corder ce benefice.* Je ne dirai pas non plus : *Le bruit, Monseigneur, que ré-pand par tout votre liberalité, est l'ai-mant qui m'attire à vous, pour vous fai-re une très-humble priere, en faveur d'une*

perſonne, qui par ſon merite eſt au deſſus de toutes les graces qu'on lui puiſſe
faire. C'eſt pour vous demander un Benefice, qui eſt même peu de choſe, n'étant que
de quatre mille livres de rente. Je dis peu
de choſe à votre égard, Monſeigneur, qui
ne vous bornez pas à de ſi petits bienfaits.
& à l'égard auſſi de M. tel qui en merite
infiniment davantage. Mais je dirai ceci
en approchant : Je ne ſçai, Monſeigneur,
ſi une perſonne comme moi, a aſſez de poids
pour demander un Benefice ; la peine où je
ſçai qu'eſt une perſonne comme vous, qui
aimez l'ordre, de trouver des gens dignes
de manier le bien de l'Egliſe, me fait prendre cette liberté, dans l'aſſurance que j'ai
que M. tel, pour qui je le demande, &
qui eſt un fort homme de bien, en uſera
comme il doit. Ce Benefice eſt de quatre mille livres, & il vaut quelquefois davantage,
ſelon les années. Tout étant ſincere, obligeant & naturel dans cette demande, la
perſonne éminente ne peut pas croire
qu'on la veüille ſurprendre : & ainſi cette demande ne peut pas faire le mauvais
effet que produiroit l'autre.

A l'égard du ſecond exemple, on pourra dire : donnez-nous donc un autre
moyen, pour découvrir les bonnes intentions d'un grand Seigneur en faveur

d'un tiers, puisque vous n'approuvez
pas qu'on loüe ce tiers. On ne dit pas
qu'il ne faille point loüer ce tiers : car
c'est en effet le seul moyen pour découvrir les bonnes intentions de la personne
éminente, si elle en a, ou même pour
lui en donner, si elle n'en a pas. Mais
on entend dire que ces loüanges ne doivent point être un piege, & que pour
n'être point un piege, il faut qu'elles
soient veritables & toutes naturelles,
j'entens qu'elles viennent si à propos,
qu'elles naissent d'elles-mêmes : avec cela, elles doivent être extrémement so-
bres ou moderées. Elles ne peuvent pas
être veritables qu'elles ne soient moderées : parce que le merite que peut acquerir un homme, tient toujours de l'infir-
mité humaine. Pour venir à propos, &
sans que la personne qualifiée s'en dé-
fie, il faudroit observer le moment qu'elle fut en peine elle-même de gens du
talent de la personne que nous voulons
lui recommander, ou qu'elle eût inclination d'elle-même pour ces sortes de
talens, ou enfin que celui que nous
produisons pût être de quelque utilité.
Par exemple, au lieu de tirer par les
cheveux, & de dire : *Je croyois, Monsei-*
gneur, avoir l'honneur de vous voir au

sermon de ce célebre Prédicateur ; mais vos grandes affaires nous priverent de cette édification. J'y rencontrai M. de l'Eloge : il faut avoüer que c'est un divin homme.... Il a seul autant de belles qualitez, qu'il en faudroit pour faire une douzaine d'hommes tous parfaits.... Mais il surpasse encore tout ce que l'on peut dire de lui, par le zele extrême qu'il a pour votre service... Je ne crois pas qu'aucun de vos plus passionnez serviteurs puissent le lui disputer. Vous sçavez, Monseigneur, à quel point je suis à vous ; il va de pair avec moi. Au lieu, dis-je, de faire un éloge si ridicule & si choquant, je pourrai dire : L'inclination que vous avez, Monseigneur, pour les belles lettres, me donne la liberté de vous proposer un tel ; il est honnête homme, il a de l'esprit & de l'étude ; il a de l'affection pour votre service ; & je ne doute pas qu'il ne puisse vous être utile. Ou bien je dirois : Je suis chargé, Monseigneur, de la part d'un tel, de vous assurer de ses très-humbles respects. Il me réitere souvent le zele qu'il a pour votre service · & comme vous aimez les honnêtes gens, & les gens de lettres ; celui-ci ayant de l'érudition & de la probité, merite très-assurément d'avoir part dans l'honneur de votre bienveillance.

Il reste le troisiéme exemple, dans lequel prenant le contre-pied de celui-ci, on blâme quelqu'un devant une personne éminente, pour pénetrer si cette personne-là est mal-intentionnée contre lui. Ce moyen, comme nous avons vû, est ridicule; & pour le redresser, il faut ici remonter plus haut, & supposer de deux choses l'une: ou que ce tiers a donné sujet par sa conduite à cette personne superieure d'être peu satisfaite de lui: ou qu'elle ne lui en a point donné sujet. S'il a été si malheureux, que de l'avoir mécontenté, le vrai moyen pour pénetrer si cette faute a fait quelque impression sur son esprit, est que celui qui s'employe pour lui, doit demander pardon de sa part au grand Seigneur, dans des termes les plus soumis & les plus touchans qu'il pourra. Si la personne éminente reçoit honnêtement ce devoir, on pourra croire que son esprit n'est point aliené: & si au contraire elle le rejette, ce sera un témoignage infaillible qu'il a de l'aigreur. Que si d'autre part, ce tiers n'a jamais désobligé la personne qualifiée, le secret est de n'en point dire de mal par finesse: de peur qu'elle ne prît pour veritable ce que pourtant on ne prétendroit dire que par feinte. Il

Qu'il ne faut jamais blâmer personne pour faire parler un Grand.

faut au contraire prendre une route opposée, & insinuer ce tiers dans l'esprit
du grand Seigneur, par l'affection qu'il
a pour son service ; & prendre pour cela
un moment si favorable, que cet office
ne paroisse point être affecté, selon toujours le même principe, que tout ce qui
est affecté est suspect, & que tout ce qui
est suspect est choquant.

Enfin, il faut tenir pour maxime, que
toutes les paroles qui tendent directement ou indirectement à surprendre, soit
de cette façon-là, soit d'une autre, soit
que la personne à qui nous devons du
respect, s'en apperçoive sur le champ,
soit qu'elle y fasse réflexion après, l'offensent ; & qu'il faut par conséquent s'en
abstenir. Il faut ou se taire, ou parler
toujours sincerement ; c'est le caractere
du langage des honnêtes gens.

Une autre espece de ces incivilitez in-

*Troisiéme
exemple de ces
paroles dans
les contesta-
tieus.*

discretes est, par exemple, lorsque des
personnes inferieures contestent & se
disputent en présence d'une personne superieure ; toutes les paroles passionnées
que ceux-ci se disent, quand même il s'a-
giroit de soutenir les interêts de la personne qualifiée, & à plus forte raison lorsqu'elle n'y a point de part, choquent cette personne-là, violent le respect qu'on

lui doit. Tout ce qu'elles difent d'ou-
trageant, même d'un tiers, ou d'une
perfonne abfente, injurie la perfonne
qualifiée : comme, par exemple ; fi l'un
d'eux foutenoit à l'autre, qu'un tel lui
auroit dit telle & telle chofe, & que ce
lui-ci répondît, *il en a menti* ; ce *démenti attaque* la perfonne de refpect, &
fait prefque le même mauvais effet dans
fon efprit, que fi on le donnoit à elle-
même ; & ainfi de pareils difcours.

Il faut mettre auffi dans cette catego-
rie tout ce que l'on dit, où la perfonne
élevée peut prendre part. Par exemple,
fi quelques-uns s'entretenoient devant
cette perfonne-là, de quelque avanture
arrivée à quelqu'un ; comme feroit d'a-
voir lâché le pied devant les ennemis,
& que cette perfonne-là fût foupçon-
née en quelque maniere d'avoir fait quelque chofe de femblable, c'eft fans doute
la défobliger indirectement : de même,
s'ils parloient devant elle d'un homme,
par exemple, qui feroit jaloux, cela eft
offenfant, fi elle paffe pour être fujette à
de femblables défauts ; & ainfi de tous
les vices, & de toutes les chofes enfin
qui peuvent faire quelque contre-coup
fur l'efprit de la perfonne qualifiée.

Il faut, comme on dit, connoître le

*Quatri.me
exemple dans
les paroles qui
peuvent re-
jaillir fur la
perfonne mê-
me du Grand.*

terrain ; ou pour mieux dire , c'eſt ici
où a lieu cet admirable talent de ſçavoir
le monde. On ne ſçait pas le monde pour
ſçavoir ſimplement qu'une perſonne inferieure doit du reſpect à un grand Seigneur : mais quand on a ſçû étudier les
perſonnes avec leſquelles on a à traiter,
que l'on en connoît l'humeur , le temperament , l'inclination , les paſſions ,
les vices , les vertus , les interêts , les
engagemens , les liaiſons , les bonnes &
mauvaiſes affaires , & que là-deſſus on
regle ſa route & ſa conduite ; alors on
ſçait le monde.

CHAPITRE X.

De la bonne humeur.

Quelle bon-
ne humeur on
entend ici.

Comme rien au monde ne rebute ſi
fort que la mauvaiſe humeur, il eſt
ſans doute que la bonne humeur eſt au
contraire ce qui engage davantage ; car
on n'entend pas ici par la bonne humeur,
ſeulement cette gayeté , ou cet enjouë-
ment qui paroiſſent dans la perſonne &
dans ſes manieres. On entend bien plus
une certaine harmonie , qui ſe fait de
l'humeur de la perſonne , dont il s'agit,
avec l'humeur des autres , & les circonſ-

tances qui l'accompagnent. Et c'est en ce sens, que de sçavoir se mettre dans l'humeur que demandent ces choses-là, c'est un point essentiel de la civilité ; & c'est pareillement par ce regard que cette humeur telle qu'elle soit est la bonne humeur ; c'est-à-dire, l'humeur qu'il nous convient d'avoir.

Le corps est si étroitement lié à l'ame, qu'autant qu'il est vrai de dire, que l'ame lui donne tout le mouvement qu'il a ; autant est-il veritable que l'ame elle-même ne se meut presque que par le mouvement du corps. C'est pour cette raison que l'on se sert, pour exprimer ce qui regarde l'ame, des mêmes noms dont on se sert pour donner à entendre ce qui regarde le corps. Comme tous les corps mixtes sont composez des quatre élemens, & que ces élemens ont des qualitez contraires, qui se maintiennent par leur propre répugnance ; les corps animez, & particulierement le corps de l'homme, ont quatre humeurs qui servent à leur faire produire leurs actions & leurs fonctions, & qui participans des qualitez de ces élemens, ou étant les mêmes, temperent & maintiennent le corps de l'homme par leur contraire. La terre est froide & seche : l'eau est froi-

D'où vient la bonne ou la mauvaise humeur.

de & humide : l'air eft chaud & humide ; & le feu eft chaud & fec. Les quatre humeurs font la mélancolie , qui eft
terreftre ; la pituite , qui eft aqueufe ; le
fang , qui tient de l'air ; & la bile , qui
tient du feu. Tout cela fe combat & s'ac-
corde : c'eft comme une voute qui fe foû-
tient par l'oppofition , ou la guerre con-
tinuelle que font les pierres qui la com-
pofent : & c'eft ce qui fait dans l'homme
ce que l'on appelle temperament.

Lorfque la proportion fe trouve dans
ce mélange , c'eft alors que le compofé
eft parfait. Lorfque l'une ou l'autre de
ces humeurs domine plus ou moins , c'eft
ce qui éloigne plus ou moins de la perfection le compofé ; & ce qui fait en même temps , que le temperament prend
le nom de l'humeur dominante.

Or l'ame toute fimple qu'elle foit , reçoit les mêmes impreffions fur elle , que
ces humeurs font fur le corps, & prend le
même temperament que le corps. Elle eft
dans une affiette uniforme , lorfque ces
quatre humeurs font tellement tempe-
rées , qu'aucune ne l'emporte fur l'autre :
mais auffi-tôt que quelqu'une vient à prévaloir , elle lui donne un caractere fingu-
lier. La mélancolie qui déconcerte toutes
les fonctions du corps , quand elle domi-

ne, déconcerte pareillement l'esprit, &
lui fait perdre sa justesse. La pituite qui
rend le corps paresseux, rend l'esprit lent,
froid & tardif. Le sang qui fait le corps
vigoureux & leger, rend l'esprit vif &
present. La bile qui allume le corps, allume aussi l'esprit.

Et de même qu'il arrive au corps des
effets particuliers de l'action de ces humeurs, il arrive de même dans l'ame des
changemens particuliers par l'action de
ces mêmes humeurs. Ces changemens
font les diverses passions que ces differentes humeurs y excitent. La mélancolie y fait naître le chagrin, la tristesse,
l'ennui. La pituite y forme la paresse,
l'indifference, le dédain. Le sang, la
joye, l'amour, la douceur. Et la bile,
la colere, la haine, la hardiesse. Et c'est
là maintenant ce qui fait ce que nous appellons ordinairement le temperament,
le genie, ou l'humeur d'un homme, par
rapport, comme j'ai dit, aux humeurs
qui font le temperament du corps.

Le meilleur temperament, ou la meilleure humeur où un homme puisse être,
est de n'en avoir point du tout : car
c'est une marque que son ame est, ou
sans passions, ou au dessus des passions.
C'est ce qui arrive, ainsi que nous ve-

nons de voir , lorſque toutes ces humeurs gardant inviolablement l'équilibre , ne troublent point le calme de l'ame ; & c'eſt la qualité des grandes ames , de ces ames fortes & comme divines , qui ne tiennent point au corps , pour ainſi dire ; ou qui ſçavent par la force de la raiſon , tenir toutes leurs paſſions en bride.

Ainſi l'humeur d'un homme vient de ce que quelque humeur naturelle domine en lui , & de ce que cette humeur excite dans ſon ame une paſſion qui le domine , ou laquelle il n'a pas aſſez de force d'eſprit pour moderer. Si c'eſt la bile , il ſera d'humeur colere , inquiet , revêche. Si c'eſt le ſang , il ſera d'humeur gaye , agréable , commode. Si c'eſt la pituite , il ſera d'une humeur endormie , peſante & difficile à mouvoir. Si c'eſt enfin la mélancolie , il ſera , comme porte le nom , d'humeur mélancolique , ſombre , chagrine , difficile , contrediſante.

Quelle humeur nous rend civils.

Selon le langage ordinaire , nous diſons qu'une perſonne eſt de belle humeur , lorſqu'elle eſt gaye , enjoüée , agréable ; & il eſt veritable en effet , qu'une perſonne commode , & qui porte la joye & les ris partout où elle va , a des charmes infaillibles pour plaire ;

mais il n'est pas question ici de cette belle humeur. Nous cherchons la bonne humeur, ou l'humeur qui nous rend civils; & il est certain que ce n'est pas toujours la belle humeur; si un bel humeur rioit sans cesse devant une personne à qui on doit du respect : s'il rioit d'une mauvaise nouvelle, qui seroit arrivée à cette personne-là : s'il rioit dans une Eglise : s'il rioit enfin, lorsque tous les autres pleurent, ce ne seroit plus sans doute un homme de belle humeur, ce seroit un fou achevé. Il faut donc pour plaire, ou pour faire un homme de bonne humeur, autre chose que la belle humeur, & nous venons insensiblement de trouver ce qui est necessaire pour cela.

Comme le temperament du corps dépend, selon ce que nous avons vû, de quatre humeurs : l'humeur que nous demandons ici, dépend de regarder les quatre choses, que nous avons prises pour principes dans ce Traité; sçavoir, la personne, la chose, le lieu & le temps. Il faut que notre humeur se conforme à ces quatre choses, & qu'elles nous tiennent lieu d'autant d'humeurs naturelles : mais il faut bien se garder de prendre ici le change, & de croire que quand nous proposons ces regles, nous prétendions

introduire l'hypocrifie au lieu de la bienféance.

Nous ne voulons pas dire, par exemple, que quand nous allons rendre nos
devoirs à une perfonne éminente, que
nous trouvons dans l'affliction, il faille fe contrefaire, feindre des larmes,
étudier & affecter de grands foupirs, &
rire cependant dans l'ame, de joye de
voir cette perfonne-là dans le deuil. Plutôt mourir que d'être capable de donner des avis fi éloignez du Chriftianifme.
Nous voulons dire qu'un honnête homme doit, par un fentiment de charité, fe
remplir le cœur d'une fainte compaffion,
en voyant le malheur d'autrui ; ou d'une
honnête joye, en les voyant dans la joye,
felon l'Ecriture qui dit, qu'il faut fe ré-
joüir avec ceux qui ont de la joye ; &
pleurer avec ceux qui pleurent. Et c'eft
conformer fon humeur à l'humeur de la
perfonne.

Nous voulons dire qu'il ne faut pas
imiter certaines gens, qui quoi qu'ils
ayent tout fujet d'avoir l'ame contente,
font toujours les fâchez ; & font comme en colere contre leur bonne fortune :
mais qu'il faut dans les termes de la
bienféance, faire paroître de la fatisfac-
xion ; afin qu'elle foit comme un témoignage

gnage public de reconnoiſſance. En effet, ſi c'étoit une grace que nous euſſions reçûë d'une perſonne ſuperieure, cette froideur, ou ce grand ſérieux pourroit paſſer pour un dédain & un mépris. Il faut donc que notre humeur ſe conforme à la choſe qui la doit regler.

Nous voulons dire qu'il ne faut pas faire comme ceux qui portent ſur le tribunal de la Juſtice un eſprit chagrin, ou aſſoupi, ou qui dorment quand il s'agit de s'inſtruire ſur une affaire où bien ſouvent periclite l'honneur ou la vie de l'innocent : mais qu'il faut en ce lieu-là avoir l'eſprit ſerain & attentif. Et il eſt même aiſé de l'avoir, ſi on ſe met à la place de celui pour ou contre lequel on va prononcer jugement : ce qui eſt ſe conformer au lieu.

Enfin nous voulons dire qu'il ne faut point ſuivre l'exemple de certains évaporez, que l'on a vû quelquefois au ſcandale de tous les aſſiſtans, avec une humeur enjoüée & l'eſprit indolent, au temps où une perſonne expiroit. Ce moment qui eſt un moment terrible, demande tout ce qu'il y a de plus ſérieux & de plus recueilli ; & il faut y conformer notre humeur.

L'humeur d'un homme eſt donc la

Application de ces princi-...

K

difpofition du cœur, par rapport à ces
quatre chofes ; la perfonne, la chofe, le
lieu & le temps. Et il faut que ce qui eft
le plus confiderable dans ces quatre circonftances, donne la loi au refte. Par
exemple, je me trouve dans une Eglife
avec une perfonne à qui je dois du refpect, cette perfonne qui aura l'humeur
gaye, fe laffera peut-être, fans y faire
attention, aller à quelques petites liber-
tez, qui, à la verité, ne fortiront pas des
bornes de l'honnêteté ; mais qui toutefois feront peu décentes pour le lieu où
elle eft. La civilité m'obligeroit ailleurs
d'applaudir par une égale difpofition de
cœur ; mais comme je dois encore plus
de refpect à Dieu qu'à ce grand Seigneur, je dois non prendre un air de
cenfeur, ce qui eft incivil ; mais par une
efpece de petit férieux rappeller fon efprit, afin qu'il faffe attention fur lui-
même, & qu'il imite un grand Prince,
dont toutes les actions font autant de régles de bienféance. Ce Prince affiégeoit vivement une place ; fans toutefois interrompre fes devoirs ordinaires de pieté :
& il étoit un matin à l'Eglife à entendre la Meffe, lorfqu'on lui vint dire
avec grand empreffement, que les ennemis battoient la chamade, & deman-

doient à capituler. Un autre homme dans une conjoncture si importante, auroit crû avoir une excuse très-legitime de laisser là sa priere, & de courir à la hâte recueillir les fruits glorieux de ses travaux. Cependant cette ame héroïque ne sortit jamais de son assiette, ni de la bienséance que lui imposoit la sainteté du lieu. Il se contenta de dire d'un ton aussi calme : *J'irai aussi-tôt que la Messe sera finie.*

C'est ainsi qu'il faut régler son interieur ; & comme la bienséance doit pareillement se manifester par le rapport ou la conformité des actions, ou de l'exterieur, ce qui s'appelle ordinairement complaisance ; c'est maintenant de quoi nous allons parler.

CHAPITRE XI.

De la complaisance.

LA complaisance est d'autant plus necessaire pour la vie civile, qu'elle est un des plus forts liens de l'amitié ; comme la contradiction ou ce naturel roide & infléxible, qui ne veut jamais rien de ce que les autres veulent, est presque le renversement de toute societé.

En quoi consiste la complaisance

K ij

La complaisance consiste à regler nos actions sur les actions des personnes qui ont droit de l'exiger de nous : je veux dire, en un mot, pour me servir de la pensée d'un Poëte qui sçavoit le monde, que quand l'un veut aller à la chasse, l'autre ne s'opiniâtre pas à vouloir joüer de la flute. (*a*)

(*a*) Hor. Epift. lib. 1. Epift. 18.

Que les mêmes inclinations & professions forment la sympathie.

Cette conformité d'actions unit étroitement les cœurs ; & nous le voyons même par experience. Des personnes de même inclination, de même profession, de même métier, s'aimeront plus que d'autres. Ceux, par exemple, qui aiment les Lettres, se fréquenteront, se défendront, se serviront avec plus de zele & de tendresse, qu'elles ne feroient d'autres personnes. Un homme qui aime les armes, aimera ceux qui sont de même profession. Un Peintre aimera un autre Peintre. Enfin c'est ici où la sympathie se fait remarquer plus qu'en toute autre chose. D'autre part, cette même experience nous fait voir que rien ne rebute tant les esprits que l'antipathie. On ne sçauroit, par exemple, plus desobliger un homme d'étude, qu'en se moquant de ce qu'il fait : un Peintre, qu'en méprisant son ouvrage, & ainsi des autres.

Mais d'où vient donc, me dites-vous,
que deux personnes de même profession
ne peuvent se souffrir, ne peuvent jamais dire de bien l'un de l'autre? C'est
pour autre raison qui est, ou l'interêt,
ou le desir de l'honneur; ils s'aiment par
la conformité de leur inclination, mais
ils se craignent l'un l'autre, parce qu'ils
tendent à une même chose, qui n'est pas
de l'essence, ou qui est tout-à-fait differente de cette inclination.

Ainsi nous devons sur-tout être complaisans, si nous voulons nous rendre
aimables. Ce qu'il y a seulement à ex-
cepter ici, est qu'il ne faut jamais étendre notre complaisance à faire, ou à approuver rien de mauvais, ou d'injuste:
tout ceci ne s'entendant que des actions
honnêtes d'elles-mêmes, ou indifferentes. Et même il y a quelques mesures à
garder dans celle-ci; il faut y éviter
certaines complaisances, qui ne servent
qu'à découvrir que l'on a l'esprit badin
& servile. On lit qu'Alexandre panchoit
un peu la tête, & que tout le monde
dans sa Cour se la panchoit de même par
complaisance: ce qui marque qu'il y
avoit plus de bassesse dans la complaisance de ces Grecs qu'il n'y avoit de
déference. En effet, si cette complai-

Mesures à garder dans la complaisance en général.

fance devient dans une Cour, ou près d'un Souverain, un devoir indifpenfable, non feulement parce que c'eft une marque de refpect, qui eft ce que nous prétendons ici ; mais auffi parce que bien fouvent la prudence ou la politique s'y trouve mêlée : il eft certain d'ailleurs, que les vétilles n'étant pas capables de ces effets-là, ne fervent uniquement qu'à nous rendre un mauvais office dans l'efprit du Prince.

De la complaifance de la Cour.

On ne peut pas nier que la complaifance ne foit une marque de refpect envers le Souverain ; puifqu'elle eft un témoignage de la foumiffion de toutes les autres volontez à cette volonté fuprême. Et on ne peut pas dire non plus que cette complaifance ne foit un effet de fageffe ; puifque de fe conformer à fon Prince, c'eft une marque que l'on a de l'efprit. A la verité, les ignorans difent que la vie des perfonnes de la Cour eft une fervitude ; qu'il faut s'y priver de tout defir & de toute liberté ; qu'il n'y eft pas permis d'aimer ou de voir même qui il nous plaît : mais toutes ces plaintes font des paroles vagues, & qui en un fens font fauffes. La perfonne du Souverain doit être le centre de toutes les amitiez & de tous les défirs de fes fujets :

car si tout bon sujet doit préferer à toutes choses l'amour de la Patrie, il doit par conséquent aimer son Prince plus que toutes choses; puisqu'en lui se renferme l'Etat & la Patrie; ou qu'il est le pilote de ce grand vaisseau. Et si ceux qui sont dans un navire reçoivent uniquement la loy du Pilote, il est sans contredit, selon les regles du bon sens, que la volonté du Prince doit pareillement être la régle de toutes les autres volontez.

Nous ne parlons pas ici de la volonté du Prince, qui s'arme de la loy pour punir les crimes: car c'est alors tout l'Etat qui prononce ces Arrêts, c'est nousmêmes qui les prononçons; parce qu'ils ne se prononcent que pour nous, c'est-àdire, pour notre exemple. Nous parlons de la conduite du Prince, dans laquelle sa prudence seule, comme une intelligence secrette, fait mouvoir la machine, ou le corps de la societé civile: il est comme sur un lieu élevé, d'où il découvre plus loin que nous. Il sçait où il faut aller; nous devons donc le suivre: tout ce qu'il fait est pour notre salut; nous devons donc y condescendre: & comme ce salut que notre Souverain a toujours en vûë, l'oblige souvent à des

chofes que nous ne comprenons point,
ce n'eft pas à nous à entrer dans le fecret
de fes confeils, pour les interpreter; il
faut l'imiter : il contractera des amitiez
pour nous garantir de quelques pieges :
il faudra de même regarder ceux qu'il
traite d'amis, comme nos amis; quoique nous fçachions bien qu'ils ne le foient
pas. Il lancera des difgraces pour nous
procurer quelque bien : il faudra pareillement fufpendre tout témoignage d'a-
mitié envers les perfonnes mêmes que
nous aimerions le plus.

Et il ne faut pas croire que ces principes bleffent la charité; les devoirs de la
déference n'empêchent point fes devoirs
de la Religion. On peut fe laiffer paffer
des offices près du Prince en faveur d'un
ami malheureux; on peut même lui rendre fervice, & ces offices, & ce fervice
ne peuvent que plaire à un Prince fage,
qui n'agit point par paffion, fi en les
rendant, on ne fait rien qui s'oppofe, ou
qui contredife directement à fa volonté.
Enfin, cette volonté doit, pour ainfi dire, être la bouffole de toutes les autres
volontez : & il en doit être ici de même que de toutes les chofes de la nature
à l'égard de Dieu. Il ne veut que notre
bien, & fur ce principe, il nous conduit

duit nous-mêmes & toutes choses, sans que nous le sçachions, ni qu'elles le sçachent, à la fin qu'il envisage ; & nous suivons, & elles suivent inviolablement sa volonté.

Mais reprenons notre matiere. Nous disions que l'on peut tomber dans de grands inconveniens lors même que l'on veut le plus paroître complaisans, & cela est vrai. Il faut pour l'éviter, distinguer dans la personne éminente les choses qui se peuvent, d'avec celles qui ne se peuvent pas imiter.

Inconveniens à viter dans la complaisance.

Il y en a, par exemple, qui ne se peuvent pas imiter, parce qu'elles pourroient passer pour des dérisions : telles sont, comme nous avons commencé à dire touchant Alexandre, des déformitez visibles du corps. Par exemple, s'il manquoit un œil à la personne superieure, & que l'on voulût par complaisance, en lui parlant, ou en parlant à d'autres en sa présence, fermer toujours un œil, elle pourroit le mal interpreter, & ainsi de tous les autres défauts de la nature.

Il y a pareillement des choses qui ne se peuvent pas imiter, parce qu'elles surpassent nos propres forces & notre qualité. Supposé que la personne élevée soit

L

riche & tienne table ouverte, l'imite-
rons-nous, nous qui n'avons qu'un bien
médiocre.: cela ne se peut pas. Elle a des
Pages, habillerons-nous nos laquais comme eux : cela seroit ridicule.

Il y a de même certaines choses qui ne
se peuvent pas imiter, parce qu'elles sont
incommunicables. La personne éminente porte, par exemple, des fleurs de lys
dans ses armes, en porterons-nous par
complaisance ? on nous l'empêcheroit,
Sa livrée est du bleu, habillerai-je mes
gens de même ? cela m'est défendu.
Quoi, toujours ? non à la verité toujours : car il est quelquefois de l'ordre de
prendre la livrée de la personne à qui
nous voulons témoigner notre respect ;
mais il y a quelques observations à faire
là-dessus. Si on est proche parent ; si on
est actuellement domestique, & que la
personne éminente y consente, on peut
prendre sa livrée ; mais si on est étranger,
& qu'en même-temps on soit de qualité
un peu éloignée, cette complaisance
pourroit être prise pour une familiarité ;
à moins que la personne superieure ne
l'approuvât. Et si on est étranger, & que
l'on soit de qualité en quelque maniere
approchante, cette complaisance pourroit passer pour attentat, en ce que l'on

ne ſçauroit plus ſi cette livrée viendroit de l'autre , ou ſi l'autre dériveroit de celle-cy.

Enfin , il y a des choſes qui ne ſe peuvent pas imiter , quoi qu'elles ſoient indifferentes , parce qu'elles ſont comme une ſuite de la grandeur de la perſonne , qui ne ſe communique pas. Par exemple , une perſonne de haute qualité dira , en parlant de ſon pere : *Monſieur mon pere ,* Elle dira : *Turene* ; & un inferieur paſſeroit pour ridicule , ſi pour ſe rendre complaiſant , il parloit de même. Et ainſi de toutes ces façons de parler , leſquelles ſont comme un langage particulier, reſervé pour les Grands, qui non ſeulement ſont en droit de commander , mais qui avec cela ſont civils , s'ils ſont familiers & affables.

Mais que faut-il donc imiter pour témoigner ſa complaiſance ? On peut pour lui complaire s'accommoder à toutes les actions qui ſont de notre portée : veut-elle que l'on chante ? il faut chanter : que l'on danſe il faut danſer. Veut-elle ſe promener : il faut faire comme elle : chaſſer ? chaſſer : dormir ? dormir , &c.

Comment on peut ſans inconvenient être complaiſant.

Eſt-elle dans la joye ? il faut y être : eſt-elle dans l'affliction ? il faut être affligé. Et il faut ici que notre exterieur , ou nos habits témoignent le sentiment de notre cœur, aussi-bien que nos paroles & nos actions : n'imitant pas certains ridicules, qui entendent si mal cette conformité, que si une maison est en joye, ils la déconcertent par une mine froide, grave, refrognée ; & si elle est dans la douleur, ou même en habit de deüil, ils y viennent dans l'enjoüement, & tout couverts de rubans ; décontenançant les gens avec des contes pour rire, ou ne leur parlant que de divertissement. (a) Tout notre exterieur, nos paroles & nos actions doivent donc se rapporter selon nos principes, à la personne, à la chose, au lieu & au temps. Mais puisque nous en sommes sur les habits, & sur ce qui peut regarder la personne au déhors, Voyons en deux mots les regles que nous prescrit la propreté.

(a) Musica in luctu importuna narratio. Eccl. cap. 22. Oderunt hilarem tristes tristemque jocosi. Hor. Epist. lib. 1. Epist. 18.

CHAPITRE XII.

De la Propreté.

LA Propreté fait une grande partie de la bienséance, & sert autant que toute autre chose, à faire connoître la vertu & l'esprit d'une personne ; car il est impossible que voyant sur elle des habits ridicules, on ne conçoive incontinent l'opinion, qu'elle eſt ridicule elle-même.

Or la propreté eſt un certain rapport des habits à la perſonne, comme la bienſeance aux autres choſes eſt la convenance des actions & des paroles à l'égard des autres & de nous-mêmes. Il eſt neceſſaire, ſi nous voulons être propres, de conformer nos habits à notre taille, à notre condition & à notre âge.

Ce que c'eſt que la propreté.

Le contraire de la propreté eſt la diſproportion, qui conſiſte dans l'excès ou du trop de propreté, qui eſt le vice dans lequel tombent les perſonnes qui s'aiment trop; ou du trop de négligence, qui eſt celui des perſonnes pareſſeuſes, molles, naturellement ſalles & mal propres.

Ces deux défauts ſont autant blâmables l'un que l'autre; mais celui qui vient de négligence, a cela de plus, qu'outre la mauvaiſe idée qu'il donne de la perſonne, il déſoblige celle devant qui on ſe préſente, & manque en quelque façon au reſpect.

La loi que l'on doit indiſpenſablement obſerver pour la propreté, eſt la mode: c'eſt ſous cette maîtreſſe abſoluë qu'il faut faire ployer la raiſon, en ſuivant pour nos habits, ce qu'il lui plaît

De la mode.

d'ordonner, fans raifonner davantage ;
fi nous ne voulons fortir de la vie civile.
Cette mode a les deux mêmes extrémitez vicieufes que celles dont nous venons de parler, l'excès de négligence,
l'excès d'affectation ; l'un & l'autre font
paffer la perfonne pour ridicule.

En effet ; fi une perfonne, quelque mo-
defte & retirée qu'elle foit, veut fe roi-
dir contre cette mode qui eft un torrent,
en paroiffant, par exemple, devant le
monde avec un chapeau pointu, à préfent qu'ils fe portent bas de forme, elle
fe mettra au hazard d'être couruë &
montrée au doigt.

Il en eft de même de l'excès d'affectation : lors qu'on portoit des haut-de-chauffes larges par en bas, ils y mettoient deux
aunes de largeur : fi le bas de la robe d'une
Dame devoit traîner de demi-aune, on
y en mettoit une & demie : fi les man-
ches étoient courtes, on ne faifoit que des
aîlerons : fi on portoit du ruban à côté des
haut-de-chauffes, on en mettoit jufques
dans la pochette : & tout le refte à proportion, jufques aux nœuds des fouliers,
qui étoient d'un pied de long quand on
en portoit.

Pour éviter cette bizarrerie incommode, il faut remonter jufqu'à la fource

de la mode, qui eſt la Cour; & de plus il faut faire en ceci ce que l'on fait dans les autres choſes qui dépendent du caprice, il faut ſuivre la plus ſaine partie.

C'eſt pourquoi ceux qui ne vont point à la Cour, doivent tâcher de connoître quelqu'un qui y ait commerce, & s'en faire un modele, le prenant à peu près de ſa condition, de ſon âge & de ſa taille : & non ſeulement il faut que cette perſonne qui nous doit ſervir de regle ait habitude à la Cour; mais auſſi pour venir à mon principe, qu'elle ait elle-même de l'eſprit & de la vertu. Ceux qui ont du jugement & de la ſageſſe, retranchent, autant que cela ſe peut, le luxe & la fadaiſe des modes, & les réduiſent à quelque utilité, à quelque commodité, & ſur tout à la modeſtie, qui doit être la regle de toute la conduite d'un Chrétien, comme nous l'avons miſe pour fondement de ce Traité; & il ſe fait alors une eſpece de paradoxe, en ce que la mode qui eſt capricieuſe, bizarre & ſouvent ſcandaleuſe, devient raiſonnable & modeſte.

Nous avons dit que les habits doivent avoir rapport à la condition des perſonnes : & il eſt aiſé de le juger, en s'imaginant, par exemple, un homme deſti-

Proportion- ner les habits à la condition.

né à l'Eglise, s'habiller, ou du moins s'approcher autant qu'il peut, de l'habit d'un homme du monde; car alors on ne peut pas dire que cet Ecclesiastique soit en son bon sens, mais qu'il est en masque, & qu'il porte un momon à celui qu'il va visiter, & ainsi du reste.

C'est la même chose pour l'âge; une vieille femme, par exemple, ou un vieillard vêtu en jeunes gens, sont des personnes qui semblent ne se parer, étant proche du tombeau comme ils sont, que pour aller eux-mêmes en pompe à leurs funerailles.

Les propor-
tionner à la
taille.
Mais de proportionner les habits à la taille, c'est une chose à laquelle peu de gens prennent garde, & qui est pourtant essentielle à la propreté: il se fait sans cela une disproportion insuportable. C'est pourquoi il faut observer que si la mode fait toutes les choses grandes, elles ne doivent être que médiocres pour les petits hommes : autrement s'ils portent un grand rabat, parce que c'est la mode, on ne voit en eux qu'un rabat; si c'est un chapeau à grand bord, ce ne sera qu'un chapeau que l'on verra marcher, ainsi du reste. C'est ce qui ne choque pas moins la vûë qu'un Peintre qui pecheroit contre les regles de la portraitu-

re, donnant de grands bras à une petite figure; & de petites jambes à une grande.

Cette convenance doit donc être exacte & égale, tant à l'égard de la personne & de la condition, que de l'âge, évitant l'extrémité aussi-bien dans l'excès, que dans le défaut.

Et non seulement c'est la propreté & la bienséance des habits qui donnent bonne impression de la personne: mais ses domestiques, son train, sa maison, ses meubles & sa table, si tout cela a pareillement de la proportion & du rapport à la qualité & à l'âge, parce que ce sont autant de signes qui nous marquent, sans que le maître parle, s'il a de l'esprit & de la vertu: outre même que l'on peut par ce moyen plus que par tout autre, manquer de respect envers les personnes à qui nous en devons, nous élevant au dessus d'elles par le faste & par la vanité. (*a*)

La proportion se doit trouver dans le reste du train.

La seconde partie de la propreté, est la netteté, qui est d'autant plus nécessaire, qu'elle supplée à l'autre, quand elle manque: si les habits sont nets, & sur tout si on a du linge blanc, il n'importe pas que l'on soit richement vêtu, on sentira toujours son bien, même dans la pauvreté.

(a) Hor. Epist. lib. 1. cap. 18.

De la netteté.

Avec cela , il faut avoir soin de se tenir la tête nette , les yeux & les dents, dont la négligence gâte la bouche & infecte ceux à qui nous parlons ; les mains aussi , & même les pieds, particulierement l'été , pour ne pas faire mal au cœur à ceux avec qui nous conversons, ayant soin de se couper les ongles. Il faut aussi se tenir les cheveux longs ou courts; la barbe d'une telle ou telle maniere , selon la mode ordinaire , temperant le tout à l'âge , à la condition , &c.

CHAPITRE XIII.

Des fausses excuses.

Que l'on entend par'cticé d'une espece de rusticité opposée à la complaisance.

REprenons maintenant le chapitre de la complaisance. Autant qu'elle a, comme nous avons vû , de charmes, autant la rudesse a de rebut. Cette rusticité est de plusieurs sortes : celle qui contredit ouvertement , ou qui s'oppose directement à ce que les autres veulent ; & celle qui s'oppose avec détour , ou indirectement , & qui pour cette raison est une espece des paroles indirectement inciviles. La premiere paroît assez d'elle-même ; sans qu'il soit besoin d'y faire prendre garde. L'autre est comme imperceptible ;

& c'est pourquoi , comme elle est également mortelle à la civilité , il est à propos
de la faire connoître , afin de la faire détester.

Elle consiste presque toute en excuses , En quoi consiste cette rus-
ou en certaines raisons frivoles , dont on ticité, & d'où
se sert , pour éluder ce que la personne elle vient.
superieure propose , & elle vient ou d'interêt , ou de paresse. On tâche de détourner cette personne-là de quelque dessein , parce qu'il est souvent opposé à
des interêts ou à des vûës secrettes que
nous avons ; ou parce qu'étant nous-
mêmes obligez à y prendre part , notre
paresse abhore par avance la peine qu'elle se figure qu'il y faudra prendre ;
& tout cela , qui se sent facilement par
des gens qui n'ont pas les narines tout-à-
fait bouchées , est une incivilité qui offense , tout indirecte qu'elle soit , autant
que celle qui rompt visiblement en vi-
siere.

Jamais ces gens à négative ne s'accordent à ce que l'on veut ; il faudroit une
conjonction miraculeuse de tous les astres
ensemble , pour operer la conjonction
de leur volonté avec celle des autres ,
gens certes très-incommodes. La personne éminente propose , par exemple ,
d'aller voir un tel homme : *Ho* , répondra

l'homme à la réponse louche, *c'est peine perduë*, *il n'est jamais chez lui à l'heure qu'il est*, *il à des procès;* & cent autres fausses excuses de cette nature. Et sçavez-vous pourquoi ? c'est que ce répugnant est jaloux de ce que ce grand Seigneur a quelque bonne volonté pour celui qu'il veut aller visiter. Voilà l'interêt, qui joüe sourdement son jeu. *Allons demain à la chasse*, dira la personne éminente; *Ho*, répondra notre Epilogueur, *il ne fera pas demain beau: j'ai pris garde que le Soleil se couchoit dans un nuage, il pleuvera demain, contremandez l'équipage*. Et toute la raison qu'il à de parler ainsi, est que la paresse lui couvre l'esprit d'un nuage, en lui representant la peine qu'il faudroit qu'il se donnât à la chasse: & il en est de même de toutes choses. Toutes leurs réponses roulent autour de ces deux pôles, la paresse & l'interêt.

Mauvais effets de cette rusticité. On juge de-là, quel effet elles font dans l'esprit d'une personne clairvoyante & bien née. Par sa lumiere elle découvre le leurre, & conçoit très-mauvaise opinion de ce contrôleur: & par son honnêteté elle sent une peine extrême de faire une chose que l'on désapprouve, quoique même elle sçache qu'on la désapprouve mal-à-propos : & tout cela ensemble se ramassant dans son esprit , lui fait du contredisant un objet désagreable , ou une croix qui pese & qui fatigue plus qu'on ne sçauroit dire.

Je me souviens d'un certain homme nourri dans un métier, où on n'admet guere d'excuse, qui battoit son valet , quand il lui disoit, *non.* S'il l'envoyoit querir quelque chose , & qu'il revint lui dire : *M. il n'y en a pas*, il lui donnoit sur les oreilles. On lui vouloit dire : *Est-ce donc que ce valet peut faire des miracles ? Voulez-vous qu'il vous apporte des mûres au mois de Decembre ?* Ce n'est pas cela , répondoit-il, *mais il ne faut jamais accoûtumer ses valets à dire , il n'y en a pas, de peur qu'ils ne le disent quand il y en a,* Il ne disoit jamais non plus à ses gens où il alloit ; mais s'il avoit occasion de sortir , il se contentoit de leur dire , même dans une ville où ils n'avoient jamais été : *Dînez , & quand vous aurez dîné vous me viendrez trouver.* Et si on lui demandoit , comment il vouloit qu'ils le trouvassent , ne sçachant pas où il alloit , ni même les lieux d'une ville inconnuë : *C'est* répondoit-il , *alors qu'ils me trouvent , car si je leur disois ; venez me trouver* en un tel endroit, je ferois obligé moi-même de les y attendre, & de Maître je deviendrois valet : parce qu'ils ne se pressent point de venir, quand ils sçavent où vous trouver, ni ne se mettent point en peine de chercher, quand ils vous ont manqué au lieu que vous leur marquez : il vaut mieux leur dire en general de vous venir trouver où vous serez, de peur qu'ils ne s'accoûtument à des excuses. Il ne leur disoit en effet jamais que cela ; & jamais ses valets ne manquoient de le trouver.

Que la civilité répugne absolument à ces fausses excuses.

Il y a, je l'avouë, de l'excès en toutes ces manieres : aussi ne rapporte-t-on ces exemples, que pour faire voir combien ces excuses sont odieuses & inciviles, & combien l'honnête homme, que nous tâchons de former, doit avoir soin de les éviter ; se souvenant toujours que la civilité est au dehors l'expression de la vertu qui est au dedans, & que par cette raison il ne faut point que notre cœur se détourne de la vertu, si nous voulons que nos paroles & nos actions ne se détournent point de la civilité.

Mais poursuivons-en les regles, & changeons la scene ; montrons, après avoir traité des paroles désobligeantes, ce qui peut les rendre civiles.

CHAPITRE XIV.

Des Complimens.

MAis, demandent quelques-uns, comment parler obligeamment à des grands Seigneurs & à des Dames de qualité, quand on les va visiter ? Vous avez à leur dire quelque chose, ou rien du tout. Quelque chose, si vous vous proposez quelque fin dans votre visite : & rien, si vous n'allez les voir que pour vous montrer, & dire sans parler à ce grand Seigneur, que vous n'êtes pas mort ; & alors le conte que l'on fait pour rire d'un Courtisan qui disoit : *Je suis venu, Monseigneur, pour vous faire la révérence* : & du Seigneur qui répondit brusquement, *Faites-la*, est tout-à-fait à propos ; car il ne s'a-git que de cela, & ce seroit importuner le grand Seigneur, & sortir des régles de la bienséance, que d'en faire & dire da-vantage.

Que si c'est pour quelque chose, ou c'est pour affaires & choses préméditées, & alors on n'a pas besoin de régles ; il ne faut que sçavoir bien ce que l'on a à dire, & l'exposer le plus simplement

Ce que c'est que complimens.

qu'il est possible, sans ambiguité ni détours : ou c'est pour s'acquitter de quelque civilité, qui s'exprime par ce que nous appellons *compliment*.

Deux sortes de complimens.

Compliment qui roule sur une passion,

Il y en a de deux especes ; les uns par lesquels nous insinuons quelque passion, comme une conjoüissance, qui est une exposition de la joye que nous avons de quelque prosperité arrivée à la personne qualifiée : une condoleance qui est un témoignage de la douleur que nous ressentons d'une affliction qui lui seroit survenuë : un remerciment, qui est un mouvement de reconnoissance de quelque grace que nous aurions receüe : une protestation de service, de respect, de soumission, d'obéïssance, de fidelité : une plainte, un ressentiment, &c. Et alors on n'a pas besoin non plus de préceptes. C'est le langage du cœur, il ne faut que le laisser parler. S'il est sincere, il ne peut rien dire qui ne plaise, & qui ne persuade ; parce que c'est là l'effet infaillible & admirable de la verité.

Tout ce qui seroit étudié, bien loin de persuader ces passions, les rendroit suspectes : il ne faut qu'exprimer simplement ce que l'on ressent dans l'interieur, & garder dans le discours, aussi-bien que dans le maintien, à l'égard de soy,

foi , & de celui à qui on parle , toutes les regles de la bienséance que nous
avons marquées jusqu'ici. D'où il s'enfuit
que dans cette efpece , les bons complimens font ceux qui fe font fans regles , &
où le cœur parle fans aucun art , c'eft-à-
dire , où il fe montre à découvert fur la
langue.

L'autre forte de compliment eft la
louange. Par la premiere efpece nous nous
infinuons par nous‑mêmes dans l'efprit
de la perfonne à qui nous parlons ; & par
celle-ci nous nous infinuons par elle-mê‑
me. Mais cette efpece eft très-difficile à
traitter ; elle demande beaucoup de circonfpection & d'adreffe pour perfuader
que l'on dit la verité.

Compliment qui roule fur la louange.

Quelles louanges peuvent en effet être
veritables dans cette nature corrompuë ?
Mais il ne s'agit pas ici de fçavoir fi on
dit la verité toutes les fois qu'on louë
quelqu'un , c'eft affez de croire qu'on la
dit ; car alors ce n'eft pas mentir. C'eft
pourquoy , fi nous pouvons perfuader celui à qui nous parlons , que nous fommes nous‑mêmes perfuadez de fon merite , le compliment devient fincere &
obligeant , quand même celui à qui nous
le faifons , fçauroit dans fon ame qu'il eft
faux.

M

Ainfi ceux - là fe trompent fort, qui mettent tous leurs complimens en hyperboles déméfurées & en grandes exagerations, qui fe détruifent d'elles-mêmes : qui mettent, par exemple, les Cefars & les Alexandres aux pieds du premier qu'ils veulent loüer de quelque bravoure ; qui mettent l'éclat de la beauté d'une Dame au deffus du Soleil & des aftres ; qui font honte à la nege & au lys, en parlant de fa blancheur ; qui rendent les rofes toutes pâles, & le corail tout jaune à la vûë des lévres & des joües vermeilles de ces Venus imaginaires.

Quelles penfées peuvent avoir les perfonnes qui entendent loüer de cette maniere, fi elles ont l'efprit fain ? Elles ne peuvent penfer que l'une de ces deux chofes ; ou que ceux qui les loüent ainfi ont de l'efprit, & qu'ils croyent qu'elles n'en ont point elles-mêmes, s'imaginant qu'elles font capables de croire des menteries fi fades ; ou qu'ils font hors de leur bon fens, & qu'ils croyent eux-mêmes dire vrai, quoi qu'ils mentent. La raifon eft, que l'appas eft trop groffier, & que ces comparaifons font d'elles-mêmes trop éloignées de la verité. Auffi ne peuvent-elles point fervir pour le sérieux, mais seulement pour le burlesque & pour les jeux d'esprit. Il est donc à propos d'insinuer à ceux que l'on complimente, que l'on est convaincu soi-même des choses obligeantes, que l'on tâche de leur persuader : & afin d'y réüssir il faut parler humainement, c'est-à-dire, proportionner les loüanges à l'étenduë de l'homme.

Pour la matiere des complimens, elle est si ample & de tant de sortes, qu'il seroit difficile de lui donner des bornes dans ce Chapitre. Ce que l'on peut faire, est de prescrire les mêmes quatre circonstances que nous prenons ici pour nos principes, & que l'on a coûtume de proposer comme les quatre principales sources, d'où la plûpart de ces discours peuvent dériver, se servant tantôt de l'une & tantôt de l'autre, & versant, pour ainsi dire, de celle-ci dans celle-là, & de l'une dans l'autre, pour ne jamais demeurer vuide.

D'où on peut puiser les complimens.

Ces quatre circonstances, sont : *le temps, le lieu, la personne & la chose.*

Par le temps, on peut entendre l'âge, les saisons, le passé, le présent, l'avenir, &c.

Par le lieu, les differens endroits du monde, le Royaume particulier où on

M ij

eſt , la ville , la maiſon , la ſituation , &c.

Par la perſonne , celle qui parle , celle à qui on parle , & les autres perſonnes qui peuvent tomber dans le diſcours.

Enſuite le corps & l'eſprit , ou l'exterieur & l'interieur; c'eſt-à-dire , les qualitez corporelles , comme la ſanté , la beauté , la maladie , &c. Et les qualitez ſpirituelles , comme l'eſprit , le bon ſens , la memoire , la vertu , le ſçavoir , &c.

Et par la choſe , generalement tout ce qui peut fournir matiere de parler , hors les trois autres lieux.

Cela fait , il faut ſe ſouvenir de traitter ſelon les regles de la bienſéance que nous avons données , toutes les choſes que l'on tirera de ces ſources pour compoſer le compliment , & faire toujours les mêmes ſuppoſitions que nous avons faites au commencement , des perſonnes ſuperieures , inferieures , & égales ; de celles qui s'entre-connoiſſent beaucoup , peu ou point : & ſelon ces ſuppoſitions , uſer de reſpect , & s'abſtenir de familiarité , ou paſſer par deſſus les loix rigides du reſpect , & traiter familierement.

Exemple de la premiere eſpece des complimens. Faiſons-en l'experience pour la premiere eſpece des complimens , qui eſt , comme nous avons dit , une expreſſion

du cœur , & supposons que ce soit , par
exemple , un inferieur qui parle à une
personne superieure qu'il ne connoît
point familierement , & à qui il doit du
respect.

Monsieur , je viens vous remercier de l'a-
mitié que vous m'avez témoignée en recom-
mandant mon procès , & vous assurer que si
je puis vous donner aussi des marques de la
mienne en quelque occasion , vous reconnoî-
trez que je n'ai pas été indigne de votre pro-
tection , &c.

Ce compliment est incivil , parce , premierement , que ces expressions qui font
le langage du cœur , & qui touchent par
consequent plus vivement , donnent lieu
de croire que la personne qui parle , a de
la présomption & trop bonne opinion
d'elle-même. Et en second lieu , parce que
les termes étant trop familiers , blessent
le respect.

C'est pourquoy , pour le rendre civil ,
il faut que la pensée & les termes soient
plus humbles , & dire , par exemple ,
Monsieur , vous m'avez témoigné tant de
bonté pendant mon procès , que j'ose croire
que vous ne trouverez pas mauvais que je
sois venu pour avoir l'honneur de vous en
rendre très - humbles graces , & vous té-
moigner ma reconnoissance , & le zele que

j'ai de mériter l'honneur de votre protection par mon respect & mon très-humble service en toutes les occasions qu'il vous plaira de m'honorer de vos commandemens.

L'expression & le tour du compliment n'ont rien de présomptueux, & les paroles sont respectueuses ; ce qui donne d'abord une idée à la personne à qui on parle, que l'on a en effet le cœur touché de reconnoissance & plein de soumission.

De même, ce compliment à une Dame : *Madame, je prens trop de part à votre douleur, pour ne pas venir mêler mes larmes avec les vôtres dans cette funeste occasion, &c.* pourroit se souffrir d'égal à égal ; mais d'inférieur à supérieur il faut marquer plus de soumission, & dire à peu près : *Madame, l'honneur que vous m'avez toujours fait de me regarder comme un des serviteurs particuliers de votre maison, me donne la liberté de venir vous témoigner, avec le respect que je vous dois, la part que je prens à votre douleur, &c.*

Tout de même, il n'est pas de la bienséance d'aller demander à une personne supérieure comment elle se porte ; parce qu'en général, c'est faire le familier que de vouloir la faire expliquer ;

quoique cela paroisse un témoignage d'amitié : outre que c'est une espece de question, & que cela n'entre pas dans le genre soumis. Ce compliment ne seroit bon que pour un ami d'égale condition.

Pour un superieur, il faut donner un autre tour ; & si on veut en effet lui témoigner la joye que l'on a de sa santé, il faut s'informer auparavant de quelque domestique, comment cette personne-là se porte, & puis tourner le compliment ainsi : *J'ai beaucoup de joye, Monseigneur, que vous soyez en parfaite santé.*

Mettons aussi un exemple de la seconde espece des complimens qui sont les loüanges ; & parce qu'il est plus difficile, donnons-lui un peu plus d'étenduë, & instruisons, si vous voulez, notre jeune Cavalier près d'une jeune personne à qui il doive du respect par sa qualité ; qu'il connoisse, mais non dans une grande familiarité, & qu'il visite pour lui rendre un simple devoir, sans avoir aucune chose précise à lui dire.

Exemple de la seconde espece des complimens.

Sur quoi, il faut remarquer deux choses : la premiere, qu'en general, les hommes doivent du respect aux Dames, jusques-là que d'en sortir tant soit peu, c'eſt une marque de brutalité & d'une éducation baſſe : la ſeconde eſt , que comme ce ſexe ne ſentant pas dans cette jeuneſſe le chagrin des affaires du monde, a d'ordinaire l'eſprit enjoué , & beaucoup de douceur & de naturel, particuliere- ment s'il eſt bien élevé ; il faut de mê- me prendre un air beaucoup plus gai ; c'eſt-à-dire, plus ſerain que l'ordinaire, pour la converſation des Dames , & ob- ſerver plus qu'en aucun lieu du monde d'être complaiſant ; c'eſt-à-dire, de ne rien faire , ni de ne rien dire qui puiſſe choquer la perſonne à qui on parle , non ſeulement directement , mais même indi- rectement , ou donner quelque idée dé- ſavantageuſe de ſoi-même.

(a) Toute perſonne qui ſe fait ou haïr ou mépriſer en parlant , parle mal , & cette regle oblige d'éviter tout ce qui reſſent la vanité , la legereté , la mali- gnité , la baſſeſſe , la brutalité , l'effronterie , & generalement tout ce qui donne l'idée de quelque vice , & de quelque défaut d'eſprit. *Education d'un Prince, 2. Edit. p. 62. v. 37.*

C'eſt pourquoi il faut encore obſerver que cet air ſoit toujours le milieu entre l'enjoué & le ſerieux ; c'eſt-à-dire , qu'il ſoit modeſte & ſelon les regles de la bienſeance que nous avons marquées ; de même, parce que ces ſortes de con- verſations dégenerent ſouvent en baga- telles , il faut ſe propoſer de joindre toû- jours

jours l'utile à l'agréable , j'entens que
quoiqu'on dife , il y ait toujours du fo-
lide.

Pour cet effet , il ne faut , par exemple ,
jamais loüer l'exterieur fans l'accompagner de l'interieur : jamais applaudir
à aucun vice ; jamais donner lieu à
aucune mauvaife difpofition d'efprit ,
&c.

Ce jeune homme connoît donc cette
perfonne , & il en connoît par conféquent toutes les inclinations & toutes
les belles qualitez : fuppofons en effet
qu'elle foit vertueufe , qu'elle ait lû les
bons livres , & appris les bonnes chofes ; qu'elle emploie le tems , & qu'elle
s'occupe alors à peindre , fi vous voulez ,
en mignature , dans fon cabinet , où on
introduit notre Difciple. Faifons-leur
faire une converfation. Il n'a aucun fujet d'entretien ; il faut qu'il prenne , comme on dit , confeil fur le champ. Et il
n'a point de meilleur confeil à prendre ,
que d'avoir recours aux lieux communs ,
que nous avons marquez , & que nous
défignerons ici à la marge , afin de les
reconnoître.

Hé quoi , Monfieur (c'eft la Demoi-
felle qui commence) *attendre que l'on
vous faffe eitrer,*

N

Par le lieu. On doit, *Mademoiselle*, dit le Cavalier, ce respect au temple des *Muses*. J'ai peur de le profaner.

Vous faites, *Monsieur*, reprend la jeune Dame, bien de l'honneur à ce cabinet.

Idem. Quoi, *Mademoiselle*, continuë le Cavalier, vous ne voulez pas que le séjour des *Muses* soit où regnent les beaux arts?

Mais j'ai entendu dire, répond la Dame, que les *Muses* étoient neuf, & je suis toute seule.

Par la personne. Elles étoient neuf, je l'avoüe, répond le Cavalier; mais vous seule, *Mademoiselle*, les valez toutes neuf. L'une ignoroit ce que l'autre sçavoit, & vous en sçavez plus que toutes ensemble.

Mais, *Monsieur*, dit la Dame, c'est me combler de confusion.

Id. Par l'interieur. Et c'est en quoi, *Mademoiselle*, répond le Cavalier, vous valez plus que ces neuf Sçavantes, d'accompagner tant de merite à une si grande modestie.

Par la chose. Il y a *Monsieur*, répond la Dame, des gens qui sont contraints d'être modestes. Et vous me trouvez sur cet ouvrage qui vous répondra pour moi, que je ne merite pas ces loüanges-là.

Par le tems. Quoi, *Mademoiselle*, dit le Cavalier, c'est donc aujourd'hui votre jour de peindre? Je vous détourne, je m'en vas.

Non, non, Monsieur, continuë la Dame, ce seroit une fausse honte de ne pas vouloir peindre devant des connoisseurs ; vous me direz mes défauts. Mais je quittois le pinceau comme vous êtes entré. *Par la personne.*

De grace, Mademoiselle, reprend le Cavalier, que je ne sois pas cause que vous quittiez l'ouvrage, je m'en irai plutôt. *Par la personne.*

Non, Monsieur, insiste la Dame, à vous dire la verité, il faut de la belle humeur à la peinture, comme à la Poësie. Je commençois de m'ennuier. Il est presque impossible de rien faire au chaud qu'il fait. *Par la chose.*

Il est vrai, répond le Cavalier, qu'il fait une grande chaleur, mais rien ne vous rebute, Mademoiselle ; vous allez à la vertu par elle-même, sans qu'aucune incommodité vous en détourne. *La personne. L'interieur.*

Helas ! s'écrie la Dame, je suis bienheureuse d'être ici bien à l'ombre, & de m'amuser à des bagatelles, tandis que de pauvres gens souffrent à la campagne cette chaleur excessive dans le travail & la peine : J'y songeois, même en achevant ce méchant Navire. Car je crois que ces pauvres gens qui sont dans les vaisseaux. *Par les personnes.*

N ij

ont bien à souffrir en pleine mer, & dans un navire où l'odeur n'est pas, comme je crois, bien agréable. Voyez, Monsieur.

Oserois-je ? dit le Cavalier.

Par la chose. Très-volontiers, Monsieur, reprend la Dame, je ne fais point mystere de mes ou-vrages, ils n'en valent pas la peine.

La personne par l'interieur. Il n'est pas juste Mademoiselle, dit le Cavalier, que vous en soiez le Juge, vous êtes trop severe. C'est une tempête, ou un port de mer.

Par la chose. Oui, Monsieur, répond la Dame.

Voilà qui est fort beau, s'écrie le Cavalier : ces vagues sont fort bien touchées, & *De la chose à la personne.* fort tendres : mais quoi, Mademoiselle, avoir vous-même tant de douceur, & peindre si juste un élement si colere.

Idem. Ha, Monsieur, dit la Dame, vous sçavez que les Peintres veulent être cajo-lez. Je ne veux pas me défendre, puisque j'en suis du nombre ; j'ai aussi ma petite vanité, je veux pourtant vous dire les cho-ses comme elles sont : & si je suis assez vaine pour avoüer que ce n'est point d'ima-gination que j'ai representé la colere : je veux être assez de bonne-foi, pour vous dire que j'ai pris tout ce qu'il y a de plus beau dans mon ouvrage, d'un excellent original que voilà.

Par la chose. Je vous assure, Mademoiselle, reprend

le Cavalier, *que l'on ne connoît point quel est l'original.*

C'est pour me donner courage, Monsieur, dit la Dame, *mais ce n'est pas, comme je crois une tempête.*

En effet, continuë le Cavalier, *le ciel est trop serein, & le navire ne paroît pas assez agité. C'est apparemment le flux que le Peintre a voulu representer ; car il fait beaucoup de flots & d'écume sur la grève.*

Bon Dieu, reprend la Dame, *je suis donc bien éloignée de connoître ce grand mystere du flux & reflux, puisque venant de le peindre, je ne le connois pas moi-même !*

Mademoiselle, interrompt le Cavalier, *il ne faut pas vous étonner si nous ne le connoissons pas ; je crois que les plus Sçavans sont de même que nous, ils le peignent sans le connoître, ils le peignent d'imagination.*

J'ai, dit la Dame, *un peu lû des ouvrages d'un Philosophe moderne ; ce qu'il en dit est bien imaginé, aussi-bien que le reste. Vous sçavez sans doute cette Philosophie-là, Monsieur ?*

J'en ai lû quelque chose, répond le Cavalier, *mais j'admire que rien ne vous puisse échapper.*

Par les personnes.

Philosophie de M. Descartes.

De la chose à la personne.

Je l'aime, continuë la Dame, *parce qu'on la comprend.*

Il est vrai, dit le Cavalier, *que les raisons qu'elles rend des choses, sont tout-à-fait sensibles & naturelles.*

Je l'aime aussi, reprend la Dame, *parce que ces Messieurs ne se piquent pas de développer les secrets de la Toute-puissance de Dieu, mais seulement d'en raisonner autant qu'ils en sont capables : en avoüant en même-tems, que si quelqu'un a quelque chose de meilleur à dire, il leur fera grand plaisir. Mais je m'apperçois qu'il ne me sied pas bien de faire la sçavante devant vous, Monsieur.*

Par les personnes.

Moi, Mademoiselle, s'écrie le Cavalier, *je serois bien sçavant, si j'étois capable d'être votre disciple.*

Ah! mon Dieu, répond la Dame, *il faudroit que les sciences fussent tombées en quenoüilles.*

Idem.

Il y a apparence que cela soit, Mademoiselle, dit le Cavalier, *puisqu'à la Cour vous êtes toutes sçavantes à l'envi l'une de l'autre.*

Cela seroit joli, reprend la Dame, *si notre sexe occupoit à présent les Charges de l'Etat.*

Pourquoi non? dit ce Cavalier, *si le monde n'est comme la mer, qu'un flux &*

reflux ; *si selon l'opinion des Philosophes,* *qui sont vos favoris, la terre tourne au lieu* *du ciel ; pourquoi cette revolution ne se fe-* *ra-t'elle point dans les personnes, comme* *dans les choses ?*

Ce seroit, je vous avouë, reprend la Dame, *une assez plaisante chose à voir :* *mais voici un laquais qui vient m'appeller.*

Je suis votre très-humble serviteur, Made- *moiselle,* dit le Cavalier, *je vous deman-* *de pardon de mon importunité.*

Que cela ne vous chasse pas, Monsieur, reprend la Dame, *on n'est jamais impor-* *tuné de personnes faites comme vous.*

Vous avez trop de bonté, répond le Ca- Par les per-
sonnes. valier, *vous en comblez jusqu'au moindre* *de vos serviteurs : j'en suis confus, Made-* *moiselle : je m'enfuis.*

Adieu donc, Monsieur, lui crie la Da- me, *je vous suis bien obligée de votre civi-* *lité, &c.*

On peut voir dans ce Dialogue un échantillon de la conversation ; & parce qu'elle seroit ennuieuse & seche, si elle étoit toute de complimens de part & d'au- tre, on a voulu y mêler quelques inci- dens indifferens, pour montrer que le compliment ne doit point être tiré, mais naître naturellement du discours.

CHAPITRE XV.

De ce que l'on doit faire dans l'Eglise.

En y entrant & y étant. SI on entre dans l'Eglise avec une personne de qualité, il faut, sans empressement prendre les devans, pour présenter de l'Eau-benite en baisant la main, & ensuite se placer derriere, en se composant avec modestie : car si on étoit assez malheureux pour oublier, ou pour negliger de se mettre à genoux devant Dieu par indévotion, mollesse ou paresse, il faut du moins le faire par bien-séance, & à cause des gens de qualité qui peuvent se rencontrer en ce lieu-là : ces immodesties en un lieu saint, donnant très-mauvaise opinion de l'éducation d'une personne, selon ce principe que nous avons établi, qu'il faut conformer nos actions aux lieux où nous sommes.

Comment il s'y faut tenir. Il faut donc être debout, assis, ou à genoux, selon l'ordre qui s'observe dans l'Eglise ; par exemple, à l'Epître on est assis ; à l'Evangile on se leve, & pendant le reste de la Messe on se tient à genoux : mais particulierement pendant que Dieu est present sur l'Autel, selon

la pratique qui s'obſerve même à la Meſ-
ſe du Roi , & par ſon ordre , digne, certes , de la prudence & de la pieté de Sa
Majeſté.

Il ne faut point grimacer en priant
Dieu , ni dire ſes prieres d'un ton haut,
ni parler & s'entretenir avec quelqu'un,
de peur de détourner les autres.

Moins encore faut-il ſaluer dans l'Egliſe quelqu'un que l'on n'auroit pas vû de
long-tems , ni ſe faire des embraſſades
& des complimens , la ſainteté du lieu
ne le permet point , & ceux qui le voient,
s'en ſcandaliſent.

C'eſt auſſi une grande indécence de ſe
peigner dans l'Egliſe , ou de s'y racommoder quelque choſe , &c. il faut ſortir
pour cela.

Il faut garder le ſilence , & être aſſis au
ſermon ; & ſi on étoit enrhumé , ou ſi
l'on avoit la toux ; il vaut mieux s'abſtenir d'y aller , que d'interrompre le Prédicateur , & incommoder ceux qui ſont
près de nous.

Si on eſt obligé de mener une Dame
à l'Egliſe , ou ailleurs , il faut la conduire en la ſoutenant de la main droite , ſelon la diſpoſition du haut du pavé ou
du haut bout , & avoir le gant à la main:
c'eſt une regle generale , qu'il faut tou-

Pour y con-
duire une Da-
me, & quelle
y doit être ſa
conduite.

jours avoir le gant , quant on donne la
main à une Dame , là & ailleurs.

Il faut aussi entrer le premier par tout,
pour lui faire faire place , ouvrir les portes , lui présenter de l'Eau-benite en entrant seulement, comme nous avons dit,
&c. Que si dans la rencontre il s'offroit
des personnes plus qualifiées que vous ,
pour la mener, il faut leur ceder la main,
& ne l'ôter jamais à personne , si la Dame ne l'ordonne elle-même , ou que l'on
ne soit assuré que celui qui la tenoit , ne
s'en formalisera pas.

Elle doit observer de sa part, que c'est
une vanité qui tient de l'insolence , de
se faire mener, & porter la robe dans
l'Eglise , & à la vûë de Dieu. Comme
c'est une incivilité de se servir du carreau
en presence de personnes éminentes.

Pour le Pain-beni. Il faut aussi avertir que quand on vous
presente le Pain-beni , si vous n'êtes
qu'un particulier , il n'en faut prendre
qu'un morceau.

Que si vous êtiez le Seigneur de la
Paroisse , & qu'il y eût près de vous des
personnes que vous voulussiez honorer,
vous devez , la corbeille vous étant pré-
sentée le premier , ou les obliger d'en
prendre les premiers, ou en prendre vous-
même plusieurs parts , & les distribuer

à ces personnes-là, avant que d'en retenir pour vous.

Au reste, les lieux d'honneur sont d'ordinaire marquez dans les Eglises; c'est pourquoi il est inutile d'en faire ici des remarques. On peut seulement dire en passant, que, par exemple, dans une Procession; ou si on veut en accompagnant le saint Sacrement chez un malade, &c. on n'observe pas le haut du pavé entre personnes qui se veulent faire honneur, mais seulement la main droite, qu'on laisse à la personne la plus qualifiée: car ce seroit une chose trop incommode & trop indécente en la presence de notre Seigneur, qui doit avoir toute notre attention, de tournoyer avec un cierge à la main, autour de la personne qualifiée. toutes les fois qu'elle passeroit le ruisseau.

Lieu d'honneur, & respect pour l'Eglise.

Il seroit bon aussi & tout-à-fait de la bienséance, que tout le monde s'accoûtumât dans l'Eglise à cracher dans son mouchoir, comme nous avons dit qu'il falloit faire chez les Grands: ordinairement il n'y a point de pavé d'écurie si sale & si dégoutant, que celui de la maison de Dieu.

CHAPITRE XVI.

Pour marcher avec un Grand , & pour
le salut.

Dans la Ville. QUe si nous sommes obligez d'aller
dans les ruës à côté de ces person-
nes qualifiées , il faut leur laisser le haut
du pavé , & observer de ne pas se tenir
directement côte à côte, mais un peu
sur le derriere , si ce n'est quand elles
nous parlent , & qu'il faut répondre , &
alors il faut avoir la tête nuë.

Sur quoi il est bon d'avertir ceux qui
ont droit de souffrir qu'on leur cede toûjours le haut du pavé , d'avoir un peu de
consideration pour ceux qui leur rendent
cet honneur , & de se dispenser le plus
qu'ils peuvent de passer & de repasser le
ruisseau , pour ne pas les incommoder , en
les obligeant de faire une espece de ma-
hege autour d'eux pour leur laisser le lieu
d'honneur.

Que si quand nous sommes dans la
ruë avec une personne qualifiée , il passoit , ou s'il se rencontroit quelqu'un de
connoissance , ou un laquais de quelque
ami , il faut bien se garder de les appel-
lert out haut : *Hola hé ? comment se por-*

te ton Maître ? mes baise-mains à Ma-dame , &c. Il n'y a rien de si impoli ; aussi-bien que de quitter la compagnie de cette personne pour aller à eux : mais si on a affaire à ces personnes-là , & que l'on ne soit pas engagé à l'entretien de la personne qualifiée , on peut faire signe secretement , & leur dire à l'écart & promptement ce qu'on a à leur dire , ou les saluer de loin simplement , sans que la personne qualifiée l'apperçoive trop.

De même, c'est une grande incivilité , rencontrant dans les ruës une personne avec qui on n'est pas familier, de lui demander où elle va , ou d'où elle vient.

Que si on se promene avec cette personne superieure dans une chambre, ou *Dans une* dans une allée, il faut observer de se *chambre.* mettre toujours au dessous. Dans une chambre , la place où est le lit marque le dessus , si la disposition de la chambre le permet , sinon il faut se regler sur la porte.

Que si c'est dans un jardin, il faut se *Dans un* mettre à main gauche de la personne, & *jardin pour* avoir soin sans affectation , de regagner *s'y promener.* cette place à tous les tournans.

Que si on est trois à se promener, le milieu est le lieu d'honneur, & partant celui de la personne qualifiée ; la droite

est le second : & la gauche est le troisiéme. De-là vient que le haut bout dans
un jardin & ailleurs, où l'usage n'a rien
déterminé, est la droite de la personne
qualifiée.

Que si, par exemple, deux grands Seigneurs faisoient mettre un inferieur au
milieu d'eux pour pouvoir mieux écouter quelque récit qu'il auroit à leur faire, il faut à chaque retour d'allée que
l'inferieur se tourne du côté du plus qualifié de ces Seigneurs ; que s'ils sont tous
deux égaux, il faut qu'il se tourne à un
bout d'allée du côté de l'un, & à l'autre
bout, du côté de l'autre ; observant de
quitter lui-même le milieu, quand il aura achevé son récit.

Que si la personne qualifiée garde sa
place qui est le milieu, & que les deux
autres personnes qui sont à ses côtez,
soient d'une assez égale condition, il sera de son honnêteté de se tourner à chaque retour d'allée, tantôt vers l'un, &
tantôt vers l'autre.

En general, quand on se promene deux
à deux, il faut observer qu'au bout de
chaque longueur de promenade, on doit
tourner en dedans du côté de la personne avec laquelle on se promene, & non en
dehors, de peur de lui tourner le dos,

Que si on se promene trois ensemble, & que l'on soit égaux, on peut se quitter le milieu alternativement à chaque retour d'allée, celui qui étoit au milieu, se reculant à côté, pour laisser entrer au milieu un de ceux qui étoient à côté.

Que si la personne qualifiée s'asseïoit pour se reposer, il ne faudroit point s'asseoir près d'elle qu'elle ne nous y conviât, & en ce cas-là on doit prendre le bas bout, c'est-à-dire sa gauche, en laissant une espace raisonnable entre deux, mais si nous nous trouvions avec d'autres gens, ce seroit une grande incivilité de se promener en la présence & à la vûë de la personne qualifiée, pour laquelle on doit avoir du respect; comme aussi de se tenir assis devant elle, si elle s'y promenoit.

Pour s'y asseoir.

De même, c'est une grande incivilité, quand on est dans le jardin d'une personne que l'on doit respecter, d'y cueillir ou des fruits ou des fleurs, ou autre chose : si on en présente, on peut les accepter; sinon il ne faut toucher à rien que des yeux.

Cueillir des fruits.

Que si on rencontre dans les ruës, tête à tête, une personne de qualité, il faut prendre le bas où est le ruisseau : s'il n'y a point de haut, ni de bas dans le che-

Pour le salut des gens qui se rencontrent.

min , il faut se poster en sorte que nous
passions sous sa main gauche , pour lui
laisser la main droite libre : & cela se
doit aussi observer dans la rencontre des
carrosses.

Que s'il s'agit de la saluer , comme
venant de la campagne , il faut le faire en
se courbant humblement , ôtant son gant
& portant la main jusqu'à terre ; mais
sur tout il faut faire ce salut sans préci-
pitation ni embarras , ne se relevant que
doucement , de peur que la personne que
l'on saluë venant aussi à s'incliner , &
peut-être par honnêteté à embrasser celui qui le saluë , on lui donne quelque
coup de tête.

Que si c'est une Dame de haute qualité , il faut par respect ne la pas baiser , si
elle-même par honnêteté ne tend la jouë ;
& alors même il faut seulement faire
semblant de la baiser , & approcher le
visage de ses coëffes : & de quelque façon qu'on la saluë , soit qu'on la baise ou
non , il faut que toutes les reverences se
fassent avec de très-profondes inclinations de corps.

Que si en la compagnie de cette Dame
il s'en rencontre quelqu'autres qui soient
d'égale condition , ou indépendantes
d'elle , alors il les faut saluer de même ;

Que si elles lui sont inferieures ou dépendantes, c'est une incivilité de les saluer, parce que c'est faire quelque injure à la personne superieure, que de les traîter de ses égales.

CHAPITRE XVII.

Ce qu'il faut observer à table.

S'Il arrive qu'une personne de qualité vous retienne à manger, c'est une incivilité de laver avec elle, sans un commandement exprès; auquel cas il faut observer que s'il n'y a point d'Officier pour prendre la serviete dont on s'est essuyé, il faut la retenir, & ne pas souffrir qu'elle demeure entre les mains d'une personne plus qualifiée. *Lever*

Il faut aussi se tenir découvert & debout quand on dit *Benedicite*. *Le Benedicité.*

Il faut ensuite attendre que l'on vous place, ou se placer au bas bout, selon le précepte de l'Evangile; & en se plaçant avoir la tête nuë, & ne se couvrir qu'après que l'on est tout-à-fait assis, & que les personnes plus qualifiées sont couvertes. *Se placer*

Il ne faut point quitter son manteau ou son épée pour se mettre à table, parce

O

qu'il est de la bienséance de les garder.

S'asseoir. Etant assis, il faut se tenir le corps droit sur son siege, & ne mettre jamais les coudes sur la table.

Moderer son appetit. De même, il ne faut point témoigner par aucun geste que l'on ait faim, ni regarder les viandes avec une espece d'avidité, comme si on devoit tout dévorer.

Il ne faut point mettre la main au plat le premier, si on ne l'ordonne pour servir les autres, après quoi on peut se servir soi-même.

Servir & couper. Si on sert, il faut toûjours donner le meilleur morceau & garder le moindre; & ne rien toucher que de la fourchette; c'est pourquoi si la personne qualifiée vous demande de quelque chose qui soit devant vous, il est important de sçavoir couper les viandes proprement & avec méthode, & d'en connoître aussi les meilleurs morceaux, afin de les pouvoir servir avec bienséance.

Par exemple, si c'est un potage de santé, & qu'elle vous demande du chapon boüilli qui est ordinairement dessus, la poitrine passe pour le meilleur endroit, les cuisses & les aîles vont après.

L'opinion commune est, que la cuisse vaut mieux que l'aîle de toute la volaille boüillie; c'est pourquoi je la nomme la premiere.

Les pigeons rôtis ou en ragoût se servent tout entiers, ou se coupent en travers par la moitié.

Pour ce qui est des viandes que nous appellons volatilles, & qui se servent rôties, la maxime la plus constante des gens qui se connoissent en bons morceaux, & qui rafinent sur la délicatesse des mets, est que de tous les oiseaux qui gratent la terre avec les pieds, les aîles sont toujours les plus délicates ; comme au contraire, les cuisses sont les meilleures de tous ceux qui volent en l'air : & comme la perdrix est au nombre de ceux qui gratent, l'aîle en est par conséquent le meilleur morceau.

Quant à la maniere de couper adroitement les viandes rôties, il est presque general, au moins à l'égard de la volaille, de lever d'abord les quatre membres, en commençant toujours par la cuisse.

Que s'il arrive que la volaille soit grosse, comme peuvent être les Chapons du Mans, les Cocqs-d'Inde, les Oyes & les Canards, ce qui en peut être servi de meilleure grace, c'est le blanc de la poitrine, que l'on coupe en long par tranches ou filets.

Les oranges qui se servent avec le rôti se doivent couper en travers, & non pas en long comme les pommes.

A l'égard de la grosse viande, il y a peu de gens qui n'en connoissent les bons endroits : c'est pourquoi il seroit comme inutile d'en parler dans ce Livre, où on s'est proposé, autant que l'on a pû, de ne traiter que des choses que l'on a crû être les plus ignorées. Nous dirons seulement par occasion.

Que de la piece de bœuf tremblante, l'endroit le plus entre-lardé de gras & de maigre, est toujours le meilleur ; & comme le petit côté de l'aloyau est toujours le plus tendre, il passe aussi pour le plus recherché.

Pour la longe de Veau, elle se coupe ordinairement par le milieu, à l'endroit le plus charnu, & le rognon s'en presente par honneur.

Dans un cochon de lait, ce que les plus friands y trouvent de meilleur, est la peau & les oreilles : & dans le Lievre, le Levraut & le Lapin, les morceaux les plus estimez, & que l'on appelle par rareté morceaux du Chasseur, se prennent aux côtez de la queuë ; le rable, les cuisses & les épaules vont après.

Pour ce qui est du poisson, les plus habiles Traiteurs maintiennent que la tête, & ce qui en approche le plus, est ce la plus grande partie toujours le meilleur : ce qui fait qu'au haut bout d'une table bien ordonnée , on fert ordinairement la hûre du poiffon , qui fe coupe en deux , ainfi que peut être le Marfouin, le Saumon frais , le Brochet ou la Carpe , & de ce dernier la langue en eft le plus délicat morceau.

Quant aux poiffons qui n'ont point d'arêtes qu'une épine qui va tout du long, comme, par exemple , la Vive & la Sole , on en fert toujours le milieu , parce qu'il eft fans contredit le meilleur.

Il faut obferver qu'il eft mal - féant de toucher le poiffon avec le couteau , à moins qu'il ne foit en pâte ; on le prend ordinairement avec la fourchette , & on le prefente fur une affiette.

Il eft de la bien-féance & de l'honnêteté de peler quafi toutes fortes de fruits cruds avant que les prefenter , & de les offrir recouverts bien proprement de leur pelure , quoi qu'à préfent en beaucoup d'endroits on les préfente fans peler.

Les Cernaux fe prennent dans le plat avec la main fans autre ceremonie , ainfi que les autres fruits cruds & confitures feches.

Il faut auffi fe fouvenir de ne pas prendre les Olives avec la fourchette, mais avec fa cuillier : car il s'en fait quelquefois un fujet de rifée quand cela arrive.

Toutes fortes de tartes de confiture & gâteaux, après avoir été coupez fur le plat ou le baffin où on les a fervis, fe prennent avec le plat du couteau, & fe prefentent fur une affiette.

Il eft bon pourtant d'obferver que c'eft une incivilité de s'ingerer de couper & de fervir à la table d'une perfonne fuperieure, quelque habile que l'on fût, fi elle ne le commande. Et comme il eft aifé d'apprendre à couper & à fervir quand on a mangé trois ou quatre fois à quelque bonne table ; il n'eft pas honteux non plus de s'en excufer, & de s'en remettre à un autre, fi on ne le fçait pas.

On remarquera donc que c'eft ou au Maître, ou à la Maîtreffe de la maifon de couper & de fervir, ou à ceux de la table qu'ils prient ou commandent de le faire. Et alors il y en a qui obfervent, après avoir coupé ce qu'on leur a ordonné, de le faire paffer devant le Maître ou la Maîtreffe, afin qu'ils le diftribuent à leur volonté.

Qui que ce soit qui distribuë les viandes coupées, vous ne devez pas tendre
précipitamment votre assiette pour être
servi des premiers ; mais il faut attendre
que celui qui sert vous en presente à votre tour, & même s'excuser de prendre
s'il passoit quelqu'un plus qualifié ; ou
enfin le prendre, s'il le faut, mais le presenter incontinent soi-même aux personnes que l'on veut honorer, à moins
que ce ne fût le Maître ou la Maîtresse
de la maison, j'entens la personne qualifiée qui vous présentât elle-même la
viande, auquel cas il faut retenir ce
qu'elle vous donne.

C'est aussi au Maître, ou à la Maîtresse de la maison, & non à d'autres,
d'inviter à manger, mais civilement &
de loin à loin, sans avoir toujours l'œil
sur une personne, de peur que celui qu'ils
pressent de manger, ne crût au contraire qu'on l'observât, & que l'on se scan-
dalisât peut-être de ce qu'il mangeroit
trop, la table étant un lieu où il faut
donner une entiere liberté. C'est pourquoi, generalement parlant, il ne faut
jamais être attentif à voir manger & boire les autres ; il vaut mieux les animer
par le bon visage, & une certaine gayeté,
qui les persuade que c'est de bon cœur

N'être point avide.

Le Maître de la maison doit laisser la liberté à table.

qu'on les traite, & qu'ils ne sçauroient faire de plus grand plaisir que de se bien traiter eux-mêmes.

Il ne faut pas non plus presser personne de boire : car souvent il s'en rencontre à qui l'excez du vin fait mal ; d'autres qui ne le peuvent pas porter, & qui étant en quelque façon plus obligez que les autres à la sobrieté, par leur caractere, comme les Ecclesiastiques, les Magistrats, &c. font un étrange spectacle dans l'intemperance.

Comment il font présenter

Il faut observer que quand on vous demande quelque chose que vous devez prendre avec une cuillier, il ne faut pas le faire avec la vôtre, si elle vous a servi : que si elle ne vous a pas servi, il la faut laisser sur l'assiette que vous presentez, & en demander une autre, si ce n'est que celui qui vous a prié de le servir, n'eût mis la sienne sur son assiette, en vous l'envoyant, ou vous la présentant : observant que tout ce que vous servirez, vous le devez toujours présenter, sur une assiette blanche, & jamais avec le couteau, la fourchette ou la cuillier toute seule.

Si la personne à qui vous présentez cette assiette, est proche, & que vous la lui présentiez à elle-même, & qu'elle soit
d'une

d'une qualité fort relevée, vous pouvez vous découvrir pour la premiere fois en la lui présentant, & ne le faire plus, de peur de l'embarasser.

Si on vous sert, il faut accepter tout ce que l'on vous donne, & vous découvrir en le prenant, quand il vous est offert par une personne superieure.

Si vous serviez quelque chose où il y eût de la cendre, comme quelquefois sur des truffes, il ne faut jamais souffler dessus, mais il faut les nettoier avec le couteau ; le souffle de la bouche dégoûtant quelquefois les personnes : outre que cela jette la cendre sur la table.

Il est incivil de demander soi-même *Délicatesses* de quelque chose qui est sur la table, *indécentes.* particulierement si c'est quelque friandise ; & pareillement il est d'une personne sujette à sa bouche, quand on demande le choix de quelque chose, de demander le meilleur morceau ; on répond d'ordinaire : *Ce qu'il vous plaira.*

C'est une foiblesse très-mal-séante de dire hautement : *Je ne mange pas de ceci, je ne mange pas de cela, je ne mange jamais de rôti, je ne mange jamais de lapin, je ne sçaurois rien manger où il y a du poivre, de la muscade, de l'oignon, &c.* Comme ce ne sont qu'aversions imagi-

P

naires, que l'on pouvoit corriger facilement, si on eût eu dans sa jeunesse quelque bon ami, & que l'on peut encore
vaincre tous les jours, si on veut souffrir un peu la faim, ou n'aimer pas tant
sa personne & ses appetits; aussi ne faut-
il jamais que telles répugnances soient
connuës: il faut prendre civilement tout
ce que l'on vous présente; & si le dé-
goût en est naturellement invincible,
comme il s'en rencontre en effet, il faut,
sans faire semblant de rien, laisser le morceau sur l'assiette, & manger d'autre
chose; & quand on n'y prend pas garde,
se faire desservir ce que l'on a aversion de
manger.

Mettre la main au plat. Si chacun prend au plat, il faut bien
se garder d'y mettre la main, que les
plus qualifiez ne l'y ayent mise les premiers, ni de prendre ailleurs qu'à l'endroit du plat qui est vis-à-vis de nous:
moins encore doit-on prendre, comme
nous avons dit, les meilleurs morceaux,
quand même on seroit le dernier à prendre.

Il faut prendre en une fois ce que l'on
a à prendre: c'est une incivilité de mettre deux fois la main au plat, & plus
encore de l'y mettre pour prendre morceau à morceau, ou bien tirer la vian-

de par lambeaux avec sa fourchette.

Il faut bien se garder d'étendre le bras par dessus le plat que vous avez devant vous, pour atteindre à quelque autre.

Il est necessaire aussi d'observer qu'il faut toujours essuyer votre cuillier, quand après vous en être servi, vous voulez prendre quelque chose dans un autre plat, y ayant des gens si délicats, qu'ils ne voudroient pas manger de potage où vous l'auriez mise, après l'avoir portée à la bouche.

Et même si on est à la table de gens propres, il ne suffit pas d'essuyer sa cuillier, il ne faut plus s'en servir, mais en demander une autre. Aussi sert-on à présent en bien des lieux des cuilliers dans des plats, qui ne servent que pour prendre du potage & de la sauce.

Quand on mange, il ne faut pas manger vîte ni goulument, quelque faim que l'on ait, de peur de s'engoüer; il faut en mangeant joindre les lévres, pour ne pas lapper comme les bêtes.

Moins encore faut-il en se servant, faire du bruit & racler les plats, ou ratisser son assiette en la dessechant jusqu'à la derniere goutte. Ce sont cliquetis d'armes, qui découvrent comme par un signal notre gourmandise à ceux, qui sans cela n'y prendroient peut-être pas garde.

Potage trop chaud.

Il ne faut pas manger le potage au plat, mais en mettre proprement sur son assiette; & s'il étoit trop chaud, il est indécent de souffler à chaque cuillerée, il faut attendre qu'il soit refroidi.

Que si par malheur on s'étoit brûlé, il faut le souffrir, si on peut, patiemment, & sans le faire paroître; mais si la brûlure étoit insupportable, comme il arrive quelquefois, il faut promptement & avant que les autres s'en apperçoivent, prendre son assiette d'une main, & la porter contre sa bouche; & se couvrant de l'autre main, remettre sur l'assiette ce que l'on a dans la bouche, & le donner vîtement par derriere à un laquais. La Civilité veut que l'on ait de la politesse, mais elle ne prétend pas que l'on soit homicide de soi-même.

Manger proprement.

Il ne faut pas mordre dans son pain; mais en couper ce que nous avons à porter à la bouche, sans retenir le couteau à la main, non plus que quand on mange ou une pomme, ou une poire, &c.

Il faut tailler ses morceaux petits, pour ne se point faire de poches aux joües, comme les singes.

Il ne faut pas non plus ronger les os, ni les casser ou secoüer pour en avoir la

moëlle, il faut en couper la viande ſur
ſon aſſiette, & puis la porter à la bouche
avec la fourchette.

Je dis avec la fourchette, car il eſt
(pour dire encore une fois) très-in-
décent de toucher à quelque choſe de
gras, à quelque ſauce, à quelque ſyrop,
&c. avec les doigts ; outre que cela vous
oblige à deux ou trois autres indécences.
L'une eſt d'eſſuyer fréquemment vos
mains à votre ſerviette, & de la ſalir
comme un torchon de cuiſine, en ſorte
qu'elle fait mal au cœur à ceux qui la
voient porter à la bouche, pour vous
eſſuyer. L'autre eſt de les eſſuyer à votre pain, ce qui eſt encore très-mal propre. Et la troiſiéme, de vous lécher les
doigts, ce qui eſt le comble de l'impro-
preté.

Il faut bien ſe garder de ſaucer ſes
morceaux dans le plat, ou dans la ſa-
liere, à meſure qu'on les mange ; mais
il faut prendre du ſel avec la pointe du
couteau, & de la ſauce avec une cuillier.

Et à propos de ſel, il eſt bon de dire,
qu'il y a certaines gens qui font ſcrupu-
le d'en ſervir à quelqu'un, auſſi-bien
que de la cervelle, mais ce ſont ſuperſti-
tions ridicules : il faut ou mettre du ſel
ſur une aſſiette, pour en préſenter à ceux

qui font éloignez, ou leur offrir la fa-
liere, fi cela fe peut, afin qu'ils en prennent eux-mêmes. Et pour la cervelle,
comme elle paffe au goût de quelques-
uns, pour un morceau friant, il eft plus
civil d'en offrir aux autres, qu'il ne feroit de la manger toute foi-même par
un motif de fuperftition.

Il faut donc tenir pour regle generale, que tout ce qui aura été une fois fur
l'affiette ne doit plus être remis au plat.

Il ne faut pas non plus fe pancher trop
fur fon affiette, ni y laiffer tomber, ou
fur fon rabat, ou fa cravate, la moitié
de ce que l'on porte à la bouche.

Il n'y a rien de plus mal appris, comme nous avons dit, que de lécher fes
doigts, fon couteau, fa cuillier ou fa
fourchette, ni rien de plus vilain, que
de nettoyer & effuyer avec les doigts fon
affiette & le fond de quelque plat; ou ce
qui eft encore pis, de boire à même le
refte du boüillon, de la fauce ou du fy-
rop, ou de le verfer dans la cuillier;
c'eft s'expofer à la rifée de toute la compagnie.

Il faut quand on a fes doigts gras, ou
fon couteau, ou fa fourchette, &c. les
effuyer à fa ferviette, & jamais à la na-
pe ni à fon pain. Et pour s'empêcher d'a-

voir les doigts gras , il ne faut point manger avec , mais avec sa fourchette , comme nous avons déja marqué.

Que si on avoit quelque couteau, cuillier ou fourchette à rendre à quelqu'un qui vous les eût prêtez , il faut les essuyer de votre serviette , ou les envoyer laver au buffet , puis les mettre sur une assiette blanche , & les lui présenter.

Couteau & fourchette à rendre.

Que s'il arrive par quelque accident extraordinaire qu'on ait quelque chose dans la bouche, que l'on soit obligé de rejetter , il seroit fort incivil de le laisser tomber de haut en bas sur son assiette, comme si on vomissoit ; il faut le prendre & l'enfermer dans la main , le remettre doucement sur son assiette, & la donner aussi-tôt pour la faire emporter , s'il se peut , sans que ceux qui sont à table s'en apperçoivent : observant de ne jamais rien jetter à terre.

Mal au cœur

Se moucher avec son mouchoir à découvert , & sans se couvrir de sa serviette , en essuyer la sueur du visage , se grater la tête ou autre part , roter & cracher avec cela , & se tirer de l'estomach avec force & fréquemment , sont des saletez à faire soulever le cœur à tout le monde. Il faut donc s'en abstenir , ou le faire le plus secretement qu'il est pos-

fible, en fe couvrant & fe cachant tant
que l'on peut.

Eftre fobre.   De même, qu'il ne faut pas faire,
comme on dit, la petite bouche, mais
manger honnêtement & felon fon befoin : auffi ne faut-il pas paroître infa-
tiable, ni manger jufqu'à fe faire venir
le hoquet ; ma's au contraire il faut fe
retenir & ceffer le premier de manger,
à moins que la perfonne qualifiée, dont
l'honnêteté eft de ne point faire deffer-
vir, que chacun n'ait achevé de manger,
ne nous conviât de continuer.

Quoiqu'il en foit, il ne faut jamais
fe hâter de manger jufqu'à en perdre
haleine, comme un cheval pouffif qui
fouffle d'ahan.

Il faut auffi remarquer qu'il eft très-
mal-féant, pendant le repas, ou de cri-
tiquer fur les viandes & fur les fauces,
ou de parler fans ceffe de mangeailles,
c'eft une marque évidente d'une ame fen-
fuelle, & d'une éducation baffe.

Comme il ne faut point manger à la
dérobée, auffi ne faut-il point boire en
cachette.

Du boire.   C'eft une grande incivilité de demander à boire le premier, & avant que les
perfonnes les plus qualifiées ayent bû.

C'eft manquer au refpect de demander

à boire tout haut, il faut en demander tout bas, si l'Officier, ou quelque laquais est proche, sinon il faut faire signe.

C'est être fort grossier que de boire à la santé d'une personne de condition, en s'adressant à elle-même.

Que si quelqu'un commence sa santé par galanterie, il est du devoir de la boire : mais il faut que cela se fasse sans appeller la personne qualifiée à témoin, ce qui se peut faire de la sorte. *C'est, Monsieur*, parlant à celui à qui on la porte, *à la santé de Monseigneur*, & non pas ainsi ; *Monseigneur, c'est à votre santé, & je la porte à Monsieur*.

Boire à la santé.

Mais c'est le comble de l'incivilité, d'ajoûter, comme nous avons déja dit, le nom de la personne qualifiée, parlant à elle-même, ou de dire en buvant à la santé de sa femme, ou de quelqu'un de ses parens ou parentes : *Monseigneur, à la santé de Madame votre femme, de Monsieur votre frere, de Madame votre sœur*, &c. Il faut nommer la femme, par la qualité, ou par le surnom du mari ; & les autres, ou par leurs surnoms, ou par quelque qualité, s'ils en ont ; en disant, par exemple, *A la santé de Madame la Maréchale, de Monsieur le Marquis*, &c.

Il faut toujours avant que de boire, s'essuyer la bouche.

Il ne faut pas trop laisser remplir son verre, de peur d'en répandre en le portant à la bouche.

Cela tient trop de familier de goûter le vin, & de boire son verre à deux ou trois reprises ; il faut le boire d'une haleine & posément, regardant dedans quand on boit, & observant de ne pas boire quand on a la bouche pleine. Je dis posément, de peur de s'ennoüer, ce qui seroit un accident fort malséant & fort importun en une table de céremonie ; outre que de boire tout d'un coup, comme si on entonnoit, c'est une action de goinfre, laquelle n'est pas de l'honnêteté.

Il faut aussi prendre garde en buvant de ne pas faire du bruit avec le gosier, pour marquer toutes les gorgées que l'on avalle, ensorte qu'une autre les pourroit compter.

Il faut se garder aussi, après qu'on a bû, de pousser un grand soupir éclatant pour reprendre son haleine.

Il est plus civil de boire tout ce qu'il y a dans son verre, que d'en laisser.

Il est incivil de se faire donner à boire par devant la personne honorée ; il faut prendre le verre d'un autre côté.

Il est de même incivil de présenter un verre de vin à une personne, si on en a déja goûté.

Que si la personne de qualité vous porte la santé de quelqu'un, ou même boit à la vôtre, il faut se tenir découvert, s'inclinant un peu sur la table jusqu'à ce qu'elle ait bû : il ne faut point lui faire raison, si elle ne l'ordonne précisément. *Si on boit à votre santé*

De qui se doit entendre des personnes de la plus haute qualité ; car pour celles qui ne sont pas si éminentes, & entre lesquelles & l'inferieur, il y a peu ou point de difference ; il ne faut pas violer la maxime de la table, qui est de ne se point découvrir, l'usage l'ayant tellement établi, que l'on passeroit pour un nouveau venu dans le monde d'en user autrement.

Quand elle vous parle, il faut aussi se découvrir pour lui répondre, & prendre garde de n'avoir pas la bouche pleine. Il faut observer la même civilité toutes les fois qu'elle vous parlera jusqu'à ce qu'elle vous l'ait défendu, après quoi il faut demeurer couvert, de peur de la fatiguer par trop de ceremonie. *Comment parler à table*

De même, s'il arrive que nous devions répondre à la personne qualifiée, & que dans ce moment elle porte le verre à la bouche, il faut se taire & attendre qu'elle ait bû, pour continuer notre discours.

Incivilitez après le repas. Il est incivil de se nettoïer les dents devant le monde, ou de se les nettoïer durant & aprés le repas, avec le couteau, ou avec une fourchette : c'est une chose tout-à-fait mal-honnête & dégoûtante.

Il est aussi de l'incivilité de se rincer la bouche après le repas, devant des personnes que nous devons respecter ; & il n'y a que des gens grossiers & très-impolis, qui voulant se rincer la bouche étant à table, se mettent le doigt dedans pour se frotter & nettoyer les dents; & qui après avoir fait durant ce tems-là une assez vilaine grimace, rejettent l'eau sur leur assiette. Comme cela a l'air de vomissement, il y a des personnes délicates qui sont très-dégoûtées de ces sortes de manieres. Ce seroit une impertinence de faire quelque chose de semblable devant des personnes à qui on doit du respect, & c'est une chose mal-honnête, & aussi très-dégoûtante d'en user ainsi entre les égaux : quand on se veut laver la bouche, il faut aller au buffet, & faire en sorte de n'être pas remarqué par les personnes qu'on fait profession d'honorer.

Que si la personne qualifiée mangeoit ou se tenoit encore à table à la fin du repas, & que l'on fut seul avec qui elle fit conversation, particulierement si on n'est ni dépendant d'elle, ni son domestique, on est obligé de demeurer à table pour lui tenir compagnie jusqu'à ce qu'elle se leve.

Si on est obligé de se lever avant les autres, il faut avoir la tête nuë, & en cas que l'on soit dépendant ou domestique, il ne faut pas se lever que l'on n'ait un laquais tout près, pour ôter en même tems l'assiette, dont l'objet n'est pas honnête, non plus que la familiarité de celui qui seroit levé de table, sans la desservir lui-même s'il n'a personne pour le faire.

Quand on ôte les assiettes, il ne faut pas souffrir que l'on commence par vous à servir les assiettes blanches ; mais il faut attendre à prendre celle qu'on nous présente, qu'on en ait donné aux plus qualifiez de la compagnie, & particulierement aux Dames à qui même il faut présenter & donner vous-même celle qui vous est offerte, si on étoit trop long-tems à les servir.

Il faut observer aussi que c'est une chose très-mal honnête quand on est à la table d'une personne que l'on veut honorer ; de serrer du fruit ou autre chose dans sa poche ou dans une serviette pour l'emporter.

Et c'est une grande incivilité de présenter du fruit, ou quelque autre chose, dont on auroit déja mangé.

Pour traiter une personne qualifiée.

Que s'il arrive que quelque Prince ou Princesse vous demande, ou vous engage à leur faire quelque régal, il ne faut pas vous mettre à table, mais derriere le fauteüil pour leur présenter des assiettes & à boire. Si c'est un Prince, & qu'il vous commande de vous mettre à table, vous pouvez vous y mettre au bas bout ; mais si c'est une Princesse, on témoigne mieux sçavoir son monde de s'en dispenser.

Il faut aussi dans ces rencontres, tâcher de paroître le moins qu'il est possible inquiet & empressé : moins encore faut-il être impatient & emporté contre son domestique, de crainte que l'on a que les choses aillent mal ; c'est d'un petit esprit, & qui montre par ses violences être plutôt fâché & embarrassé de ses hôtes, que transporté de zele pour les bien recevoir.

Il faut avoir donné auparavant le meilleur ordre qu'on aura pû, avoir marqué

qué exactement à un chacun son office,
& puis demeurer en repos, & laisser aller toutes choses leur train, plutôt que
de troubler la joye, que toute la maison
doit témoigner de posseder des hôtes si
considerables.

Que si les choses vont apparemment
mal, il en faut succinctement demander
pardon aux personnes qualifiées, qui de
leur côté ne seroient pas raisonnables, si
elles n'excusoient les fautes qui se font,
étant d'ailleurs persuadées de la bonne
volonté.

Mais pour revenir, il faut remarquer
que de s'emporter contre son domestique, de l'injurier & de le battre, en présence d'une personne à qui on est inferieur, ce seroit tout-à-fait manquer de
respect, & témoigner pour elle un extrême mépris en cette rencontre & en
toute autre.

Pour conclusion du repas, il faut se
tenir découvert en se levant de table, &
dire *Graces*, quand la personne qualifiée
les dit, & puis lui faire une profonde
reverence pour la remercier; & quand
même plusieurs autres personnes se seroient trouvées à ce repas, qui seroient
au dessus de nous, il ne faudroit pas faire
cette reverence generale; mais il faut l'a-

dresser uniquement à la personne la plus qualifiée.

A l'égard du Maître de la maison, sa reverence doit être generale, à moins qu'il n'y eût un si grand Seigneur, qu'il effaçât tous les autres. Et du reste, il doit observer que la vaisselle & le linge que l'on sert sur table soient propres; qu'à tous les repas on donne des serviettes blanches, & que l'on rince les verres toutes les fois que l'on boit.

CHAPITRE XVIII.

Ce qui se doit pratiquer lorsqu'une personne de qualité nous visite, & quand nous devons visiter.

Comment il faut recevoir la personne qualifiée lorsqu'elle arrive. S'Il arrive qu'une personne qualifiée nous fasse visite, & que nous en soyons avertis, il faut l'aller recevoir au carosse, où le plus loin que nous pourrons, & faire entrer le carosse dans la court, si on est logé commodément pour cela.

Il faut avoir alors, ou son épée au côté, ou son manteau sur ses épaules; ou si on est d'épée & que l'on soit en manteau ce jour-là, il faut avoir le manteau & l'épée, étant indécent de paroître autrement.

Il faut l'introduire dans le lieu le plus honorable, & lui présenter un fauteüil pour s'asseoir; observant de ne se mettre que sur un moindre siege, & même de ne pas s'asseoir qu'après qu'elle nous l'aura commandé.

Que si elle nous surprend dans notre chambre, il faut se lever promptement si on étoit assis, & tout quitter pour lui faire honneur, s'abstenant de toute action jusqu'à ce qu'elle soit sortie: & si on étoit au lit, il faut y demeurer.

Mais il y a ce temperament à prendre, que si dans les honneurs que nous tâchons de lui rendre, comme en effet il faut l'accüeillir de tout notre mieux, cette personne retranchoit elle-même de nos déferences, il ne faut pas s'y obstiner, ni faire les façonniers, mais il faut obéïr à tout ce qu'il lui plaira de commander; puisque nous ne pouvons mieux lui témoigner qu'elle a tout pouvoir dans notre propre logis, qu'en faisant tout ce qu'elle ordonne.

Abreger les cérémonies.

Et il est à remarquer que ce n'est pas seulement aux personnes de haute qualité à qui nous devons rendre honneur dans notre maison, mais aussi à toute autre personne qui peut passer chez nous pour étrangere; c'est-à-dire, à

Honorer un chacun dans notre maison.

Q

tous ceux qui ne font pas nos domeftiques ni nos inferieurs, quand ils n'auroient que l'âge par deffus nous : lefquels, par exemple, nous fommes obligez
d'aller recevoir , d'introduire & de faire
affeoir dans notre plus belle chambre ;
de leur donner par tout le pas , le haut
bout à table , & ailleurs ; leur déferant
enfin prefque tous les mêmes honneurs,
du plus au moins , qu'aux perfonnes les
plus qualifiées, fi nous voulons paroître
civils.

C'eft pourquoi, quand quelqu'un à
qui nous devons cette civilité, nous vient
voir ; c'eft une incivilité de le faire long-
temps attendre , à moins que nous ne
fuffions engagez avec des perfonnes de
plus haute qualité , que ne feroit celle-là ,
ou occupez à des affaires publiques. Encore feroit-il alors de la civilité de lui
envoyer quelqu'un d'une condition honnête pour l'entretenir en attendant.

Comment
fe conduire
quand on part
de votre mai-
fon.
Il faut conduire la perfonne qualifiée
quand elle fort de notre maifon , jufques
à fon caroffe , fi ce n'eft ceux qui viennent pour leurs affaires propres , & que
l'on foit foi-même une perfonne publique ; comme un homme d'Etat , un Ma-
giftrat , un Avocat , un Procureur , &c.
qui font actuellement occupez ; car alors

non seulement ils peuvent s'en dispenser, mais il est de la discretion de la personne qui visite, de les prier, ou de leur commander de ne point sortir de leur cabinet.

Si c'est une Dame que l'on veuille reconduire, il lui faut présenter la main, s'il n'y a point de personne plus qualifiée qui la lui donne; & l'ayant vûë monter en carosse, & même lui ayant aidé à y monter, il faut attendre sur le pas de la porte jusqu'à ce que le carosse parte.

Que s'il y a plusieurs personnes avec vous, & que l'une s'en aille & les autres demeurent, il est bon d'observer que si la personne qui s'en va est plus qualifiée que celles qui restent, il faut la reconduire; si elle est inferieure, il la faut laisser aller & demeurer avec les autres, en lui faisant excuse; & si elle est égale, il est à propos de voir ce que celle-là qui s'en va, ou ceux qui demeurent sont à notre égard, & reconduire, ou bien tenir compagnie à ceux qui vous seront superieurs.

Il est de même de l'honnêteté, s'il arrivoit que quelque jeune personne eût été chez nous, de ne la pas laisser retourner seule chez elle, & particuliere-

ment s'il étoit nuit, ou qu'il y eût loin ;
mais il faut ou la reconduire soi-même,
ou la mettre entre les mains de personnes
sûres, qui l'escortent & l'accompagnent,
jusqu'à ce qu'elle soit en son logis.

Visite à rendre. Pour les visites que nous avons à faire,
si on suit l'exemple, ou pour mieux dire,
la faineantise de certaines gens, qui em-
ployent tout le tems de leur vie à visiter,
pour faire visite, comme disoit un bel
esprit, il n'y a point d'autres regles à
donner, sinon d'aller de porte en porte :
mais pour une personne qui pense d'une
part à bien employer le tems, & de l'autre à garder la bienséance; on peut l'a-
vertir qu'il y a des occasions où ce seroit
blesser la civilité, que de manquer à
faire visite aux personnes à qui nous voulons témoigner du respect ou de l'amitié. Par exemple, il faut visiter un Grand
de tems en tems, pour sçavoir l'état de sa
santé, & nous renouveller dans ses bonnes graces ; & en general, toutes les fois
qu'il arrive occasion de prendre part à
sa joye ou à sa tristesse, pour ce qui lui
est survenu de bien ou de mal : quand
particulierement nous sommes persuadez que cette personne le prend en bonne part.

Il faut de plus sçavoir qu'à l'égard de

personnes qui arrivent nouvellement de
la campagne , la regle generalement reçûë concernant les visites , est que le dernier arrivé doit être visité le premier : &
que ce dernier venu est de son côté obligé de faire sçavoir son arrivée aux autres,
parce que l'on n'est pas obligé de de-
viner.

Qui doit vi-
siter le premier
entre person-
nes qui arri-
vent.

C'est , comme je dis , la regle generale
de la civilité : mais il faut sçavoir l'appliquer : car si la chose se passe entre une
personne superieure & un inferieur ; ou
à l'égard d'un homme ou d'une femme ,
il seroit ridicule que cet inferieur qui arriveroit de la campagne envoyât avertir le plus grand Seigneur ou la Dame ,
de son arrivée , pour en être visité le premier. Il doit les aller voir , & leur apprendre lui-même qu'il est arrivé. Et
réciproquement, quoique la personne superieure , ou bien une Dame arrivassent
de la campagne , & qu'elles fussent en
droit d'être visitées les premieres , celui
qui doit cette visite ne peut pourtant pas
être accusé d'incivilité , si on ne lui fait
sçavoir que l'on est arrivé.

Cette regle generale n'a donc lieu
qu'entre personnes égales , & d'homme à
homme. J'arrive , par exemple , de la
campagne ; & si j'envoye dire à une per-

fonne qui eſt d'égale qualité que moi ;
& avec laquelle j'ai liaiſon, *que je ſuis
arrivé, que je lui baiſe tres-humblement
les mains, & que dans l'impatience où
j'étois d'apprendre de ſes nouvelles, je n'a-
vois pas voulu differer de m'en informer,
me diſpoſant d'aller moi-même l'aſſûrer de
mon ſervice, quand il lui aura plû me marquer l'heure de ſa commodité.* Cette perſonne ne ſçait pas ſon monde, ſi elle prend
le compliment au pied de la lettre, à
moins qu'elle ne fût indiſpoſée, ou in-
deſpenſablement occupée. Elle doit aller
viſiter la premiere celui qui lui envoye
faire cette honnêteté ; ou ſi elle ne le peut
ſur le champ, elle eſt obligée de lui envoyer quelqu'un pour la feliciter de ſon
arrivée, & lui faire ſes excuſes, en attendant qu'elle l'aille voir en perſonne.

CHAPITRE XIX.

Ce qu'il faut obſerver dans le jeu.

QUe s'il ſe rencontre qu'une perſonne de qualité nous oblige de joüer
avec elle, ce qu'il ne faut jamais entreprendre qu'après qu'elle nous l'a commandé ; il ne faut pas témoigner d'empreſſement dans le jeu, ni d'envie de ga-

gner ; cela marque la petiteſſe de l'eſprit & de la condition , & même il eſt
bon de s'en abſtenir tout à fait , ſi nous
ne ſommes pas d'humeur commode dans
le jeu , pour mille inconveniens qui en
peuvent arriver.

Il ne faut pas auſſi ſe negliger dans le
jeu , ni ſe laiſſer perdre par complaiſance , tant pour ne pas faire le fanfaron , ce que l'on tourneroit en ridicule,
que pour éviter que cette perſonne crût
que l'on ne contribuât pas à ſon divertiſſement avec aſſez d'attachement & de
ſoin.

Il ne faut pas non plus parler par quo-
libets dans le jeu.

Il eſt très-incivil auſſi de chanter , ou
de ſiffler en joüant , quand même cela
ne ſe feroit que doucement & entre les
dents , comme il arrive ſouvent lorſque
l'on rêve au jeu.

Il ne faut pas non plus tambouriner des
doigts ou des pieds.

S'il vient quelque coup favorable , il
ne faut point s'abandonner à de grands
ris , à de grandes exclamations , à de
grandes oyes , cela choque quelquefois
la perſonne avec qui on joüe , & fait en
même tems paroître la petiteſſe de l'eſprit.

Si c'eſt à un jeu d'exercice , comme

Indécences dans le jeu

à la paume, au mail, à la boule, au billard, il faut prendre garde de ne point faire de postures du corps ridicules & grotesques.

Ne point s'opiniâtrer. S'il arrive quelque differend, il ne faut point s'opiniâtrer : mais si enfin on étoit obligé de soûtenir un coup, ce doit être tranquillement, sans élever le ton de la voix, en le prouvant évidemment & promptement.

Ne point jurer. C'est outre l'offense de Dieu, une très-grande immodestie pour le monde poli, que de jurer comme nous l'avons déja dit ? & plus encore au jeu, où tout doit être paisible, pour ne pas troubler le divertissement.

Ne point être âpre ni si commode. L'enjeu que l'on gagne se doit exiger froidement, si quelqu'un a manqué de mettre, n'usant point de ces mots imperieux ; *payez, mettez* ; mais bien de ces termes doux & honnêtes, comme : *je gagne cela, on n'a pas mis au jeu, il me manque de l'argent, &c.*

Et quand on perd, il faut toûjours payer avant qu'on le demande ; c'est une marque de la noblesse de l'esprit, de bien payer ce que l'on doit au jeu, comme par tout ailleurs, sans témoigner aucune répugnance.

Si on sçait que la personne à qui on doit

doit du respect, ne se plaise pas à perdre, il ne faut pas, si on gagne, quitter le jeu, si elle ne le commande, ou qu'elle ne se soit racquittée : & si on perd, il faut se retirer doucement ; étant toujours honnête de se conformer à ses forces, au lieu que c'est s'exposer à la risée & au mépris, que de faire par complaisance plus que l'on ne peut.

Si la personne est fâcheuse au jeu, il ne faut point relever ses paroles, en façon quelconque, mais poursuivre & joüer son jeu : moins encore faut-il prendre garde à ses emportemens, particulierement, si c'est une Dame ; il est alorsde la prudence de prendre tout en bonne part, & de ne point sortir du respect, ni du calme de l'esprit. *Ne point relever les paroles du joüeur.*

Que si de plus qualifiez que vous viennent pour joüer, & que vous occupiez la place, il est de l'honnêteté de la leur ceder. *Ceder la place, & l'honneur du jeu au plus qualifié.*

Si quelqu'un de très-haute qualité joüe à quelque jeu, deux contre deux, & que vous soyez de son côté, il faut bien se garder de dire, en cas que vous gagniez : *J'ai gagné*, ou *nous avons gagné ; mais vous avez gagné, Monsieur ;* ou bien, *Monsieur a gagné.*

CHAPITRE XX.

Ce qui s'observe au Bal.

SI on se trouve en une assemblée, ou en quelque bal, il faut avant toutes choses, sçavoir exactement, je ne dis pas la danse, si on ne veut, mais les regles de la danse, & de la civilité qui se pratique selon le lieu où on se rencontre, car elle n'est pas la même par tout, & ne pas manquer en la moindre chose à cette pratique.

Que si on sçait danser, on le doit faire si on est pris pour cela, afin de ne pas faire le singulier ; mais si on n'a en cet exercice qu'un talent fort médiocre, il ne faut pas présumer d'être fort habile, ni s'engager à des danses que l'on ne sçait point du tout ou fort peu.

Que si on n'a pas l'oreille juste, il ne faut point du tout se commettre à danser, quand même on sçauroit bien les pas, c'est un spectacle ridicule de voir un homme hors de cadence, & on s'en prend à lui ; parce que s'il n'avoit pû éviter de venir au bal, il pouvoit se dispenser de la danse, en faisant une profonde réverence à la Dame qui l'avoit

pris pour danſer, après l'avoir conduite
au milieu de la ſalle ; mais il faut auparavant lui avoir fait entendre avec bien
du reſpect, le déplaiſir que l'on a de ne
ſçavoir pas danſer, afin qu'elle ſoit per-
ſuadée que c'eſt le peu d'adreſſe, & non
pas le dedain ou la pareſſe qui cauſe ce
refus.

Que ſi enfin on vouloit par autorité
& pour ſe donner du divertiſſement,
nous forcer à danſer, il ne faut pas le
refuſer : il vaut beaucoup mieux s'expo-
ſer à une petite confuſion involontaire,
pour ſe rendre complaiſant, qu'au ſoupçon que nous pourrions donner, de le
vouloir éviter par vanité ; & alors il faut
ſupplier la Dame d'agréer par compaſ-
ſion, de danſer quelque danſe que nous
ſçachions le mieux, & la danſer après
franchement, & le moins mal que nous
pourrions. (a)

(a) Sin ali-
quando ne-
ceſſitas nos ad ea detruſerit quæ noſtri ingenii non eſſent, omnis ad-
hibenda erit cura, meditatio, diligentia, ut ea ſi non decorè, ac
quam minimè indecorè facere poſſimus. nec tam eſt innitendum, ut
bona quæ nobis data non ſunt, ſequamur, quam ut vitia fugiamus.
Cic. de Off. 1.

Après quoi il faut ramener la Dame
à ſa place, & en prendre une autre : ob-
ſervant quand on eſt repris, de rendre
la pareille à la Dame, qui nous étoit

venu prendre la premiere, si c'est l'usage du lieu où on est.

Comment il
en faut user
dans un bal
où sont les
personnes
Royales.
Il est aussi à remarquer, que quand le
Roi ou la Reine dansent, tout le monde se leve, ou se découvre, hors ceux
dont la fonction demande qu'ils soient
couverts.

Il faut observer pareillement, que
dans un bal où sont les personnes Royales, on ne va point prendre les Dames
à leur place, ni on ne les y remene point;
on se contente de leur faire signe en les
saluant pour les appeller, & de leur faire la réverence, quand on a dansé, les
laissant aller seules.

Et alors on doit observer que passant
devant les personnes Royales, il faut
faire de très-profondes réverences, si ce
n'est quand on danse.

Indécentes
dans un bal.
Il n'est pas permis de prendre la place ou le siege de ceux qui dansent.

C'est aussi une ridicule contenance de
suivre de la tête ceux qui dansent, ou
quand on entend des violons, ou autres
instrumens; d'en marquer la cadence en
dandinant de la tête & du corps, &
frappant des pieds.

Il faut observer aussi que si on se trouve parmi des Masques, c'est une incivilité d'en faire démasquer quelqu'un, s'il

ne le veut, & de porter même la main
fur le mafque ; au contraire on eft obligé de faire encore plus d'honnêtetez à
des mafques, qu'à d'autres gens ; car fouvent fous le mafque il fe trouve des perfonnes à qui non feulement nous devrions de la civilité, mais du refpect.

CHAPITRE XXI.

S'il faut chanter, ou joüer des Inftrumens.

S'Il arrivoit que l'on eût de la voix,
ou que l'on fçût joüer de quelque inf-
trument, ou même que l'on eût le
talent de faire des Vers, il ne faut jamais
le faire connoître par aucune marque
affectée, que fi cela étoit découvert &
connu, & que dans la rencontre on fût
prié par une perfonne pour laquelle on
eût de la déference, d'en faire voir quelque chofe, il eft bon & honnête de s'en
excufer d'abord ; mais fi elle ne fe payoit
pas de fes excufes, alors il eft d'une
perfonne qui fçait le monde, de ne pas
hefiter à chanter, ou à joüer de cet inftru-
ment, ou à réciter quelques petits ouvrages de fa façon : cette obéïffance prompte
& fincere met à couvert de tout éve-
nement ; au lieu qu'une réfiftance façon-

*Ne point fai-
re myftere de
fes talens.*

niere, fent le Maître chanteur, & encore le mauvais Maître, qui veut fe faire valoir ; ce qui fait que l'on trouve des Cenfeurs rigides, qui difent : *N'eft-ce que cela ? cela valoit-il la peine de ſe faire tant prier.*

Affectations ridicules. Et fur tout il ne faut ni touffer trop, ni cracher, ni être trop long-temps à accorder fa guittare, ou fon luth.

Il faut bien auffi fe garder de fe loüer foi-même par certains geftes étudiez, qui marquent notre complaifance ; & de dire, par exemple, lorfque l'on chante : *Voilà un bel endroit ; en voici encore un plus beau ; prenez garde à cette chute, &c.* cela eft d'un homme vain, ou de peu.

Finir promptement. Il faut auffi avoir foin de finir promtement, pour éviter d'être ennuyeux, & pour laiffer, comme on dit, la compagnie fur la bonne bouche.

Et même il faut finir d'autant plutôt, que perfonne ne vous dira, *c'eft affez* ; parce que c'eft une incivilité de le dire, fi celui qui chante eft perfonne de condition : comme ç'en eft une de parler & de l'interrompre quand il chante.

CHAPITRE XXII.

Ce qu'il faut observer en voyage, en carrosse, à cheval, & à la chasse.

SUpposé qu'une personne à laquelle nous devons du respect, nous mene en voyage, il est de la bienséance en general de s'accommoder à tout, de trouver tout bon, de ne se plaindre jamais, de ne faire jamais attendre après soi, d'être toujours alerte, vigoureux, officieux à tout, & de ne point imiter ceux qui n'ont jamais de bons chevaux, jamais de bonnes chambres, jamais de bons lits ; qui commettent les domestiques les uns avec les autres, & même avec le Maître : qui ne sont jamais prêts : qui ne trouvent rien de bien ni de bon, & qui sont fâchez de tout, & toujours de mauvaise humeur.

Le voyage étant une espece de milice qui doit avoir ses précautions, ses petits soins, sa diligence, comme il a ses fatigues & ses peines : il est extrêmement déplaisant, quand avec tout cela on rencontre des gens incommodes qui pesent plus que tout le bagage.

Si on monte en carosse, il faut laisser

R iiij

monter la personne la plus qualifiée la première, & monter le dernier, en prenant la moindre place. Le fond & la droite du fond est la premiere. La gauche du fond est la seconde. Le devant, vis-à-vis de la personne qualifiée, est la troisiéme, & la joignante est la quatriéme. Les portieres, s'il y en a, sont les dernieres, quoique les places des portieres du côté du fond, soient les principales.

Quand on est en carrosse, il faut se tourner toujours du côté de la personne qualifiée, & ne se couvrir que le dernier, & même après un commandement exprès.

Il faut aussi observer que quand on se rencontre en lieu par où passe le S. Sacrement, ou une Procession, ou un Enterrement, ou bien le Roi, la Reine, les Princes les plus proches du Sang Royal, & des personnes d'un caractere & d'une Dignité éminente, comme seroit un Legat, &c. il est du devoir & du respect de faire arrêter le carrosse jusqu'à ce qu'ils soient passez : aux hommes d'avoir la tête nuë, & aux Dames d'ôter le masque; excepté toutefois qu'à l'égard du S. Sacrement, on doit sortir du carrosse, quand on le peut, & se mettre à genoux.

Quand on fort de carroffe, il eft de la civilité d'en fortir les premiers, afin de donner la main à la perfonne qualifiée quand elle fort, foit femme ou homme.

Si on doit monter à cheval, il faut aufli laiffer monter la perfonne de qualité la premiere, & lui aider même à monter, ou tenir l'étrier. En marchant il faut de même qu'à pied, lui donner la droite, & fe tenir même un peu fur le derriere, fe reglant fur le train qu'elle va ; mais fi alors on éroit au deffus du vent, que l'on jettât de la pouffiere fur elle, il faut changer de place.

Comment à cheval.

De même il faut obferver s'il fe préfente une riviere, un gué ou un bourbier, qu'il eft de l'ordre & de la raifon de paffer le premier ; & s'il fe rencontroit que l'on fût derriere, & que l'on dût paffer après la perfonne qualifiée, il faut s'éloigner d'elle, en forte que votre cheval ne lui jette ni eau ni bouë.

Si elle galoppe, il faut prendre garde de ne pas aller plus vîte qu'elle, & ne faire point parade de fon cheval, à moins qu'elle ne le commande.

Et même fi on eft à la chaffe, il ne faut pas couper cette perfonne, ni fe laiffer emporter par trop d'ardeur ; mais on doit la laiffer arriver la premiere à la

A la chaffe.

prife & à la mort de la bête : & s'il faut mettre l'épée à la main, ou le piftolet pour lui donner le dernier coup, il faut laiffer cet honneur à la perfonne qualifiée.

Comment on doit ufer un inferieur dans une Hôtellerie.

S'il arrivoit qu'à caufe du mauvais logement on dût coucher dans la chambre de la perfonne pour qui on doit avoir du refpect, la civilité eft de la laiffer deshabiller & coucher la premiere : & après fe deshabiller à l'écart & contre le lit où on doit coucher, & fe coucher fans bruit, demeurant tranquille & paifible durant la nuit.

Comme on s'eft couché le dernier, la civilité veut qu'on fe leve le premier, afin que la perfonne qualifiée nous trouve le matin tout habillez : la bienféance ne fouffrant pas qu'une perfonne que nous devons refpecter, nous voye nud, & en deshabillé, ni aucune de nos hardes traîner çà & là, non plus que notre lit découvert, ou la chambre en défordre.

C'eft une grande incivilité de fe regarder au miroir, & de fe peigner en préfence d'une perfonne que nous confiderons : & même il n'eft pas honnête de le faire dans une cuifine, où il peut voler des cheveux dans les plats : moins

encore faut-il se servir des peignes, ou
d'aucune des hardes de la personne à qui
nous devons du respect.

De-là il est aisé de conclure qu'il n'est
pas de l'honnêteté de se saisir à grand
hâte de la premiere chambre, du premier lit, &c. il faut en cela, outre la
civilité, garder quelque justice.

Et même il seroit très-mal-honnête à
une personne qualifiée, si dans un mauvais logement & à l'étroit, elle prenoit
fierement tout pour elle, sans se mettre
en peine si les autres ont la moindre commodité.

Comment la personne supe-rieure.

Ces actions ne sont pas de grand Seigneur ; il doit avoir par tout de la bonté & de l'humanité, même pour ses inferieurs, jusqu'à vouloir dans la rencontre
partager avec eux le mal & la peine.

CHAPITRE XXIII.

De l'Hospitalité.

LEs Hôtelleries sont des lieux publics, où on exerce l'hospitalité,
c'est à dire, où on reçoit & loge des
étrangers. Si ceux qui les tiennent en-
troient dans l'interieur de ce métier, &
sçavoient ce que c'est que l'hospitalité, ils

Des Hôtelle-ries, & pour-quoi elles sont instituées.

se tiendroient heureux d'être choisis de
Dieu, pour pratiquer une si haute vertu, & avoir à toute heure lieu de faire
leur salut; mais ce qui est déplorable,
c'est que generalement parlant, cette
hospitalité n'est qu'une hospitalité interessée & mercenaire, & qui ne tend
même le plus souvent qu'à écorcher le
monde, à le dépoüiller comme pourroient faire des voleurs de grand chemin,
au coin d'un bois. Ces hôtelleries n'ont
pas été de tout tems; chacun d'une part
se logeoit où il pouvoit; & chacun de
l'autre se piquoit d'avoir des hôtes : &
comme cette charité se refroidit, de même qu'elle s'est ralentie de plusieurs autres choses, on inventa ces lieux publics,
où chacun pour son argent pouvoit se
faire servir de la même maniere qu'il auroit pû faire dans sa propre maison.

Que l'hospi-
talité est une
cho,e sainte. Il n'y a donc rien de plus ancien, ni
en même-tems de plus saint, que l'hospitalité : on se faisoit un honneur singulier de recevoir des étrangers, on les
alloit prier & convier soi-même ; &
non seulement on se piquoit de leur faire part de ce que l'on avoit, de les regaler, & d'avoir un soin particulier de
leurs personnes; mais de les proteger &
de mettre même sa vie pour eux, s'il en

étoit befoin ; & cela étoit réciproque ,
tant à l'égard de celui qui recevoit, que
de celui qui étoit reçû. Y a-t-il rien
de plus genereux en cela que Loth, qui
après avoir convié deux Anges, qu'il
prenoit pour des paffans, & les avoir
comme forcez de loger chez lui, les dé-
fendit contre la rage des Habitans de fa
ville, qui en vouloient abufer ? Sa fer-
meté alla jufqu'à foûtenir le fiege contre eux, & à vouloir à la fin facrifier
fes deux filles à la brutalité de fes inf-mes , plutôt que leur abandonner ces
deux jeunes hommes; parce qu'ils étoient,
difoit-il, venus fous l'ombre de fon toit,
c'eft-à-dire, fous fa protection. (a) Et ces
hôtes de leur part fauverent Loth & fa
famille de l'embrafement de la ville ,
pour récompenfe de fon honnêteté. Une
femme, quoique femme publique, garda
une fi grande fidelité pour fauver les
efpions des Ifraëlites, lefquels elle avoit
logez chez elle, ne les prenant que pour
des étrangers, que même elle leur fauva
la vie, quand elle apprit qu'ils étoient
veritablement des efpions; (b) & elle me-
rita par cette hofpitalité que ceux-là
même qu'elle avoit fauvez, la fauverent
elle-même & tous fes parens, dans le
fac de la ville. Parmi les Payens il n'y

(a) Genef.
XIX. 1. & fe-
quent.

(b) Jof. XI,
1. & fequent.

avoit presque point de vertu si éclatante que l'hospitalité ; elle étoit comme le ciment des amitiez, & il suffisoit qu'un homme eût été logé chez un autre, pour s'en déclarer l'ami toute sa vie, pour prendre son interêt & sa défense en tous lieux, & contre toutes sortes d'ennemis : c'est pour cela que les Grecs appelloient l'hospitalité, l'amour des étrangers : & que les Romains entendoient par le nom d'hôte, le meilleur de tous les amis qu'ils eussent au monde.

Que l'hospitalité s'exerçoit gratuitement.

Et ce qui est à remarquer, est que cette hospitalité s'exerçoit genereusement & gratuitement. C'est sur cette maxime qu'un ancien Poëte fait dire à un pere de famille, que c'est gagner que de dépenser pour recevoir un hôte, & qui est honnête homme ; & que c'est une faveur particuliere du ciel, que d'avoir l'honnêteté de recevoir chez soy un étranger qui passe. *Mangez donc*, dit-il à son hôte, *bûvez & vous réjoüissez, la maison est à vous.* (a) Mais nous le jugeons encore mieux des paroles mêmes de notre Seigneur, qui sont notre veritable regle ; lorsqu'il envoya ses Apôtres prêcher, il leur commanda de ne porter ni or ni argent ; sçachant bien que selon le droit d'hospitalité qui regnoit en

(a) Plaut.
Mil. glor.
Act. III.
sect. 1.

ce temps-là on les logeroit & nourriroit pour rien ; de s'informer touchant celui qui seroit en pouvoir de les loger, & de demeurer chez lui, sans faire d'autre logement que celui-là, jusqu'à ce qu'ils partissent. (a)

(a) Matth. X. 9. 10. 11.

Et comme en effet, c'est dans l'hospitalité que l'on témoigne particulierement la charité, n'y ayant rien de plus digne d'un homme, que de recüeillir un étranger, qui n'a aucune connoissance, aucune ressource ; qui ne sçait où aller ; qui se trouve quelquefois dans la nuit, pendant le mauvais tems : c'est un devoir qui nous est précisément prescrit dans la Loy du Christianisme. *Il faut*, dit S. Paul, *être charitable pour soulager les necessitez des saints ; c'est-à-dire, de nos freres, & prompt à exercer l'hospitalité.* (b) Et il ajoûte en un autre endroit : *Ne negligez pas l'hospitalité : car c'est en la pratiquant, que quelques-uns, sans le sçavoir, ont reçû des Anges chez eux.* (c) C'est aussi ce qu'il demande particulierement d'un Evêque dont toutes les vertus doivent être éclatantes & exemplaires. Il veut qu'il aime & exerce l'hospitalité : (d) Et afin que nous ne croyons pas que ce soit seulement une bienséance que l'Apôtre desire de nous en cela, Jesus-

Quelle est sa très precieuse devoirs en Christianisme.

(b) Rom. XII. 13.

(c) Hebr. XIII. 2.

(d) 1. Tim. III. 1. Tit. I. 8.

Chrift même met au nombre des raifons
qu'il aura de damner les impies, celle
où il leur reproche de ne l'avoir point
logé en la perfonne des étrangers : *J'ai*
été étranger, prononce ce Souverain Juge,
& j'ai eu befoin de logement, & vous ne
m'avez point reçû, ni logé.

Ainfi il ne faut pas douter que l'hofpitalité ne foit un des principaux devoirs
du Chrétien : & quoique les occafions
d'exercer l'hofpitalité ne foient pas fi frequentes, depuis l'établiffement des hôtelleries, qu'elles étoient autrefois, elles
arrivent cependant affez fouvent, pour
nous donner lieu de pratiquer cette charité. Il ne faut pas entendre que l'hofpitalité ne s'exerce, par exemple, qu'envers les pauvres, ou envers des étrangers, qui fe trouvent éloignez de leur
païs, fans connoiffance & fans appuy.
On peut la pratiquer envers des perfonnes de fon païs, de fa connoiffance, envers des riches, enfin envers tous ceux
qui nous vifitent; parce qu'exercer l'hofpitalité, ce n'eft proprement parlant, que
recevoir un hôte. Et c'eft ici où les deux
vertus dont nous traitons, je veux dire,
la charité & l'honnêteté, ont une part
fi égale, que l'on ne peut pas dire laquelle
des deux l'emporte fur l'autre.

Veri

Veritablement il faut outre ces vertus, avoir aussi les moyens de les executer, & c'est ce qui fait qu'il y a differentes sortes d'Hospitaliers. Nous voyons souvent des gens de bonne volonté, mais qui ne passent pas au de-là, parce qu'ils n'en ont pas le pouvoir; & ces gens-là sont dispensez de pratiquer l'hospitalité, ou plutôt ils l'exercent sans la pratiquer. Nous en voyons d'autres qui ont le pouvoir, & qui n'ont pas la vertu; & ceux-là sont les derniers des hommes. Nous en voyons qui ont quelque legere teinture de cette vertu, mais dont le pouvoir est limité ; & qui croyant être exempts de pratiquer cette vertu, pour se voir hors du pouvoir de la pratiquer dans toute son étenduë, ne la pratiquent point du tout; & c'est ce qui fait (si vous y prenez garde) que dans les païs où les vivres sont chers, & où on aime l'argent, on ne connoît presque point l'hospitalité; ou bien on l'exerce de si mauvaise grace, que l'on désoblige en obligeant : & c'est-là un caractere qui est presque pareil au précedent.

Il faudroit donc, pour bien faire avoir au dedans la vertu de l'hospitalité, au dehors les moyens de la mettre en pratique. C'est pourquoi, afin que nous en

S

démêlions mieux les préceptes, suppofons un homme qui a une maifon à la campagne, & que l'on va vifiter. Faifons cet homme accommodé, & en pouvoir de bien recevoir ces hôtes; parce que fur cet exemple il fera aifé d'en regler d'autres, en raifonnant du plus au moins.

Voyons quelle conduite il doit tenir à l'égard de celui qu'il reçoit, & puis nous verrons comment en doit ufer celui qui eft reçû.

Aufli-tôt que l'étranger arrive, le maître de la maifon doit le recevoir avec une grande démonftration d'amitié, puifqu'en effet l'étranger a lui-même l'amitié de le venir vifiter; il doit l'introduire d'abord dans le lieu où il reçoit le monde, & avoir fi bien dreffé fes valets, qu'il y en ait, qui en même tems prennent les chevaux, ou conduifent le carroffe à l'endroit où il doit être; montrent au cocher, ou aux palefreniers le foin, l'avoine & l'endroit où ils doivent coucher.

De la reception d'un hôte.

Le Maître & la Maîtreffe, s'il y a des femmes avec cet étranger, doivent après avoir fait très-fuccinctement les premieres civilitez, conduire eux-mêmes les étrangers à l'appartement qu'ils leur deftinent, lequel doit être préparé de longue-main

& les y laisser aussi-tôt, afin qu'ils soient en liberté, qu'ils se débottent, & qu'ils se délassent.

Et c'est ici où il faut dire une fois pour toutes, le grand point de la bonne réception, qui est de ne contraindre les hôtes en rien du monde; mais de les laisser dans une pleine & entiere liberté, depuis qu'ils entrent jusqu'à ce qu'ils sortent. C'est pourquoi, il ne faut pas les embarasser de soins même obligeans; je veux dire, que comme il ne faut pas les negliger, de peur qu'ils ne crussent qu'on les méprise, ou que l'on est importuné; aussi ne faut-il pas être sans cesse à leurs trousses, ou ne les point quitter de la vûë. Il faut les traiter d'une maniere qu'ils voyent qu'on les regarde comme de la maison, & qu'ils soient persuadez que leurs personnes, ni leur séjour ne sont nullement à charge.

L'appartement qu'on leur donne doit être propre, les lits les meilleurs que l'on peut, sur tout avec des draps blancs & de bonnes couvertures. Il faut qu'il y en ait plutôt plus que moins, parce qu'on les ôte facilement si on en a trop. L'appartement doit, si cela se peut, être disposé d'une maniere qu'il y ait des dépendances pour coucher, ou les Va-

Lui laisser une grande liberté.

L'appartement & les lits doivent être propres, & il faut les y faire soigneusement solliciter.

lets de chambre , ou les Demoifelles &
femmes près de leurs Maîtres & de leurs
Maîtreffes ; & il faut d'abord fi bien
proportionner l'appartement au nombre
des perfonnes , que l'on ne foit point
obligé de déloger l'un , pour loger l'autre ; car cela fe fait toujours de mauvaife grace , fi une grande neceffité n'y
contraint.

Lorfque les étrangers font dans leur
appartement , il faut leur laiffer ou un
laquais , ou un valet , qui les ferve pendant tout le tems qu'ils feront dans la
maifon ; & qui d'abord leur montre les
lieux , leur fiffe du feu , fi c'eft en hy-
ver , aille querir ce qu'ils demandent ,
ou montre à leurs propres gens où font
les chofes. Il y a certaines perfonnes qui
font bon accueil & grande chere , mais
qui cependant s'entendent fi peu à recevoir leur monde , qu'ils laiffent , quoiqu'ils ayent affez de domeftiques , les
hôtes qui viennent fans fuite , tout défo-
rientez & ne fçachant que devenir : &
de cela il arrive fouvent , qu'il faut que
ces étrangers aillent eux-mêmes demander une potée d'eau pour fe laver , &
nettoyent eux-mêmes leurs fouliers.

Si c'eft un tems qui foit éloigné du
dîner , ou du fouper , il faut leur envoyer

du pain & du vin, & quelque petite chofe pour fe rafraîchir en attendant ; & il faut obferver encore dans cet article, de leur envoyer les matins ou un boüillon, ou du vin, fuivant ce que l'on aura appris de quelqu'un des leurs, ou de quelque fuivante ; leur faire faire des remedes, s'il en faut ; leur faire laiffer du vin & de l'eau dans leur chambre pour la nuit, fi c'eft leur maniere : & il faut que tout cela fe faffe fans que le Maître ou la Maîtreffe de la maifon témoignent le fçavoir.

Tous les repas qu'on leur donne doivent être avec le moins de façons que l'on peut, s'ils doivent être quelque tems dans leur vifite : j'entens qu'il faut bien leur donner à manger, mais qu'il ne faut pas que cela ait l'air de feftins ; parce qu'outre que les feftins continuels ennuyent & rebutent, c'eft que ce grand appareil peut être interpreté par l'étranger, comme un honnête congé qu'on lui donne. Autre chofe eft, fi la perfonne qu'on veut regaler eft de haute qualité, à qui nous aurions obligation ; & qui ne feroit que paffer ; alors il faut mettre en un repas ce que fans cela on mettroit en plufieurs : c'eft comme un jour de nôces, qui n'arrive qu'une fois.

Les divertissemens.

La bonne chere n'étant pour rien comptée, si elle n'est accompagnée de divertissement, il est à propos d'empêcher, si cela se peut, que nos hôtes s'ennuyent; & pour cela il faut en premier lieu avoir comme un petit memoire en soy-même de tous les divertissemens que la maison peut fournir selon la saison : tels que seroient la chasse, la pêche, la promenade, les fêtes & les jeux des Païsans, les raretez du voisinage.

Ne jamais tenir les hôtes par force.

Il faut en second lieu sçavoir le tems que les hôtes demeureront dans la maison : & sur cela il est bon de dire qu'il faut le plus honnêtement que l'on peut les prier d'allonger leur séjour; mais qu'il ne faut pas de haute lute les empêcher de partir quand ils le veulent absolument. Il y en a qui enferment les harnois des chevaux, qui mettent leurs hôtes sous la clef. Il y avoit même, à ce qu'on dit, un certain Gentilhomme qui retenant ses hôtes le plus long-tems qu'il pouvoit par plusieurs inventions, s'avisoit à la fin de faire adroitement coucher un dogue dans la chambre des hôtes, aprés avoir pris congé d'eux, comme s'ils devoient partir avant le jour. Ce dogue se couchoit paisiblement dans la chambre, comme s'il avoit été oublié par mégarde ; mais il étoit dreffé d'une maniere, qu'auffi-tôt que l'on vouloit lever la tête hors de deffus le chevet, il fe mettoit à gronder , & menaçoit de devorer le premier qui auroit été affez déterminé pour fortir du lit ; & on laiffoit ainfi ces pauvres gens dans la frayeur & dans le dépit , & c'eft ce qu'il faut abfolument éviter. Ces fortes de zelez qui croyent par ces importunitez donner une grande idée de leur generofité, fe trompent les premiers ; car cela fait un effet tout contraire : on regarde leur maifon comme un honnête coupe-gorge : & jamais on n'eft plus aife que d'en fortir.

Il eft bon en troifiéme lieu , de connoître ou par foy-même, ou par le rapport des gens de la fuite, quelles font les inclinations des perfonnes que l'on veut regaler : les uns aiment la chaffe, les autres les chevaux, les chiens, les oyfeaux : il y en a qui n'aiment que la table , d'autres le jardinage ; les uns les plaifirs, ou les petits foins de l'agriculture, les autres le jeu ; quelques-uns les livres, les peintures , les antiquitez ; quelques-autres fe plaifent aux experiences. *Connoître les inclinations de fes hôtes.*

Il faut fe conformer à ces affections , & les faire dominer dans les divertiffemens que l'on donne ; mais il eft fur *L'ordre qu'il faut garder dans les divertiffemens.*

tout de l'essence de ces plaisirs de les di-
versifier & entrelasser, en sorte que ce
ne soit jamais la même chose. Avec cela
il faut garder les plaisirs du dedans de la
maison pour le tems qu'il pleut, & ceux
du dehors pour le beau tems. Il faut reserver les plus grands divertissemens pour
les derniers jours ; & il faut en tout cela
donner ces divertissemens, comme s'ils
naissoient sous la main, & sans faire
semblant qu'ils fussent étudiez ou pre-
parez.

Un homme qui s'entendoit fort bien à
ces sortes de fêtes, faisoit quelquefois
tirer des billets à une compagnie d'hommes & de femmes. Dans ces billets un
homme étoit le Maître de la maison,
une femme la Maîtresse, l'un le maître-
d'hôtel, l'autre le sommelier, distri-
buant ainsi tous les offices de la maison.
Quelquefois c'étoit un grand Seigneur
qui avoit le soin de l'office, & il étoit
obligé d'aller à la cave, de faire percer
le vin, & les autres de même ; ainsi chacun avoit son occupation : & si on ne
faisoit pas bonne chere, on ne s'en prenoit qu'à soi-même. Le Maître de la
maison n'y avoit point de part, quoique ce fut lui qui eût soin de fournir
largement à tous les Officiers, de quoi
s'acquitter

s'acquitter dignement de leurs charges.

Le même accüeil que l'on fait aux Maîtres, le même se doit faire à proportion aux valets, en faisant pareillement bien nourrir les chevaux; & cela même avec plus de soin, pour ainsi dire, que l'on en useroit à l'égard des Maîtres ; parce que les valets sont d'ordinaire plus difficiles à contenter & plus faciles à mal parler. Ils peuvent, s'ils ont quelque ascendant sur l'esprit de leur Maître, ainsi qu'il arrive souvent, empoisonner toutes les bonnes intentions de l'hôte de la maison, & flétrir tout ce qu'il aura tâché de faire de mieux. Il faut pour leur ôter tout sujet de se plaindre, donner ordre à ses propres valets, d'accompagner & de caresser les autres valets, chacun dans son espece ; les valets-de-chambre avec les valets-de-chambre, les cochers avec les cochers, les laquais avec les laquais.

Faire bien traitter les valets & les chevaux des hôtes.

Comme il faut que le regal & le bon traitement croissent, ainsi que nous avons dit à mesure que le séjour de nos hôtes dure, il faut pareillement que la bonne humeur, la joye & la cordialité du maître de la maison s'augmentent de même : c'est un precepte de charité, & tout ce que nous pourrions avoir fait dans les

Le bon traitement doit être uniforme depuis l'arrivée jusqu'au départ.

T

commencemens de liberal , d'honnête &
de genereux , n'est pour rien compté , si
cela se dément dans la suite ; ou si l'hôte
n'est le même , ou n'est, si cela se peut ,
plus honnête à la fin qu'au commencement. *Exercez*, c'est le Prince des Apôtres qui parle , *entre vous l'hospitalité*

‖ I. P. IV. 9. *sans murmure* ‡ Il faut donc recevoir
ses hôtes de bon cœur , les regaler de
bon cœur , & tout faire au commencement & à la fin du même cœur , afin
qu'ils soient contraints d'avoüer en eux-
mêmes , que la maison où ils ont été ,
est la maison de l'honnêteté & de la
cordialité.

Qu'il faut
rendre son do-
mestique hon-
nête & civil
envers les é-
trangers,

Et afin que cela soit , il faut élever
son domestique d'une maniere qu'ils entrent dans les sentimens de leur Maître.
Il y a des gens , qui pour faire les bons
valets murmurent contre les hôtes , lorsqu'ils sont trop long-tems dans leur visite ; c'est un mal qui doit être ancien ,
puisque ce vieux Poëte que nous avons
déja cité , fait parler un hôte , qui s'en
plaint. *Il n'y a point* , dit-il , *d'hôte que*
l'on ne regarde de mauvais œil dans une
maison où il a été trois jours : Que sera-
ce d'y en être dix ? car même quand le
Maître de la maison ne s'en fâcheroit pas ,
les valets en murmureroient. Il faut sur

tout l'empêcher, & leur faire vouloir
ce que le Maître veut ; il faut, dis-je,
répondre, ainſi que répond à celui-ci,
un galant homme qui mettoit toute
la courtoiſie à bien recevoir un hôte.
*J'ai pris, diſoit-il, des valets pour me
ſervir, & non pas pour me commander, ou
me faire dépendre d'eux. S'ils trouvent
mauvais ce que je trouve bon, tant pis
pour eux ; puiſqu'ils ſont obligez de le
faire malgré qu'ils en aient.* ᵃ Il faut
donner un certain air à toute ſa maiſon,
qui la rende par tout ſi uniforme, que
les étrangers n'y trouvent par tout que
de la courtoiſie.

ᵃ Plaut. Mil.
glor. Act. III.
ſect. 1.

Et une choſe à laquelle il eſt bon de
prendre garde, à l'égard des valets, eſt
de faire paſſer pour loi dans la maiſon,
de ne rien prendre de perſonne, ſous
peine d'être chaſſé ſur l'heure. Il y a des
maiſons où le domeſtique eſt ſi âpre à
demander & recevoir, qu'il n'y a point
d'Hôtellerie qui coûte tant ; & c'eſt ce
qui défigure toute la bonne reception ;
car quoiqu'il y ait des gens d'un ſi bon
naturel, qu'ils s'eſtiment obligez que
l'on prenne quelque choſe d'eux ; neanmoins il eſt plus de l'honnêteté pour le
Maître de la maiſon de ne point ſouffrir
que l'on pille ſes Hôtes : & ſans cela

*Défendre à
ſes valets de
rien prendre
des hôtes.*

même, il arrive souvent que cette liberalité ne tourne point à l'honneur de
celui qui donne. On compare aussi-tôt
les presens qu'il fait avec ceux d'un autre : il ne nous a donné, disent-ils, que
tant ; & un tel qui n'est pas de cette qualité, nous donna bien plus. Une femme sordide comptoit à sa servante tous
les présens que les personnes de sa famille lui faisoient, & grondoit même quand
on ne lui en faisoit point ; parce qu'elle
avoit fait ce marché avec sa servante,
que cela lui seroit déduit sur ses gages.
Un homme genereux au contraire étoit
si chatouilleux sur cet article, qu'outre
une tres-exacte recherche qu'il faisoit
de ces demandeurs & preneurs, pour en
faire exemple, il se taxoit lui-même, &
leur faisoit un régal aux étrennes, pour
les empêcher de rien prendre de qui que
ce fût.

Ne point in-
ter rompre le
cours du do-
mestique.

Pendant le cours du régal, il ne faut
point du tout interrompre, s'il est possible, l'ordre ordinaire de la maison, &
particulierement les heures du coucher,
du lever, de la priere, &c. mais il ne
faut pas y assujettir ses hôtes, s'ils ne le
veulent d'eux-mêmes.

Comment il en

En cas qu'il survint pendant le séjour

de la personne que nous regalons, quelqu'autre étranger que nous soyons obligez de bien traiter, il faut donner un tel ordre à tout, que l'on ne diminuë rien de ce que l'on a commencé de faire à l'égard des premiers ; à moins que le dernier venu ne fût un si grand Seigneur à comparaison de l'autre, qu'il ne permît point de garder les mesures que l'on voudroit bien.

Sur cet exemple, on pourra appréhender qu'une maison qui reçoit si bien son monde, ne soit accablée de visites. Il y a des voisins qui ne sçavent point se divertir eux-mêmes, il faut qu'ils se divertissent aux dépens des autres : & la chose va quelquefois si avant, que ces voisins allant par troupes de maison en maison, s'entre-mangent & se ruinent souvent la bourse, & le plus souvent la santé.

Mais il est aisé de répondre à cette objection, sans faire de préjudice à l'hospitalité. Tenons-nous à notre même exemple, mettons un homme tel que nous l'avons supposé, qui est au large pour le bien, mais un homme fort reglé & honnête homme. Je dis donc, que comme il est non-seülement de l'honnêteté, mais même de la prudence de se

T iij

bien mettre avec son voisinage; la civilité demande que l'on ne refuse point sa
maison à ses voisins; & la necessité où
l'on peut tomber par quelque accident,
ordonne que l'on s'en fasse aimer, afin
qu'ils courent à notre secours. S'il arrive donc plusieurs compagnies l'une sur
l'autre, qui ne fassent que passer, il est de
l'honnêteté de leur presenter, si vous
voulez la collation; mais le Maître de
la maison le peut faire sans collationner
lui-même, s'il ne veut. Où en seroit-il
en effet, s'il falloit tenir tête à tous les
allans & venans? il deviendroit non-
seulement un aubergiste; mais il seroit
même comme en une espece de galere,
sans dire qu'il s'enterreroit tout vif dans
la mangeaille. Il faut dès le commencement faire entendre l'impossibilité où il
est de fournir à ces extraordinaires, &
se faire une loi, dont tous ses amis soient
informez, de ne manger qu'aux repas;
prêt alors, si on veut lui faire l'honneur
de venir à ces heures-là, de leur tenir
compagnie.

Il y a même certaines rencontres pri-
vilegiées, où il faut qu'il convie lui-
même ses voisins; par exemple, lorsque
l'on fait la fête du lieu, en cas que ce
soit ainsi l'usage; lorsque l'on se donne

tour à tour quelque bouquet pour se re-
joüir , & pour entretenir l'amitié , il ne
faut point que notre honnête homme recule en toutes ces occasions , ni en de
semblables.

Enfin , si parmi un bon nombre de personnes qui le viennent voir , il y en a
quelques-unes qui ne se rendent recom-
mandables que par leur importunité ,
il faut les souffrir en patience. Qu'importe , puisque l'on doit faire penitence,
de la faire de cette façon-là , ou d'une
autre ! Ce n'est pas que la maniere de vivre du Maître de la maison ne suffise seule
pour les étrangers: chacun, comme on
dit , aime son semblable ; & dés que le
bruit est bien établi , qu'un homme employe son tems à des choses serieuses ,
qu'il mene une vie reglée & temperée ,
il a beau recevoir bien son monde , ces
sortes d'inutiles le fuyent toujours ; ils
s'imaginent que d'aller trop familierement chez lui , c'est s'aller bruler à la
chandelle. Voilà pour celui qui reçoit :
parlons maintenant de celui qui est reçû.

La personne qui va visiter cet honnête
homme , est ou familier avec lui , &
alors il est comme dans sa propre maison,
ou il n'a pas avec lui cette grande familiarité : posons le cas même , qu'il lui

De celui qui est reçû.

T iiij

soit un peu inferieur, un tel homme ou a
de l'esprit ou il n'en a pas.

Hôte imper-
tun.
S'il n'en a pas, ou qu'il l'ait mal tourné & mal élevé, il sera extrémement
importun ; parce qu'un homme de cette
trempe ne s'aide point du tout ; parce
qu'il vetille sur tout ; qu'il prend garde
à tout, & que même il s'offense de tout:
il faut le divertir : il faut le faire manger : il faut le faire marcher, ou pour
mieux dire, il faut le porter sur les
épaules ; & alors on benit Dieu d'être délivré de cette playe, quand il s'en va.

Hôte agreable.
Si au contraire il a de l'esprit, il s'occupe lui - même : il considere que le
Maître de la maison n'est pas comme lui
à la campagne seulement pour se divertir, mais pour travailler à ses affaires &
donner ses ordres : il va & vient de lui-
même sans importuner : il n'interrompt
point le cours de la famille : il se fait à
sa maniere & à ses heures : il demande à
s'occuper & un emploi, pour partager
le soin du Maître : il trouve tout bon:
il paroît charmé de l'honnêteté de toute
la maison : il la remplit lui-même de
joye ; & quand il y est un mois, on ne
croit pas qu'il y ait été une heure ; enfin on le pleure, pour ainsi dire, quand
il part.

Il considere lorsqu'il va visiter son ami,
si c'est pour quelque affaire, ou si c'est
seulement par amitié. Si c'est pour affaires, il les prend pour la regle de son
séjour, & part aussi - tôt qu'elles sont
faites, si on ne le retient avec empressement. Si c'est par pure amitié, il se regle pour son séjour sur la conjoncture:
car si au tems qui .fait sa visite, la maison avoit quelque grande occupation,
l'honnêteté veut qu'il la fasse courte.
Si pendant qu'il est là, il arrive quelqu'autre personne, & particulierement
quelque plus grand train ou plus grand
Seigneur; alors la civilité veut encore
qu'il quitte la place & qu'il parte. Enfin, s'il se rencontre en un tems où il lui
soit libre de demeurer, ou de partir, il
doit plutôt partir que demeurer, s'il a
déja fait quelque séjour raisonnable; par
ce qu'il est de la prudence de ne point
attendre que l'on soit rassasié de sa personne. En effet, comme il est du devoir
du Maître de la maison de faire tout ce
qu'il peut pour témoigner à son hôte
qu'il ne se tient point importuné de sa
visite: l'hôte doit faire de son côté tout
ce qu'il peut pour n'être point importuné
& le secret pour cela est de prévenir plutôt, que d'être prévenu.

Gratifier le Domeſtique en partant. Lorſque l'Hôte part, il doit gratifier de quelque petit preſent le domeſtique, ou du moins les perſonnes qui ont eu ſoin de lui, & il eſt de l'honnêteté, en cas que l'on eût fait avant que de partir quelque chaſſe pour lui dire adieu, & qu'on lui en donnât le gibier à emporter, de ne le point accepter, quand même il l'auroit tué, ou que ſes chiens l'auroient pris, à moins qne l'on uſât d'un peu de violence pour cela ; & en ce cas-là il faut qu'il faſſe quelque liberalité au Chaſſeur & au Tireur.

CHAPITRE XXIV.

Des Dons.

Pourquoi on fait des preſens. L'Uſage s'étant établi de tout tems, de faire quelque preſent à ſes hôtes dans le tems qu'ils partent, & cela même ſe pratiquant encore en pluſieurs païs, & particulierement ſi les Maitres de la maiſon ſont d'une qualité élevée, il ne ſera pas, ce me ſemble, hors de propos de parler de ces preſens ; puiſqu'ils ſont une dépendance de la bonne reception, & que la civilité demande abſolument que l'on y obſerve certaines regles, ſi on veut qu'ils produiſent l'effet que l'on s'en promet.

Cet effet eſt de perſuader celui à qui on donne, de l'amitié de celui qui donne, & de gagner en même - tems l'amitié de celui qui reçoit. Pour produire ce double effet, il faut que le préſent ſoit obligeant, & que celui qui le reçoit ſoit ſenſible à la gratitude; parce que s'il eſt obligeant il donne bonne opinion de l'amitié de celui qui l'offre; & que ſi celui qui le reçoit a l'ame reconnoiſſante, ce témoignage d'amitié produit auſſitôt dans lui-même cette même amitié. C'eſt un principe naturel: l'amitié que l'on compare ordinairement à un feu, a la même qualité que le feu; elle engendre naturellement l'amitié, comme le feu le feu.

Or pour rendre un don obligeant, il n'eſt pas toujours queſtion qu'il ſoit de grande valeur; il ne faut ſeulement que de la bonne intention de la part de celui qui le fait, elle couvre tous les défauts; car comme les défauts dans un preſent offenſent celui à qui on l'offre,& que ſes bonnes qualitez, quelques précieuſes qu'elles ſoient, ne le ſatisfont point, s'il y paroît de la mauvaiſe intention, la bonne intention au contraire fait regarder les moindres qualitez d'un preſent comme tres-précieuſes; &

Ce qui rend un preſent obligeant.

ſes défauts, comme choſes non apper-
çûës: je veux dire, pour tout comprendre en un mot, qu'il ne faut point qu'il
paroiſſe la moindre marque de mauvaiſe volonté dans le preſent. Et quand
nous parlons de la mauvaiſe volonté,
nous entendons parler de la répugnance
ou d'un certain air qui nous fait dire
que l'on fait les choſes de mauvaiſe grace. C'eſt ce que l'Ecriture déſigne, quand
elle dit, que Dieu aime celui qui donne
avec joye. (*a*)

(*a*) II. Cor.
IX. 1.
*Ce qui rend
un préſent dé-
ſobligeant.*

La mauvaiſe volonté paroît dans des
choſes viſiblement déſobligeantes; c'eſt-
à-dire, qui ſont mal conditionnées; qui
ont des défauts viſibles; ou qui ſont ac-
compagnées de certaines mauvaiſes cir-
conſtances qui ſautent aux yeux. Il vaut
mieux ne faire aucun preſent, que d'en
faire qui déſoblige; parce que les injures qui ſe font de gayeté de cœur ſont
bien plus atroces & bien plus cuiſantes,
que celles qui partent de quelque cauſe,
ou de quelque prétexte.

Quelle obligation croyez-vous que
nous ait un homme, quand il voit que
nous nous regardons ſeuls nous-mêmes
dans le préſent que nous lui faiſons; ou
que notre préſent eſt un leurre, pour
l'attirer à nous en faire un plus conſide-
rable?

On ne se croit pas non plus obligé, lorsque la personne qui nous fait ce present est comme forcée de le faire, & qu'elle doit donner ce qu'elle donne; de peur, par exemple, que cela ne se gâte, & ne se perde, ou enfin, parce qu'elle n'en sçait que faire.

De même en est-il lorsque la chose que l'on donne n'est d'aucun usage à celui qui donne, & moins encore à celui qui reçoit. Comme ce seroit si un Gentil-homme donnoit une robe de Palais à un homme qui partiroit en poste pour les Païs étrangers.

Lorsque la chose est tout-à-fait disproportionnée en valeur à la qualité de celui qui donne, ou de celui qui reçoit; comme, par exemple, si un Prince ne donnoit à un Gentil-homme qui lui viendroit apporter une bonne nouvelle, que la même chose qu'il donneroit à un Trompete.

Lorsque la chose a des défauts qui la rendent inutile, comme si on donnoit un cheval borgne ou épaulé, poussif, aveugle, lunatique.

Lorsqu'on estropie le present, comme si on donne ce cheval, & qu'on en ôte la selle ou la bride : si on ôte une bonne selle, pour en donner une mauvaise,

Toutes ces sortes de presens sont déso-
bligeans, offensent celui qui les reçoit, &
tournent au deshonneur de celui qui les
fait ; & même on désoblige sans faire
aucun present, lorsque l'on promet quelque chose , & que l'on ne tient point
parole , & particulierement quand cette
promesse se fait sans que personne vous
oblige de la faire : j'entens en cas que la
promesse se puisse executer. Ce manque-
ment de parole est interpreté comme un
mépris ou une dérision , & par conséquent il est tres-sensible.

*Quelle con-
duite doit te-
nir celui qui
reçoit un pré-
sent.*

*Bannir toute
avidité pour
les presens.*

A l'égard de celui qui reçoit , voici ce
qu'il doit observer, pour ne se point
éloigner des regles de l'honnêteté. En
premier lieu, il faut qu'il bannisse de lui
tout naturel ou toute inclination , qui
le porteroit à aimer & à rechercher des
presens ; c'est un naturel bas & indigne
d'un honnête homme. Il y en a qui directement ou indirectement ne pensent
qu'à cela ; qui font joüer cent ressorts ;
qui n'ont à la bouche que des recits de
presens , de liberalitez ; que les loüanges
de personnes genereuses & magnifiques,
qui étalent le grand credit qu'ils ont, les
grands services qu'ils peuvent rendre ,
ou les maux qu'ils peuvent faire ; le tout
en vûë d'attraper & excroquer le present.

Notre honnête homme doit détefter toutes ces fortes de filouteries, & fe tenir autant fur fes gardes contre le prefent, qu'une honnête femme contre les pieges que l'on tendroit à fon honneur.

C'eft pourquoi, non feulement il ne doit point parler le même langage que ces joüeurs de Gibeciere, dont nous venons de faire l'ébauche; mais il ne doit pas même affecter de trop loüer, ou de trop curieufement regarder certaines chofes, de peur que l'on ne crût qu'il les couche en joüe. Je dis ceci, parce qu'il y a des Seigneurs, qui ayant bonne intention de regaler leurs hôtes, tâchent de découvrir ce qu'ils affectionnent davantage. Ils les menent dans leur écurie, pour voir s'il y a quelque cheval qui leur plaife; ils leur font voir leur cabinet des armes, des raretez, des peintures, pour tâter ce qui eft le plus à leur gout: & quand les hôtes font prêts à partir ils le leur envoient. Notre honnête homme doit fe défier de toutes ces embûches, & loüer fi generalement les chofes, que jamais la vûë de fon interêt particulier n'y ait de part.

Que fi on le preffe de prendre un prefent, & que fon choix doive agir, il doit prendre des chofes qui regardent plutôt l'amitié que l'interêt. Par exemple, s'il y a deux portraits de la personne, dont l'un soit en petit dans une boëte de diamans, & l'autre en grand sur de la toile, il doit plutôt prendre celui-ci que l'autre.

De qui on doit prendre des presens. On ne doit prendre, à l'exception de ce qui se boit ou se mange, que de personnes beaucoup élevées au dessus de ce que l'on est, & encore ne doit-on rien accepter de ce grand Seigneur, lorsque cela paroît être une retribution pour quelque service rendu, à moins que l'on ne soit aux gages de cette personne-là. Mais aussi lorsque rien n'empêche de recevoir, il faut recevoir honnêtement, parce que la volonté de cette personne est à notre égard une espece de commandement, auquel il est d'une incivilité arrogante d'y repugner.

A l'égard des personnes égales, ou peu au dessus, ou au dessous, il ne faut accepter que des choses de tres-peu de valeur, & qui servent seulement pour des marques de souvenir, & encore faut-il regarder si la personne qui nous fait ce present n'a point quelque service ou office à attendre de nous, comme seroit un plaideur à l'égard d'un Juge; car alors il ne faut rien recevoir du tout, non pa

mêmes

même ce qui se mange; parce que ce n'est plus un commerce d'amitié, c'est un contrat d'achat & de vente. La raison est, que plus un homme est honnête homme, plus il a de gratitude, & que cette gratitude à laquelle il est sensible, peut éblouir son esprit, & y faire gauchir la Justice.

Supposé donc qu'aucune circonstance ne repugne à nous faire accepter un present d'amitié; il ne faut point après l'avoir reçû, l'éplucher, l'examiner, le peser, l'estimer, le comparer à d'autres; il ne faut point témoigner de mortification de son peu de valeur, ni en murmurer en aucune maniere: tout cela est d'un esprit étroit, & ne sent nullement l'honnête homme. Il faut recevoir le present tel qu'il est avec de grandes démonstrations de joye & de reconnoissance.

Ce qu'il faut faire après avoir reçû un present.

Et par-là on entend qu'il ne faut pas non plus être soupçonneux; je veux dire, qu'il ne faut pas donner de mauvaises interprétations à l'intention de celui qui fait le present. Il y en a, en effet, qui par un motif de malice, font quelquefois des présens qui ont relation à la conjoncture des choses, & qui, pris à la rigueur, offensent, s'il faut dire ainsi, en obligeant; comme si on donnoit une paire d'epe-

V

rons, fuſſent-ils d'or maſſif à un Officier de guerre, qui auroit en quelque
rencontre lâché le pied devant l'ennemi.
Il eſt aiſé de voir que l'éperon fait allu-
ſion à la fuite; neanmoins il eſt de l'honnêteté de n'en rien témoigner ; parce
qu'outre que de diſſimuler l'injure en
quelque occaſion que ce puiſſe être, c'eſt
avoir l'ame grande ; c'eſt que de ne la
point relever en cette rencontre, on
mortifie ſenſiblement celui qui l'a fait,
& par ce moyen on fait tomber ſur lui
le chagrin qu'il préparoit aux autres. Il
faut ici affecter une ſpirituelle ſtupidité
pour ſe tenir dans les regles.

Qu'il faut être extrêmement reconnoiſſant.

Au reſte, la preuve la plus infaillible
de l'honnêteté d'un galant homme à l'é-
gard des preſens & des faveurs qu'il reçoit, eſt que l'on remarque en lui de
grands ſentimens de reconnoiſſance. Cette gratitude ne doit pas ſe borner ſeulement à de ſimples remerciemens, mais elle
doit paſſer aux effets, ſelon l'étenduë du
pouvoir d'un chacun. Si on reçoit un
preſent, il faut tâcher de le rendre, ſinon
de la même valeur, à tout le moins avec
quelque petite choſe qui récompenſe ſon
bas prix par ſa gentilleſſe & ſa galanterie. Si on reçoit un repas, il faut le rendre, ſi on le peut, & ainſi du reſte : met-

tant toujours la bonne volonté à la place du pouvoir, quand celui-ci manque. Enfin, il faut que la reconnoissance distingue l'honnête homme d'avec les excrocs & les parasites.

CHAPITRE XXV.

Ce qu'il faut observer en écrivant des Lettres, & des préceptes pour apprendre à les écrire.

LEs mêmes précautions que l'on observe pour la politesse de l'action & du discours, se doivent observer dans les lettres que l'on écrit, qui sont le discours des absens ; c'est pourquoy il faut se servir des mêmes expressions d'amitié, d'honnêteté, de respect, en écrivant, que nous sommes obligez d'observer en parlant, pour être dans les regles de la bienseance.

Pourquoy les lettres doivent être civiles.

Il est à remarquer pour la ceremonie de l'écriture, d'inferieur à superiieur, qu'il est plus respectueux de se servir de grand papier que de petit ; & que le papier sur lequel on écrit, doit être double & non en simple demi-feüille, quand on n'écriroit à la premiere page que six lignes ; à moins que ce ne fût, ou un

De papier & de la forme de la lettre.

simple compliment en peu de paroles ;
ou un billet que l'on écrivît seulement
pour faire reſſouvenir de quelque choſe
dont on auroit déja écrit : car alors on
peut prendre du petit papier, pour éviter
la façon mais il faut que ce petit papier
ſoit double, auſſi-bien que le ſeroit une
feüille.

Qu'aprés le *Monſeigneur*, ou le *Mon-*
ſieur que l'on met au commencement
d'une lettre, & tout au long ſans abreviation, comme ſeroit *Monſ.* ou *Mgr.*
on laiſſe beaucoup de blanc avant que
d'écrire le corps de la lettre, different-
ment pourtant, ſelon la qualité des perſonnes, & plutôt plus que moins.

Il faut prendre garde que le premier
mot du corps de la lettre ne puiſſe pas
faire de liaiſon, ou avoir conſtruction
avec celui de *Monſieur*, ou de *Monſei-*
gneur, qui eſt à la tête. Comme, par
exemple, ſi aprés *Monſieur*, on venoit
à commencer la lettre par ces mots : *vô-*
tre laquais m'eſt venu &c.

Que dans le corps de la lettre, toute
les fois que l'on eſt obligé de repeter
Monſieur, ou *Monſeigneur*, lequel on
doit repeter par reſpect de tems en tems,
& particulierement quand le diſcours
s'adreſſe directement à la perſonne quali-

fiée, il se doit aussi écrire tout du long, & non pas par abreviation. Par exemple: *Ainsi vous voyez*, *Monsieur*, ou *Monseigneur*, & non pas *Monf.* ou *Mgr. combien le bon sens est rare.*

Sur quoy il faut observer de ne le pas repeter deux fois dans une même periode, de ne le pas mettre après le mot de moy, ou d'une personne inferieure, comme, *c'est de moy*, *Monseigneur* : *c'est de mon pere*, *Monsieur*, *dont vous devez attendre*, &c.

Lorsque l'on écrit à une personne à qui on peut donner un Titre, comme d'Excellence, d'Altesse, &c. non-seulement il ne faut point l'obmettre, mais il faut le plus qu'il est possible, s'en servir ; c'est-à-dire, quand on peut l'employer naturellement & sans le tirer de loin : car autrement il faut mettre *vous*. Lors donc que le sens le peut souffrir, il faut mettre le Titre, & tourner la phrase à la troisiéme personne : comme *votre Excellence sçait* ; *elle a entendu* ; *elle me pardonnera*, &c. Il faut observer aussi, qu'il faut écrire cette qualité tout du long, au moins la premiere fois que l'on a sujet de la mettre dans chaque page, aprés on pourra continuer par abreviation, comme aprés avoir dit, *Votre Ex-*

cellence, on dira *V. E. Votre Alteſſe :
V. A. Votre Alteſſe Royale , V. A. R. Votre Majeſté , V. M. &c.*

On met *Votre Excellence* pour un Ambaſſadeur : *Votre Alteſſe* pour un Prince ou une Princeſſe : *Votre Alteſſe Royalle* pour un Fils ou une Fille du Roy: *Votre Majeſté* pour un Roy , ou une Reine. A l'égard des Eccleſiaſtiques , on met *Votre Reverence* pour des Abbez ou Chefs d'Ordres : *Votre Grandeur* pour un Evêque & Archevêque : *Votre Eminence* pour un Cardinal : *Votre Sainteté* pour le Pape.

A la fin de la lettre , pour marquer ſa ſoumiſſion , ſi c'eſt une perſonne ſimplement au deſſus de nous , on met *Monſieur* , & ce *Monſieur* doit être au commencement de la ligne dans le milieu du blanc du papier qui reſte entre la fin de la lettre , & ces paroles , *Votre tres-humble & tres - obeiſſant ſerviteur* , qui ſe doivent mettre tout au bas du papier , à côté droit : *Monſieur , mon tres - honoré pere , votre tres - humble & tres-obéiſſant fils.*

Après cela on peut faire les civilitez que l'on veut à d'autres perſonnes : mais il faut bien ſe garder de le faire quand on écrit à des perſonnes élevées au deſſus

Des baiſe-mains.

de nous, ni adreſſer ſes baiſe-mains ou recommandations à des perſonnes qui nous ſont beaucoup ſuperieures : car c'eſt une tres-grande incongruité.

Entre amis ou perſonnes égales & familieres, cela eſt permis, & cela ſe fait ordinairement ainſi : *Vous me permettrez, s'il vous plaît, Monſieur, d'aſſûrer Monſieur tel, & Madame telle, de mes tres-humbles ſervices ou reſpects. Vous agréerez que je faſſe mes tres-humbles baiſe-mains à Monſieur, & à Madame, &c.*

Que ſi c'eſt un Prince ou une perſonne éminente en Dignité, on met *Monſeigneur*, & on le met le plus bas que l'on peut : puis de ſuite, mais un peu plus bas, *de Votre Alteſſe*, ou *de Votre Excellence* ; & après, comme nous avons dit, tout au bas de la page, *le tres-humble & tres-obéiſſant ſerviteur. SIRE, de Votre Majeſté, le tres-humble, tres-obéiſſant & tres-fidele ſujet.*

Que ſi l'écriture ou la matiere de la lettre devoit finir trop bas, il faut la ménager en ſorte que l'on en puiſſe garder deux lignes pour finir à la page ſuivante, mais il ne faut pas en avoir moins de deux. C'eſt pourquoi s'il ſe rencontre, par exemple, qu'une feüille de papier ſoit écrite de tous côtez, & finiſſe au bas

De la feüille volante.

de la derniere page ; la bienféance ne voulant pas qu'on la mette ainfi cruëment dans l'enveloppe , il faudra couvrir cette derniere page d'une demi-feuille de papier blanc volante , qui fe joigne & s'engage par une petite marge à la feuille écrite.

Qu'il faut dans une lettre confiderer le flile, la manticre & la perfonne.

On n'a point d'autres termes que ceux avec lefquels nous venons de marquer, que l'on finiffoit les lettres , pour exprimer fon refpect : les autres regardent l'amitié , la reconnoiffance , la familiarité.

Et il eft tellement de la bienféance , de ne point confondre les termes de refpect avec ceux-ci , qu'il n'y a rien qui foit fi difforme que de les voir confondus; & d'autant plus que les fautes des lettres font bien plus d'impreffion que celles du difcours , parce qu'on ne peut redreffer celles-cy fur le champ.

C'eft pourquoi il faut toujours obferver l'égalité du ftile ; & fi c'eft une lettre ferieufe , prendre garde de n'y jamais couler de termes , d'impreffions , ni de penfées familieres & préfomptueufes , comme font quelques-uns qui ne fe poffedent pas affez , & qui après la premiere periode d'un ftile grave , s'étourdiffent & croyent dire merveilles , en faifant

fant de petites pointes d'efprit , & exprimant en termes enjouez & figurez , qui ne feroient propres que pour le familier , le galant & le burlefque , ce qui doit être dit en termes fimples , humbles & circonfpects.

Pour le comprendre mieux , il eft bon de fçavoir que la veritable éloquence confifte principalement dans le rapport du ftile à la matiere & aux perfonnes ; & que pour cet effet il faut premierement bien difcerner les ftiles ; en fecond lieu , obferver la qualité des perfonnes ; & en troifiéme lieu , prendre garde à celle de la matiere , qui avec la perfonne eft la regle des ftiles.

Il eft vrai que l'on n'auroit pas eu befoin d'autres préceptes , ni d'autres regles pour le difcours , que d'être fincere & veritable ; la verité feule étant d'une force merveilleufe pour tourner l'efprit où elle veut. Mais depuis que la malice & l'interêt fe font emparez de l'efprit de l'homme , les uns fubftituent le menfonge à la place de la verité , pour abufer de la créance de ceux avec qui ils agiffent , felon leurs differentes vûës ; & les autres par l'experience trop établie qu'ils ont de la duplicité de l'efprit de l'homme , craignant d'être trompez , fe

roidiſſent ſouvent par cette crainte, auſſi
bien contre la verité, que contre le menſonge. Ainſi on a été obligé de faire un
art de bien parler, qui eſt l'éloquence ;
afin que comme auparavant l'eſprit donnoit de lui-même entrée à la verité ſans
le ſecours de l'art, par la confiance mu-
tuelle qui regnoit parmi les hommes, cet
art pût vaincre auſſi la répugnance que
le ſoupçon avoit introduite dans l'eſprit
pour la verité. Ce qu'il fait en diſant nettement la verité, & d'une maniere agréable & animée, qui non ſeulement inſtrui-
ſe, mais touche & perſuade.

Or pour y parvenir, il y a deux moïens.
Le premier eſt de rendre intelligible cette verité: ce qui ſe fait par la netteté du
ſtile, en exprimant les choſes naturellement & par des termes propres, juſtes
& clairs: & non ſeulement propres à
faire entendre les penſées, mais auſſi à
les ſoutenir ; enſorte que l'on exprime
avec des termes ſimples, ce qui eſt ſimple de ſoi ; avec des expreſſions figurées,
ce qui doit être figuré ; avec des expreſſions graves & majeſtueuſes, ce qui eſt
de ſoi grave & majeſtueux ; & avec des
termes élevez, grands & pompeux, ce
qui eſt de ſoi grand & magnifique. Et
c'eſt-là la diverſité des ſtiles, & la bien-

seance que l'on doit observer à l'égard
de la matiere.

Le second moyen est, en exposant la
verité, d'empêcher qu'elle ne soit combattuë & détruite par des raisons étrange-
res. Pour cet effet, il faut dissiper la repugnance & la défiance que celui ou ceux
à qui on l'expose pourroient avoir, que
ce ne fut pas la verité : ce qui se fait en
observant qu'il n'y ait rien de choquant
dans ce que nous disons & écrivons ? car
la moindre chose rebute & fait naître de
l'aversion, ou du moins du scrupule dans
l'esprit de celui avec qui nous agissons ;
& ce scrupule fait qu'il resiste à la verité.
Pour l'éviter, il faut que celui qui parle
ou écrit, s'insinuë lui-même dans l'esprit, & gagne l'amitié de celui à qui il
parle, ou écrit.

Il y réussira, si outre le soin qu'il ap-
portera de conformer, comme nous
avons dit, son stile (a) à la matiere, il
le conforme aussi à la personne, en rendant du respect à celui à qui il parle,
s'il lui en doit ; étant modeste & humble
s'il le faut ; familier & carressant s'il
le doit être, en faisant paroître de la
confiance & de l'estime pour la personne à qui on écrit ; & en ne donnant aucune marque de passion vicieuse dans

(a) Quand
un discours
naturel peint
une passion,
ou un effet,
on trouve
dans soy-mê-
me la verité
de ce qu'on
entend on le
sent porté à
aimer celui
qui nous le
fait sentir ;

X ij

çe qu'il écrit ; enforte que s'il en paroît on voye qu'elle naît de la matiere,
& non pas de la perſonne.

car il ne nous fait pas montre de ſon bien, mais du notre : & ainſi ce bienfait nous le rend aimable. Outre que cette Communauté d'intelligence que nous avons avec lui, incline neceſſairement le cœur à l'aimer. *Penſées de M. Paſchal, Chap. 31.*

b La vraye Rhetorique doit imprimer une idée aimable de celui qui parle, & le faire paſſer pour honnête homme : *Education d'un Pr. II. P. § 37*

Autrement celui qui parle non ſeulement n'inſinuëra pas la vérité ; mais il ne
pourra point détruire les répugnances
dont elle pourroit être combattuë : au lieu
que s'inſinuant lui-même dans l'eſprit
de celui à qui il parle, par les moyens
que nous venons de marquer, il s'en
rend le maître, & le ferme à toutes les
contradictions qui pourroient s'oppoſer
à lui ; donnant poids à ce qu'il dit pour
les prévenir, en ſe les objectant lui-même, & y répondant, ou autoriſant même ſon ſilence, s'il n'en parle pas, comme il eſt de l'art de les taire, quand elles
ſont ſi groſſieres & ſi déraiſonnables,
que ce ſeroit avoir mauvaiſe opinion de
celui à qui on parle, que de témoigner
qu'on le croit capable de s'y laiſſer ſurprendre : & c'eſt en quoy conſiſte la
bienſeance à l'égard des perſonnes.

Pour les ſtiles, il y en a de pluſieurs

eſpeces. La premiere eſt , le ſtile ſimple. La ſeconde , le ſtile figuré. La troiſiéme , le ſtile grave. La quatriéme , le ſtile ſublime.

Combi en il a de ſortes de ſtiles.

Le ſtile ſimple & naturel eſt une maniere de parler ingenuë & familiere , mais qui pourtant eſt noble dans cette familiarité ; & qui ayant la netteté pour qualité eſſentielle , exige ſur toutes choſes , d'entendre , de conſtruire , d'employer & de placer les mots ſelon leur ſignification propre & naturelle, & les veritables regles qu'ils ont naturellement & que leur donne l'uſage reçû parmi les honnêtes gens. C'eſt cet air naturel, *C'eſt cette ſimplicité , facile , élégante & délicate.* (a) Nous pouvons en rapporter pour exemple les paroles ſuivantes de notre Seigneur.

Stile ſimple.

(a) Educ d'un Pr. II. § 39.

Il y avoit un homme riche , qui étoit vêtu de pourpre & de lin , & qui ſe traitoit magnifiquement tous les jours. Il y avoit auſſi un pauvre nommé Lazare , couché à ſa porte , tout couvert d'ulceres , qui eût bien voulu ſe pouvoir raſſaſier des miettes qui tomboient de la table du riche , mais perſonne ne lui en donnoit; & même les chiens venoient lecher ſes ulceres. Or il arriva que ce pauvre mourut , & fut emporté par les Anges dans le ſein d'Abraham , le riche

Exemp'e du ſtile ſimple

X iij

mourut auffi, & fut enfeveli dans l'enfer.
Et lorfqu'il étoit dans les tourmens, il leva
les yeux en haut, & vit de loin Abraham,
& Lazare dans fon fein : & s'écriant, il
dit ces paroles : Pere Abraham, ayez pitié
de moy, & envoyez-moi Lazare, afin
qu'il trempe dans l'eau le bout de fon doigt,
& qu'il me rafraîchiffe la langue, parce
que je fouffre d'extrêmes tourmens dans
cette flâme. Mais Abraham lui répondit :
Mon fils, fouvenez-vous que vous avez
reçû vos biens dans votre vie, & que Lazare n'y a eu que des maux : c'eft pourquoi
il eft maintenant dans la confolation & la
joye, & vous êtes dans les tourmens, &c.(a)

(a) S. Luc, chap. 16. V. 19.

On peut obferver dans cet exemple,
que tous les termes y font naturels, purs
& clairs, fans figures ni ornemens étudiez, & les periodes courtes; ce qui eft
encore une qualité finguliere de ce ftile.

Auffi eft-il non feulement eftimé à
caufe de cette fimplicité & de cette clar-
té, qui eft la principale partie de l'éloquence; mais il eft encore le fondement
de tous les autres ftiles, parce que fa pureté doit être commune à tous les autres.(b)

(b) Prima eft eloquentiæ virtus, perfpicuitas. Quintil. Contraire du ftile fim-ple.

Il a pour oppofé dans fon efpece le ftile
plat & bas, lequel eft compofé de penfées & d'expreffions baffes, qui laiffent
l'idée d'un efprit rampant & vulgaire :

& qui même est souvent mêlé de termes impropres & de barbarismes ; comme, *Vous m'avez, M. fort officié*, pour dire, vous m'avez fait un grand office : & ceux-ci. *Il allit, il parta, j'allions, &c.* Et le patois des Provinces, qui sont un François corrompu de leur plus belle éloquence, un verbe actif d'un neutre ; comme, *J'ai tombé mon gant, sortez ce cheval de l'écurie, &c.* mettent un auxiliaire pour un autre, & font masculin ce qui est feminin. Et comme ces stiles informes choquent directement la pureté, il s'ensuit aussi qu'ils sont pareillement opposez aux autres stiles, qui doivent être naturellement purs.

La seconde espece, est le stile figuré, qui sortant des termes simples, se sert d'expressions allegoriques, & represente une chose par une autre qui y a rapport. *Stile figuré.*

Quand ces figures se prennent de sujet serieux, & que leur rapport est juste & naturel, ce stile est serieux, comme dans ce qui suit.

L'amour propre est le plus grand de tous les flateurs. Quelques découvertes que l'on ait faites dans les pays de cet amour, il y reste bien encore des terres inconnuës. Il est plus habile que le plus habile homme du monde. Il semble même qu'il soit la duppe *Exemple du stile figuré.*

X iiij

de la bonté, & qu'il s'oublie lui-même lors que nous travaillons pour l'avantage des autres ; cependant c'est prendre le chemin le plus assuré pour arriver à ses fins : c'est prêter à usure sous prétexte de donner ; c'est enfin s'acquerir tout le monde par une magie subtile & délicate, &c. (a)

(a) Reflexions morales. 2, 3, 4. 236.

Les mots sont là presque tous hors de leur signification naturelle, & les expressions sont des metaphores & des comparaisons continuelles.

Mais lorsque les figures se prennent de choses plaisantes, que l'on substitue à la place de celles que l'on veut exprimer, & quand le rapport qu'elles y ont est éloigné, ou si même quelquefois elles n'y ont aucun rapport feint, ce stile est un stile enjoué & plaisant, qui consiste en hyperboles ou exagerations supposées, en allusions plaisantes, en analogies disproportionnées, pour ainsi dire, en contre-veritez & passions contrefaites, en comparaisons & imitations irregulieres, antitheses agréables, &c. Comme, par exemple, dans la lettre suivante de M. de Voiture à une Demoiselle, à qui il envoyoit des Lions de cire.

Lettre XII. *Mademoiselle, ce Lion ayant été contraint pour quelques raisons d'Etat de sortir de Libie avec toute sa famille, & quel-*

ques-uns de ses amis, j'ai crû qu'il n'y
avoit point de lieu au monde où il se pût retirer si dignement qu'auprès de vous, &
que son malheur lui sera heureux en quelque sorte, s'il lui donne occasion de connoître une si rare personne. Il vient en droite
ligne d'un Lion illustre, qui commandoit il
y a trois cent ans sur la montagne de Cau-
case : & de l'un des petits-fils duquel on
tient ici qu'étoit descendu votre bisayeul,
celui qui le premier des Lions d'Afrique
passa en Europe. L'honneur qu'il a de vous
appartenir, me fait esperer que vous le re-
cevrez avec plus de douceur & de pitié que
vous n'avez coûtume d'en avoir, & je crois
que vous ne trouverez pas indigne de vous
d'être le refuge des lions affligez. Cela aug-
mentera votre reputation dans toute la Bar-
barie, où vous êtes déja estimée plus que tout
ce qui est dilà la mer, & où il ne se passe
jour que je n'entende louer quelqu'une de
vos actions. Si vous leur voulez apprendre
l'invention de se cacher sous une forme humaine, vous leur ferez une faveur signalée,
car par ce moyen ils pourroient faire beaucoup plus de mal & plus impunément: mais
si c'est un secret que vous vouliez reserver
pour vous seule, vous leur ferez toujours assez de bien de leur donner place auprès de
vous, & de les assister de vos conseils. Je

vous affure, Mademoifelle, qu'ils font efti-
mez les plus cruels & les plus fauvages de
tout le pays, & j'efpere que vous en aurez
toute forte de contentement. Il y a avec eux
quelque Lionceaux, qui pour leur jeuneffe
n'ont encore pû étrangler que des enfans &
des moutons; mais je crois qu'avec le temps
ils feront gens de bien, & qu'ils pourront
atteindre la vertu de leurs peres. Au moins
fçai-je bien qu'ils ne verront rien auprès
de vous qui leur puiffe radoucir ou rabaif-
fer le cœur, & qu'ils y feront auffi-bien
nourris que s'ils étoient dans les plus fom-
bres forêts d'Afrique. Sur cette efperance
& l'affurance que j'ai que vous ne fauriez
manquer à tout ce qui eft de la generofité,
je vous remercie déja du bon accueil que
vous leur ferez, & vous affure que je fuis,
Mademoifelle, &c.

Tout eft, comme on voit, agréable-
ment contrefait dans cette lettre: le nombre des periodes même qui devroit être
toncis & coupé, comme du figuré ferieux, eft arrondi & plein, comme fi c'é-
toit le ftile grave qui traitât une matiere ferieufe; afin de cacher ce ftile fous
un autre, & donner par ce moyen à
cette galanterie l'air de lettre d'Etat pour
affaires importantes. Ainfi le fens, le
ftile, les expreffions & les termes étant

figurez, & ces figures défignant ce que l'Auteur veut dire par un rapport éloigné & difproportionné, font entrer dans l'efprit de celui qui lit la realité traveftie plaifamment, & caufent l'agrément qui eft de l'effence de ce ftile.

Le figuré ferieux a dans fon efpece pour oppofé, certain ftile de pointe qui fubtilife fur toutes les penfées & fur toutes les paroles, qui figure tout hors de propos & fans neceffité. Certain ftile que ceux qui fe croyent parfaits appellent faux précieux, lequel métaphorife tout jufqu'aux liquais & aux mouchettes. Et celui-là même qu'ils prennent pour veritable précieux, que les perfonnes de bon goût ne diftinguent pourtant point trop du faux. Ce ftile confifte en certaines expreffions *de nouvelle eftampe*, aufquelles ces Orateurs de ruelles ont voulu comme cloüer l'éloquence, pour parler comme eux, & dont ils fe rendent tellement efclaves en voulant ne pas fortir des termes de la maniere précieufe, qu'au lieu que la figure a été inventée pour donner de la liberté à celui qui écrit, & pour plaire à celui qui lit; on voit au contraire que leur liberté eft une liberté captive; qu'ils font parez & redreffez comme une

Contraire du ftile figur..

(4) Il y en a qui maf-quent toute la nature. Il n'y a point de Roy par-mi eux, mais un augufte Monarque ; point de Paris mais une Ca-pitale du Royaume. *Penfées de Mr Pafcal. Ib.* Il faut qu'il y ait dans l'é-loquence de l'agreable & du réel, mais il faut que cet agreable foit réel. *Ib.*

mariée qui n'ose se remuer. On ne les
lit qu'en les portant sur les épaules, pour
parler leur langage, si ce n'est qu'on a
plaisir de voir qu'ils se servent de ces
mots extraordinaires pour exprimer leur
plus grand serieux ; au lieu qu'ils n'ont
été imaginez que pour l'enjoüement de
la conversation.

Le stile enjoüé a pour contraire le
mauvais burlesque, qui ne consiste qu'en
ironies basses ou railleries plates, en comparaisons fades, en mots que l'on croit
mots pour rire, & qui pourtant n'ont
aucun sel, & ne frappent l'imagination
que de choses communes & insipides :
ensorte que si celui qui les écrit n'en
rioit apparemment le premier, personne
n'en riroit.

Stile grave. La troisiéme espece est le stile grave,
modeste & soutenu, qui se forme du
stile simple & du stile figuré serieux.
Aussi est-il tout serieux : c'est pourquoi
toutes les figures en doivent être serieuses, graves & honnêtes : il n'admet rien
de trop libre, rien de trop hardi, rien
de familier, ni d'enjoüé. Ses periodes
doivent être plus longues, plus arron-
dies que des stiles precedens, & liées ensemble pour s'appuyer & s'éclaircir les
unes par les autres. Et comme ce stile ne

veut pas d'une part que rien manque au
raisonnement; & que de l'autre il s'éloi-
gneroit de la gravité qui lui est propre,
en faisant de chacune des parties qui le
composent de petites periodes separées;
il a de coutume de les unir souvent les
unes aux autres, par le moyen d'une
demie periode, que les Grecs appellent
ἐπαρτία, & certains modernes qui l'im-
prouvent, peut-être faute de l'entendre, *une queuë de periode*, comme une
queuë de Comete; & cette demie periode s'exprime par un participe à peu prés
ainsi : *étant certain que, &c. rien n'é-*
tant plus avantageux que, &c. ou qui
rentre seulement par un participe, ou
autre liaison. Prenons un exemple de ce
stile à l'ouverture d'un Livre qui traite
d'une matiere grave & de ce caractere.
En voici un, où Moïse parle dans
Joseph aux Israëlites, que les principaux
d'entre-eux, poussez de jalousie, avoient
fait soulever contre lui jusqu'à le vouloir lapider. Il parle à Coré, Chef de la
sedition, qui vouloit dépoüiller Aaron
de sa grande sacrificature, pour s'en
revêtir.

  Je demeure d'accord, dit-il, que vous
& ceux que je vois s'être joints à vous, êtes
tres-considerables ; & je ne méprise même

(a) Est pars oratoria quâ astruitur & efficitur quod ἐπιχείρημα conatur & aggreditur.

Exemple du stile grave.

aucun d'entre tout le peuple , quoi qu'ils vous
soient inférieurs en richesses , aussi - bien
qu'en tout le reste. Mais si Aaron a été
établi Souverain Sacrificateur, ce n'a pas
été pour ses richesses , puisque vous êtes
plus riche que lui & moi ne sommes tous
deux ensemble. Ce n'a pas été non plus à
cause de la noblesse de sa race , puisque
Dieu vous a fait naître tous trois d'une
même famille , & que nous n'avons qu'un
même ayeul. Ce n'a pas été aussi l'affection
fraternelle qui m'a porté à le mettre dans
cette Charge ; puisque si j'eusse consideré
autre chose que Dieu , & l'obeïssance
que je lui dois , j'aurois mieux aimé prendre cet honneur pour moi , que de lui donner ; nul ne m'étant si proche que moi-
même. Car quelle apparence y auroit - il de
m'engager dans le peril où l'on m'expose
par une injustice , & d'en laisser à un autre
tout l'avantage ? Mais je suis tres-innocent
de ce crime ; & Dieu n'auroit eu garde de
souffrir que je l'eusse méprisé de la sorte ,
ni de vous laisser ignorer ce que vous deviez faire pour lui plaire. Or bien que ce
soit lui-même , & non pas moi qui a honoré Aaron de cette Charge , il est prêt de
s'en déposer pour la ceder à celui qui y sera
appellé par vos suffrages , sans prétendre
se prevaloir de ce qu'il s'en est acquitté

MoïseNombres

très-dignement ; parce qu'encore qu'il y soit
entré avec approbation , il a si peu d'ambition , qu'il aime mieux y renoncer, que
de donner sujet à un si grand trouble. Avons-
nous donc manqué au respect que nous devons à Dieu , en acceptant ce qu'il lui plai-
soit de nous offrir ? Et aurions-nous pû au
contraire le refuser sans impieté ? Mais comme c'est à celui qui donne , à confirmer le
don qu'il a fait , c'est à Dieu à déclarer de
nouveau, de qui il lui plaît se servir pour lui
presenter des Sacrifices en votre faveur, &
être le Ministre des actions qui regardent votre pieté : Et Coré seroit-il assez hardi pour
oser prétendre, par le desir qu'il a de s'élever à cet honneur, d'ôter à Dieu le pouvoir d'en disposer? Cessez donc d'exciter un
si grand tumulte : la journée de demain dé-
cidera ce different. Que chacun des préten-
dans vienne le matin avec un encensoir à
la main , du feu & des parfums ... celui
dont Dieu témoignera que l'oblation lui sera
plus agréable , sera établi Souverain Sacrificateur, &c. (a)

(a) Joseph, Livre IV. chap.

On voit dans ce stile que la force des
raisons est cachée sous la gravité des expressions & sous des figures tranquilles
& moderées. Aussi a-t-il pour opposez
tous les stiles vehemens, aussi-bien que
ceux qui ont un caractere trop libre ,
familier & enjoué.

Opposé de stile grave

Stile subli-me.

La quatriéme espece, est du stile subli-me, élevé, pompeux, qui se forme du stile grave & du stile figuré serieux, & qui consiste *en pensées belles, solides,*

(a)Education d'un Prince. II. Par.§.39.

mais extraordinaires & surprenantes, (a) dont les expressions sont éclatantes, les épithetes énergiques & magnifiques, qui contiennent un grand sens, & donnent une grande idée du mot qu'elles accompagnent; les figures fortes, vives, pathetiques; & suivant ces divers caracteres, le nombre de la periode coupé ou étendu. C'est dans ce genre-là que l'on pourroit mettre le discours que le même Moïse adresse à Dieu, pour le prier de faire voir qu'on l'accusoit à faux d'avoir élû par affectation particuliere son frere aîné Grand-Prêtre.

Exemple du stile sublime.

Souverain Maître de l'Univers, qui touché de compassion pour votre peuple, l'avez délivré de tant de perils: vous qui êtes le fidele témoin de toutes mes actions: vous savez, Seigneur, que je n'ai rien fait que par votre ordre. Exaucez donc ma priere; & comme vous penetrez jusques dans les plus secrettes pensées des hommes, & les replis de leur cœur les plus cachez: ne dédaignez pas, mon Dieu, de faire connoître la verité, & de confondre l'ingratitude de ceux qui m'accusent si injustement. Vous savez, Seigneur,

tous

tout ce qui s'est passé dans les premieres années de ma vie ; & vous le sçavez, non pour
l'avoir oüy dire, mais pour y avoir été
présent. Vous sçavez aussi tout ce qui m'est
arrivé depuis, & ce peuple ne l'ignore pas ;
mais parce qu'il interprete malicieusement
ma conduite, rendez, s'il vous plaît, mon
Dieu, témoignage à mon innocence. Ne
fut-ce pas vous, Seigneur, qui lorsque par
votre secours, par mon travail & par l'affection que mon beau-pere avoit pour moy,
je passois auprés de lui une vie tranquille &
heureuse, m'obligeâtes à la quitter, pour
m'engager à tant de travaux pour le salut
de ce peuple ; & particulierement pour le
tirer de captivité ? Neanmoins aprés avoir
été délivré de tant de maux par ma conduite, je suis devenu l'objet de leur haine.
Vous donc, Seigneur, qui avez bien voulu
m'apparoître au milieu des flâmes sur la
Montagne de Sina, m'y faire entendre votre
voix, & m'y rendre spectateur de tant de
prodiges : qui m'avez envoyé porter vos ordres au Roy d'Egypte : qui avez appesan-
ti votre bras sur son Royaume, pour nous
donner moyen de sortir de servitude, &
avez humilié devant nous son orgüeil & sa
puissance : qui lorsque nous ne savions plus
que devenir, nous avez ouvert un chemin
miraculeux au travers de la mer, & ense-
V

veli dans ses flots les Egyptiens qui nous poursuivoient : qui nous avez donné des armes quand nous étions desarmez : qui avez fait sortir de l'eau d'une roche , pour désalterer notre soif : qui nous avez fait venir des vivres de delà la mer , lorsque nous n'en trouvions point sur la terre : qui nous avez envoyé du ciel une nourriture auparavant inconnuë aux hommes , & qui enfin avez reglé toute notre conduite par les admirables & saintes loix que vous nous avez données: Venez , ô Dieu Tout-puissant , juger notre cause , vous qui êtes tout ensemble un Juge & un témoin incorruptible. Faites connoître à tout le monde que je n'ai jamais reçû de presens pour commettre des injustices , ni preferé les riches aux pauvres , ni rien fait de préjudiciable à la Republique : mais qu'au contraire je me suis toujours efforcé de la servir de tout mon pouvoir. Et maintenant que l'on m'accuse d'avoir établi Aaron Souverain Sacrificateur , non pour vous obéir , mais par faveur & par une affection particuliere : faites voir que je n'ai rien fait que par votre ordre , & faites connoître quel est le soin qu'il vous plaît de prendre de nous en punissant Dathan & Abiron, comme ils le meritent : eux qui ose vous accuser d'être insensible & de vous laisser tromper par mes artifices. Et afin que le châtiment que vous ferez de ces profanateurs de votre honneur & de votre-gloire, soit connu de tout le monde, ne les faites pas, s'il vous plaît, mourir d'une mort commune & ordinaire: mais que la terre sur laquelle ils sont indignes de marcher, s'ouvre pour les engloutir avec toutes leurs familles & tout leur bien; & qu'un effet si signalé de votre souverain pouvoir, soit un exemple qui apprenne à tout le monde le respect que l'on doit avoir pour votre Majesté suprême, & une preuve que je n'ai fait dans le ministere dont vous m'avez honoré, qu'executer vos commandemens. Que si au contraire les crimes que l'on m'impute sont veritables, conservez ceux qui m'en accusent, & faites tomber sur moi seul l'effet de mes imprécations, &c. (a)

On pourroit mettre aussi dans ce genre-là la Préface de cette traduction de Joseph, dont voici quelques paragraphes du commencement.

Mais ce qui rend l'Histoire de Joseph, après l'Ecriture Sainte, preferable à toutes les autres Histoires, c'est qu'au lieu qu'elles n'ont pour fondement que les actions des hommes; celle-ci nous represente les actions de Dieu même. On y voit éclater par tout sa puissance, sa conduite, sa bonté & sa justice. Sa puissance ouvre les mers, & divise

(a) Joseph liv. chap. 9.

les fleuves, pour faire passer à pied sec des
armées entieres, & fait tomber sans effort
les murs des plus fortes villes. Sa conduite
regle toutes choses, & donne des loix qu'on
peut nommer la source où l'on a puisé tout ce
qu'il y a de sagesse dans le monde. Sa bonté
fait tomber du ciel, & sortir du sein des
Rochers de quoi rassasier la faim, & désalterer la soif de tout un grand peuple dans
les déserts les plus arides.

Et tous les élemens étant comme les execu-
teurs des arrêts que prononce sa justice, l'eau
fait perir par un déluge ceux qu'elle condamne : le feu les consume : l'air les accable
par ses tourbillons : & la terre s'ouvre pour
les dévorer. Ses Prophetes ne prédisent rien
qu'ils ne confirment par des miracles : ceux
qui commandent ses armées n'entreprennent
rien qu'ils n'executent : & les conducteurs
de son peuple, qu'il remplit de son esprit,
agissent plutôt en Anges, qu'en hommes.

Moïse peut seul en être une preuve. Nul
autre n'a eu tout ensemble tant d'éminentes
qualitez : & Dieu n'a jamais tant fait voir
en aucun homme dans l'ancienne Loi, depuis
la chute du premier des hommes, jusques où
peut aller la perfection d'une creature, qu'il
veut combler de ses graces. Ainsi, comme on
peut dire qu'une grande partie de cette Histoire est en quelque sorte l'ouvrage de cet in-

comparable Legiſlateur, parce qu'elle eſt toute
priſe de lui; on ne doit pas ſeulement la lire
avec eſtime, mais avec reſpect, & ſa ſuite,
juſqu'à la fin de ce qui eſt compris dans la
Bible, n'en merite pas moins, puiſqu'elle a
été dictée par le même eſprit de Dieu, qui a
conduit la plume de Moïſe, lorſqu'il a écrit
les cinq premiers Livres de l'Hiſtoire Sainte.

Que ne pourroit-on point dire de ces admirables Patriarches, Abraham, Iſaac, Ja-
cob: de David ce Roi & grand Prophete
tout enſemble, qui a merité cette merveilleu-
ſe louange, d'être un homme ſelon le cœur de
Dieu: de Jonathas ce Prince ſi parfait en
tout, de qui l'Ecriture dit que l'ame étoit
inſeparablement attachée à celle de ce ſaint
Roi: de ces illuſtres Machabées, dont la
pieté égale au courage, a ſçû allier d'une maniere preſque incroyable la ſouveraine puiſ-
ſance que donne la principauté, avec les devoirs les plus religieux de la Souveraine
Sacrificature: Et enfin de Joſeph, de Joſué,
de Gedeon, & de tant d'autres qui peuvent
paſſer pour de parfaits modeles de vertu,
de conduite & de valeur? Que ſi les Heros de l'antiquité Payenne n'ont rien fait de
comparable à ces Heros du peuple de Dieu,
dont les actions paſſeroient pour des fables,
ſi l'on pouvoit, ſans impieté, refuſer d'y ajoûter foi; il n'y a pas ſujet de s'en étonner,

puisqu'au lieu que ces Infideles n'avoient qu'une force humaine, les bras de ceux que Dieu choisit pour combattre sous ses ordres, sont armez de son invincible secours, &c. (a)

Ce stile a pour opposé cette éloquence turbulente & emportée, qui paye le monde d'exclamations au lieu de raisons ; qui employe les antithescs au lieu de preuves, qui étourdit les gens, par le son & par le nombre, qui brouille & confond les choses, qui tâche de couvrir sa foiblesse par les tenebres qu'elle répand, &c. (b) Il a aussi

pour contraire un certain stile enflé & bouffi, qui fait semblant de dire de grandes choses, & ne dit rien : le Phebus qui va toujours sur des échasses ; ce qu'on appelle galimatias, ou par un terme nouveau, phrases & autres stiles à perte de vûë. Voilà pour les stiles.

Quant aux personnes, on doit y avoir le même égard, comme nous avons déjà dit, en leur écrivant, qu'en leur parlant.

On peut les considerer de même sous la qualité ou d'une personne superieure qui écrit à un inferieur, ou d'un inferieur à un superieur, ou d'un égal à un égal. Avec cela il faut prendre garde si c'est une femme, ou un homme. Si c'est un homme d'épée, un Magistrat, ou une personne publique, un homme d'Eglise, &c. c'est de ces distinctions que la bien-seance dépend.

Combien il y a de sortes de matieres.

Ensuite il faut considerer les matieres : elles sont infinies : car comme on peut écrire de toutes les choses dont on peut parler, & que l'on peut parler de tout sans exception, on peut en écrire de même.

Les principales sont celles de la Religion, celles qui concernent les Loix, les Ordonnances, & la Justice qu'un Souverain rend à ses Sujets lui-même, ou par ses Officiers ; celles qui entrent dans les negociations d'Etat ? les actes entre particuliers, les enseignemens & instructions, les harangues, les complimens, les discours publics, les Panegyriques, les Apologies, les Réfutations, les Plaidoyers, la Poësie, l'Histoire, les Lettres, &c.

Application en general des regles precedentes à toutes sortes de matieres.

Tout ceci supposé, faisons-en maintenant l'application. Dans les matieres de Religion, soit que l'on compose, ou que l'on traduisent, il faut indispensablement se servir du stile simple, quand c'est pour exposer simplement les veritez de la Foy, & du stile grave quand il s'agit de persuader, soit en prouvant, soit en refutant. Et c'est une regle qui doit assujettir tous ceux qui en écrivent, & à plus forte raison des personnes d'Eglise, fe', à qui que ce ſoit qu'ils en écrivent ; ſoit ſuperieur, ſoit inferieur, ſoit égal, ſoit homme, ſoit femme. La ſainteté de la matiere ne ſouffre pas d'autre ſtile ; juſques-là même que quand ces Auteurs qui ont le ſtile fleuri & précieux en traitent, on remarque tant de repugnance entre cette matiere ſacrée & ces expreſſions mondaines & affectées, qu'il ſemble qu'ils n'en parlent que par dériſion & pour ſe divertir, puiſqu'ils n'en parlent que dans un ſtile, qui n'eſt bon que *pour badiner agreablement & de bonne grace*, ſelon les termes du Précieux.

Dans les traductions particulierement, il faut obſerver que la verſion ne s'écarte que le moins qu'il eſt poſſible de la lettre. C'eſt un reſpect que l'on doit garder inviolablement pour les livres ſaints : il vaut bien mieux pecher contre le langage des hommes, que de détourner le moins du monde le ſens des paroles du Saint-Eſprit. Autre choſe ſeroit de manquer, par trop d'attachement à la lettre, au ſens du texte, & à la netteté de la langue en laquelle on traduit : comme dans ce verſet : *Les élévations de la mer ſont admirables. Le Seigneur eſt admirable dans les eaux*, où la verſion ne s'écarte pas ; car il eſt traduit mot pour mot :

(*a*) Mirabiles elationes maris ; mirabilis in altis Dominus. *Pſalm.* 99.

mot : mais où elle ne fuit, ni le fens du
Texte, ni les regles de la langue. Premierement, élevation fe prend pour exprimer l'élevation du Pole, l'élevation
d'un Cardinal au Pontificat, & de quelqu'un enfin à quelque Dignité, l'élevation de l'efprit, l'élevation d'un bâti-
ment : mais jamais, que je fçache, l'on
ne dit, *les élevations de la mer*, pour
l'agitation de la mer. Cet *admirable dans
les eaux*, fait un équivoque, comme fi
on parloit d'une Sirene, par exemple,
qui fe tînt effectivement dans les eaux.
Il me femble que l'on pourroit mieux
traduire par l'analogie, en difant : *Que
la mer eft une chofe admirable, quand
elle eft agitée ! Que Dieu eft incompréhenfi-
ble dans ces abîmes !* pour fuivre le fens
de cet Auteur ; car aucun de ceux qui
ont traduit fur l'Hebreu & fur la Vulgate
ne l'ont tourné de même : ils prennent
tous, *in altis* pour *dans le Ciel*.

Au refte, il ne faut pas feulement obferver dans les traductions de rendre nettement le fens des paroles ; mais il faut
auffi que la verfion foit dans le ftile de
l'original : qu'elle ait des figures, s'il y
en a ; non, à la verité, toujours les mêmes, car les langues n'ont pas toutes le
même tour, mais d'équivalentes ; &

Z

c'eſt ce que l'on appelle rendre beauté
pour beauté.

Pour exprimer les Loix, les Ordonnances, pour faire parler la Juſtice, c'eſt-
à-dire, pour faire parler le Souverain à
ſes ſujets, ſon autorité ſeule tenant lieu
de raiſon pour perſuader, on ſe ſert du
ſtile ſimple, parce que les termes doivent être clairs & éloignez abſolument
de tout équivoque. En effet, comme
on ne ſeroit pas reſponſable de l'inexe-
cution d'une Loy, que l'on ignoreroit,
on n'en ſeroit pas non plus coupable, ſi
on ne l'entendoit pas ; ou ſi on faiſoit
une choſe pour une autre, étant ſurpris
par l'ambiguité des termes ; & d'ailleurs
les Loix, les Ordonnances & les Arrêts des Princes, ſervant à maintenir leurs
ſujets en paix, le moyen qu'elles produiſent cet effet, s'il y a double ſens
dans les paroles, dont on les exprime,
qui faſſe naître des conteſtations. Les
Oracles parloient autrefois confuſément
& ambigumeñt, parce qu'ils vouloient
tromper ; mais les Souverains, qui ſont
les dépoſitaires de la verité, pour détromper & éclairer la raiſon, affectent
de parler un langage clair & ſimple que
l'on puiſſe entendre. Et c'eſt pour ce ſujet que l'on a conſacré certains vieux

termes pour l'expression des volontez du
Prince, lesquels rendant d'une part le
stile des Ordonnances & des Arrêts ve-
nerables par l'idée de l'antiquité, gar-
dent de l'autre le même sens qu'ils ont
eu de ce temps immemorial, & empêchent par ce moyen que l'on ne tombe
dans l'équivoque. Ensuite, si dans d'autres Actes, le Prince a besoin de se servir
de raisons pour persuader, il se sert, ou
ses Ministres qui tiennent la plume pour
lui, du stile grave, qui étant un stile ma-
jestueux, est le plus digne de sa Majesté.

On doit aussi se servir du stile simple,
non seulement pour des negociations d'E-
tat, comme les traitez, les alliances, les
ligues, les contrats de Mariage, &c.
mais aussi pour les actes que les particuliers passent entr'eux, comme contrats,
transactions, promesses, obligations,
testamens, &c. parce qu'il ne s'agit que
d'exposer nettement quelle a été la volonté des parties, & de quoi elles ont entendu convenir entr'elles, sans qu'il soit
besoin d'aucunes preuves. Outre que de
même qu'un équivoque, ou un double
sens peut allumer la guerre entre deux
Etats, aussi l'ambiguité d'un seul mot
peut exciter, selon les frequens exemples que nous en avons, de grands pro-

cès entre perſonnes particulieres.

Le même ſtile doit ſervir auſſi pour toutes ſortes d'inſtructions & d'enſeigne-mens ; à moins que l'on ne traitât une matiere dans toute ſon étenduë : car alors comme il y a pluſieurs choſes étran-geres qui ſervent à ſon éclairciſſement , & qu'il faut , ſelon qu'elles ſont éle-vées , élever auſſi le ſtile : on y mêle le ſtile grave. Mais il faut toujours que le corps du Traité ſoit , le plus qu'il eſt poſſible , en ſtile ſimple : ſi on a en effet aſſez de peine à comprendre la matiere en elle-même , que ſera-ce ſi l'eſprit tra-vaille pour entendre les termes , & ſui-vre les figures qui l'expriment , & qui l'embelliſſent ?

Les harangues , les complimens qui ſont liez & adreſſez à une ſeule perſon-ne , doivent être en ſtile grave. Comme ils conſiſtent , ou en loüanges , ou en proteſtations de reſpect , de ſervice , d'a-mitié , qui doivent être dites agréable-ment , & dont avec cela , la preuve ſe tire particulierement de la qualité de la perſonne qui parle ; elle n'a rien de plus efficace pour s'inſinuer , que la modeſtie de ce ſtile : ni pour plaire , que ces figures honnêtes & délicates qui l'accompa-gnent.

Pour les discours publics, comme les
Panegyriques , les Plaidoyers , les Apologies , les Réfutations, ils doivent être
mêlez du stile grave & du stile sublime ;
parce qu'ils ne sont point directement
liez à une seule personne ; & que s'agissant non seulement de persuader ce que
l'on établit, mais en même tems de combattre & de détruire ce qui lui peut être
contraire , il faut employer toute la
beauté & la force de l'éloquence pour
plaire & émouvoir, c'est-à-dire , en un
mot , pour persuader.

La Poësie reçoit toutes sortes de stiles ,
selon ses divers genres.

L'Histoire de même qui n'a précisément rapport à personne , & qui renferme toutes sortes de matieres , & fait
parler toutes sortes de personnes, employe
tous les stiles : il n'y a qu'à les appliquer
avec discernement. Le corps neanmoins
& le tissu de la narration doit être d'un
stile grave & uniforme ; parce que c'est
le discours de l'Historien , qui doit être
serieux & modeste , pour s'insinuer dans
l'esprit du Lecteur , afin que l'agrément
du stile modere l'ennui que donne ordinairement la prolixité de tant de sujets ramassez dans un seul Livre.

Mais pour les Lettres , quoique la plupart soient des especes d'histoire, il y a de la difference : car dans l'Histoire qui ne parle à personne, la matiere seule regle le stile ; mais ici il dépend essentiellement de la qualité de la personne, & seulement par accident de la matiere. C'est pourquoy, si c'est une personne superieure qui écrive à une inferieure, elle doit se servir du stile simple, comme d'un stile qui est naturellement pour les Grands, lesquels, comme nous avons dit, ont droit de n'employer pour raison que leur autorité.

Mais si c'est un inferieur qui écrive à une personne superieure, comme il doit garder le rapport & du stile avec la matiere, & du stile avec la personne, pour s'insinuer dans l'esprit, il faut qu'il se serve du stile simple pour exposer la matiere, & du stile grave, s'il est besoin de preuves, ne lui étant pas permis de s'élever plus haut : car ici la personne détermine absolument le stile de la Lettre. La matiere le regle aussi par accident, quand un égal écrit à son égal, soit un homme à une femme, & une femme à un homme ; si ce qu'ils écrivent est grave, comme une matiere de Religion, une consultation, une condoleance, &c.

A la vérité, si le superieur exige de la

familiarité de l'inferieur, & que l'on écrive de matieres indifferentes, il est alors permis, aussi-bien que d'égal à égal, ou d'homme à femme, &c. de se servir du stile familier & enjoüé, si on traite un sujet plaisant ; & du stile simple & enjoüé tout ensemble, si ce sujet est mêlé.

Ces regles établies, il est aisé de trouver d'où vient le défaut où tombent ceux qui en écrivant des lettres, n'observent pas la bienseance, que demandent les differens stiles, les differentes personnes & les differentes matieres; ou qui l'ayant observée dans le commencement, ne se soutiennent pas d'un stile uniforme jusqu'au bout.

Nous le comprendrons peut-être mieux par des exemples : Prenons-en de chaque espece de Lettres, c'est-à-dire, de celles que l'on écrit pour s'acquitter de quelque civilité, & de celles qui parlent d'affaires ; car toutes aboutissent à ces deux fins. Faisons écrire un inferieur à un superieur ; & supposons que ces deux personnes, non-seulement n'ayent aucune familiarité ensemble, mais soient d'une qualité l'une & l'autre qui exige du serieux & de la modestie, & qu'il s'agisse d'une matiere serieuse & grave, comme d'un remerciement. Voici une Lettre de ce caractere écrite à un Cardinal & premier Ministre par un inferieur.

Monseigneur, j'ai appris la faveur qu'il a plû à votre Eminence de me faire, & avec quelle bonté & quels témoignages de bienveillance elle m'a fait accorder la grace dont j'avois pris la liberté de supplier le Roi. Puisque je connois par-là, Monseigneur, que dans les plus importantes affaires, V. E. ne laisse pas de se souvenir de ses moindres serviteurs : & qu'en faisant de plus grandes choses, elle ne neglige pas les plus petites ; je crois qu'elle n'aura pas désagreable la hardiesse que je prends, de lui rendre les tres-humbles graces que je lui dois, & qu'elle daignera prendre la peine de lire la protestation que je lui fais ici ; qu'outre le respect & la veneration que nous devons tous à une personne qui a acquis, & acquiert tous les jours tant de gloire à cet Etat : j'aurai toûjours une passion tres-particuliere de témoigner par toutes les actions de ma vie, que je suis,

Monseigneur,

De vôtre Eminence,

Le tres-humble & tres-obëïssant serviteur.

On voit que tout est juste dans cette lettre : le stile qui est grave convient à la personne qui écrit, & qui étant infe-

rieure , doit garder le respect , & se rendre agreable. Il convient à la matiere ,
qui est le témoignage d'un cœur touché
d'un bienfait , & rempli de reconnoissance , & qui par consequent n'admet
rien que de serieux. Et il convient à l'é-
gard d'un grand Seigneur , parce qu'en
effet tout y est modeste , tout y est respectueux , & d'un respect qu'il peut juger être d'autant plus effectif , qu'il ne
consiste point en expressions hyperboli-
ques , ni n'est point diffus en flateries ou
en louanges affectées & excessives , mais
naturelles & bien établies ; ce qui rend
agreable la personne qui écrit, parce que
cela donne une idée qu'il est honnête
homme. De sorte donc que si nous nous
imaginons que c'est , par exemple , une
personne inferieure, comme nous avons
dit , & en même tems que c'est une personne publique, un Magistrat, un Am-
bassadeur , une personne Ecclesiastique ,
qui tous doivent garder le serieux , qui
écrive ainsi à un Prince qui a autorité ,
& avec qui ils n'ont aucune familiarité ,
nous ne trouverons rien de choquant.
Mais si , par exemple, ces mêmes personnes , sous ces mêmes suppositions, font le
même remerciement en cette maniere.

Monseigneur, je n'ai pas peur que vous

vous laffiez jamais de me bien faire, mais
j'ai peur que vous vous laffiez de mes remerciemens. J'en ai tant eu à vous faire depuis quelque temps, qu'à moins que d'user
de redites, je ne vois pas qu'il me reste plus
rien à dire sur un sujet où vos bontez m'ont
déja obligé de m'épuiser. Je me contenterai
donc de vous supplier très-humblement de
vous souvenir des graces que vous m'avez
faites, de la facilité avec laquelle je les ai
obtenuës, des lettres obligeantes dont il
vous a plû les accompagner, & de la civilité avec laquelle, en me faisant du bien, vous
n'avez pas voulu perdre l'occasion de me
faire encore tout l'honneur que je pouvois
recevoir; vous ressouvenant, Monseigneur,
de toutes ces choses, imaginez-vous, s'il
vous plaît, ma reconnoissance là-dessus; &
jugez si joignant tant d'obligations à la
passion extrême que j'ai toûjours euë de
vous honorer, je puis jamais manquer d'ê-
tre avec toute sorte de fidelité & de respect,
Monseigneur,

Votre très-humble & très-
obéïssant serviteur.

Lettre de
Voiture.
CLXXX.

Si ces personnes, dis-je, écrivoient
ainsi, cela n'auroit aucune bienseance,
& pourroit même choquer, quoique
cette lettre soit bien écrite & tout-à fait
spirituelle. La raison est, parce que le

ftile ne convient point aux personnes:
car étant enjoué & par conséquent familier , & cette familiarité & cet enjouë-
ment venant d'une certaine confiance &
présomption de celui qui écrit, laquelle eſt incompatible avec le reſpect que
les perſonnes que nous avons ſuppoſées
doivent indiſpenſablement garder , il eſt
certain que tout ingenieux qu'il eſt , il
bleſſe les regles de la bienſéance , &
que par conſequent il eſt contraire à la
fin que ces perſonnes doivent ſe propoſer , ſi elles ſont raiſonnables , qui eſt
de s'inſinuer dans l'eſprit de ce grand
Seigneur, pour le perſuader de leur gratitude.

Tout au contraire , ſuppoſons que ce
Grand Seigneur ait obligé cet inferieur
de vivre avec lui familierement : que ce
ſoit une femme qui écrive ; ou même
que ces ſortes de perſonnes que nous
avons ſuppoſées , ayent de longue-main
accès , habitude & grande familiarité
avec ce Seigneur , cette lettre deviendra
non ſeulement reguliere , mais ſera tout-
à-fait galante , comme elle l'eſt en effet ;
& conciliera à l'écrivain l'affection de la
perſonne ſuperieure. Tant il eſt vrai
qu'il faut peu de choſe pour changer la
nature d'une lettre , & tant il faut avoir

de circonspection pour conformer le ftile
de la Lettre à la perfonne de celui qui
écrit , & de celle à qui on écrit.

L'autre circonfpection eft de bien conformer le ftile à la matiere , en la con-
formant aux perfonnes : Faifons-en l'experience fur une lettre d'affaires , qui eft
la feconde efpece , laquelle traite d'une
matiere grave , importante & ferieufe,
dont des perfonnes inferieures,& qui doivent du refpect , ayent à ecrire à une
perfonne fuperieure. Ce fera , fi on veut,
puifque nous avons déja parlé de la traduction de Jofeph , la lettre qu'un Chancelier , un Secretaire , & autres perfonnes
d'Etat écrivent au Roy Cambifes , pour
lui faire connoître combien il eft de fon
interêt d'empêcher le rétabliffement de
Jerufalem. La voici ; & nous y ajoute-
rons une fin à notre maniere Françoife,
pour faire l'exemple plus jufte.

Exemple
d'une Lettre
d'affaires.

SIRE, *Nous croyons être obligez d'a-
vertir Votre Majefté que les Juifs qui
avoient été transferez à Babylone ,font re-
venus en ce Païs: qu'ils rebâtiffent leur ville qui avoit été détruite à caufe de leur re-
volte : qu'ils en relevent les murs: qu'ils y
établiffent des marchez , & qu'ils y rebâtiffent auffi leur Temple. Que fi on leur permet,
SIRE , de continuer , ils n'auront pas plu-*

tôt achevé, qu'ils refuseront de payer les tributs dûs à V. M. & d'exécuter ce qu'on leur ordonnent de fa part, d'autant qu'ils font toujours prêts de s'oppofer aux Rois par cette humeur, qui les porte à vouloir toujours commander, & à ne jamais obéir. Ainfi voyant avec quelle ardeur ils travaillent à relever ce Temple, nous avons crû qu'il étoit de notre devoir d'en donner avis à V. M. Et s'il lui plaît de fe faire lire les regiftres des Rois fes prédeceffeurs, elle y trouvera que les Juifs font naturellement ennemis des Souverains; & que ç'a été pour cette raifon que l'on a ruiné leur ville. A quoi nous pouvons ajoûter, que fi V. M. permet qu'ils la rétabliffent, & qu'ils achevent de la clore de murailles, elle nous fermera le paffage de la Phenicie & de la baffe Syrie. C'eft l'avis que nous fupplions très-humblement V. M. d'agréer de la part de ceux que le devoir de leurs Charges oblige d'être, comme ils font, par une inclination particuliere, dans un profond refpect,

    SIRE,
        De Votre Majefté,
    Les très-humbles, très-obéiffans
        & très-fideles Sujets.

Il femble que cette lettre n'ait aucum art, & neanmoins elle en a beaucoup, en ce qu'elle garde en tout & par tout la bienſeance de la perſonne, de la matiere & du ſtile. De la perſonne, en ce qu'elle témoigne par tout la ſoumiſſion & le zele de ceux qui écrivent, ſans y mêler aucune paſſion de leur part : De la matiere, en traitant gravement & préciſément une matiere grave & importante : & du ſtile, en ſe tenant dans le genre que demande la perſonne & la matiere ; c'eſt-à-dire, ſe contentant de la ſimple expoſition des faits, & laiſſant la liberté toute entiere au Prince de ſe déterminer, ſans uſer de grandes figures, ni de fleurettes pour le forcer : ce qui eſt encore une marque eſſentielle de reſpect, & ce qui avec le reſte, fait aimer les perſonnes qui écrivent.

Faiſons maintenant, ſans rien changer de notre ſuppoſition, ni de la matiere, écrire la même lettre au même Roy, par les mêmes perſonnes, en ſtile fleuri, ou précieux.

SIRE, Ce ſeroit bien s'oublier de ſon devoir, que de ne pas faire confidence à Vôtre Majeſté, de la plus importante affaire qui puiſſe arriver de ſon regne. Quoy, SIRE, les Juifs qui ſont venus de Babylone rebâtiſſent leur ville : ils en relevent les murs : ils y établiſſent des marchez : ils réédifient

leur temple. Et V. M. sçait-elle bien
pourquoy cette ville avoit été démentelée?
C'est parce qu'étant la Capitale de cette
Nation rebelle, elle étoit le centre de leur
révolte. C'est parce que cette Nation turbulente ne peut demeurer dans l'obeïssance, si
elle n'est humiliée. Aussi nous sçavons,
SIRE, que si V. M. leur permet de continuer, la derniere pierre qu'ils mettront à
ces criminels bâtimens, sera le premier signal pour prendre les armes contre leur au-
guste Monarque. Oui, SIRE, c'est le mal
prendre, que de s'imaginer qu'ils n'enferment
aucun mauvais dessein dans ces fatales for-
tifications. C'est s'entendre mal en gens, que
de les regarder sur le pied d'esprit docile.
Quand ils se verront à l'abri de leurs murailles, ils ont bien la mine de se moequer
de vos Tributs, & de vos Ordonnances. Ils
démentiroient, s'ils faisoient autrement,
le penchant naturel qu'ils ont de s'oppo-
ser à leurs Souverains: ils démentiroient
cet entêtement qui les porte à vouloir toûjours donner la Loy, & à ne la vouloir
jamais recevoir. Que si V. M. doute de ces
importantes veritez, qu'Elle consulte les
memoires de ses illustres Predecesseurs; elle
y trouvera que les Juifs sont naturellement
les ennemis mortels des Potentats, & que
cette haine indomptable a été, comme nous

avons dit, le tison qui a presque reduit leur
ville en cendre ? Où est donc, S I R E , la
prudence du grand Cambises ? Un attentat
qui saute aux yeux des moins politiques :
une ville qui est un levain de rebellion : une
ville qui va fermer le passage de la Phenicie & de la basse-Sirie, souffrir qu'elle se
retablisse ! Hé ! pouvez-vous faire des miracles pour passer dans ces Provinces, quand
il vous prendra envie d'y aller ; mais nous
nous trompons, S I R E , Votre Majesté
ayant de l'esprit infiniment, étouffera sans
doute une si funeste entreprise dans sa naif-
sance. C'est pourquoy nous n'employerons
pas davantage de raisons pour l'en persuader : Nous nous contenterons de la gloire de
lui avoir voulu donner en cette occasion des
marques du zele que nous impose le devoir
de nos Charges, & que nous avons de
nous-mêmes par ce pur mouvement de la
passion avec laquelle nous sommes tres-
respectueusement,

   S I R E ,
  De V. M.

     Les tres-humbles, &c.
  Il n'est pas besoin, ce me semble, de
marquer ici en détail l'importance de cette lettre : à la considerer dans la supposition que nous avons faite, que c'étoit
des inferieurs qui écrivoient à une per-
          sonne

fonne fuperieure ; des perfonnes graves
& ferieufes, à une perfonne ferieufe, &
d'une matiere ferieufe ; des Officiers
d'Etat qui font les Confeillers d'un Prince, à un Roy qui eft leur Souverain,
d'une affaire qui lui eft extraordinaire-
ment importante : elle eft fi vifible & fi
palpable, que les moins clair-voyans la
peuvent affez connoître. Car, premierement cette matiere grave eft traitée avec
des expreffions de ftile précieux, c'eft-
à-dire, des expreffions badines, qui au
lieu de donner une idée de l'importance
de la chofe, la reprefentent comme un
jeu d'efprit de ceux qui l'écrivent. Le ftile qui eft emporté & pathétique ne convient nullement à cette matiere qui eft
trop importante, pour fervir de fujet d'é-
loquence ; & moins encore aux perfonnes : car celles qui écrivent font trop ferieufes, pour prendre ainfi l'effor ; &
celle à qui on écrit eft trop élevée au
deffus, pour fouffrir ces termes & ces
figures qui fentent la familiarité, la préfomption, l'arrogance & la vanité. C'eft
pourquoi cette lettre voulant en quelque maniere commander à celui à qui
la raifon veut feulement qu'elle donne
avis, elle fort tout-à-fait des regles de
la bienfeance & du bon fens ; & par

cette raison offençant le Prince, & lui rendant odieuses les personnes qui l'écrivent, elle produit dans son esprit un effet tout contraire à celui que ces gens-là avoient prétendu par leur Rhetorique.

Autre chose seroit si nous changions la supposition, & que ce fût, par exemple, quelque Dame ou quelque rieur de profession, comme ils disent, qui fussent extrêmement familiers avec ce Roi, qui lui écrivissent cette lettre : alors l'idée change incontinent, & la lettre feroit un autre effet dans l'esprit du Prince : il prendroit ces grandes figures & toutes ces familiaritez Rhetoriciennes pour des excez de zele : il riroit de ces expressions mal placées, & pourroit leur sçavoir bon gré de leur reprimande. Par où on voit qu'il est besoin d'un grand discernement, pour bien user de cette éloquence à la mode.

Inutilité du Stile précieux. Aussi, comme elle est un écueil dangereux à tous ceux qui veulent apprendre à bien écrire, & d'autant plus qu'il se trouve certains bien-disans qui la proposent pour modele de la belle maniere, blâmant imperieusement tout ce qui n'est pas enrichi comme elle, de ces termes *tout neufs & faits exprès* ; *ce qui n'a pas ce beau feu & ce tendre, ce stile*

dites à propos & fur le champ. Mais comme ce n'eft qu'une éloquence d'imagination , pour ainfi dire , & que la veritable éloquence doit être une éloquence de jugement, qui fçache faire un bon choix & un bon ufage des termes felon les regles de la bienfeance ; ce n'eft pas être judicieux , ni éloquent , que de ne fçavoir que ramaffer ces fleurettes pour les parfemer dans fes écrits , fans choix ni jugement.

Meffieurs de l'Academie Françoife

Auffi devons-nous croire que ce fera l'employ de ces Illuftres Eloquens, que la France a choifis pour lui apprendre à parler. Il eft vray - femblable , qu'une partie de leur étude fera de fixer les termes , & de faire connoître la place naturelle qu'ils doivent occuper. Jufques-là je ne penfe pas que la badineric doive l'emporter fur le bon fens , qui fuit les regles que l'on a déja établies par la raifon & l'ufage.

Avis à une perfonne fuperieure , pour fes lettres

Mais revenons à nos lettres : comme donc elles font choquantes , quand elles fortent de la bienfeance du ftile , de la matiere & de la perfonne , lorfque c'eft une perfonne inferieure qui écrit à une perfonne fuperieure ; le contraire eft également ridicule , quand un grand Seigneur écrit à un moindre imperieufe-

ment & de haut en bas: car fi cet inferieur n'eſt point de ſa dépendance, ou
s'il eſt étranger, cet homme de qualité
s'expoſe à la riſée, de lui écrire fierement, & en maître.

On met auſſi dans la lettre le lieu & La datte de la lettre.
la datte du jour & de l'année que l'on
écrit. Pour un plus grand reſpect on la
met tout au bas de la page où on finit la
lettre, & côté à gauche; car c'eſt en uſer
trop familierement envers une perſonne
de qualité, que de mettre cette datte en
tête de la lettre.

Au reſte, lorſque l'on nous comman- Pour abre-ger les ceremo-nies des let-tres.
de d'abreger ces ceremonies, dont j'ay
parlé, & d'écrire en billet, c'eſt à-dire,
tout de ſuite, ſans mettre en tête, Monſieur, & ſans laiſſer de vuide au commencement, il faut obeïr pour ne ſe
point rendre importun ; & alors on
prend du petit papier, & on inſere
le Monſieur ou le Monſeigneur, dans le
commencement du billet, en le plaçant
aprés quelques paroles, pourvû qu'elles
ne faſſent point de liaiſon choquante.
J'ay reçû, Monſieur, le billet que vous
m'avez fait l'honneur de m'écrire, il n'eſt
pas exact, parce qu'il ſemble que l'on
ait reçû, Monſieur; il vaut mieux dire :
J'ai reçu le billet que vous m'avez, Mon-

fieur, fait l'honneur, &c. Quelques uns pour donner une forme plus respectueuse à ces billets, ne les commencent pas au haut de la page: mais ou au milieu, ou plus bas, comme si c'étoit une lettre, laissant plus ou moins de blanc selon la qualité de la personne. Par exemple, si je voulois faire un billet à une personne d'un caractere élevé, je laisserois les deux tiers de la page en blanc, & commencerois: *J'ai reçu le billet que vous m'avez, Monseigneur, fait l'honneur, &c.*

D'où il faut tirer la matiere de ses lettres. Pour ce qui est de donner ici des modeles de lettres pour toutes sortes de sujets, on nuiroit plutôt, que l'on ne serviroit; il faudroit les éviter, quelques justes qu'ils fussent, parce qu'ils seroient connus de tout le monde. Les preceptes generaux que nous venons de donner, suffiront, si on y veut apporter un peu de bon sens de son côté. J'y ajouterai seulement, pour plus grande intelligence, & pour aider en passant à en faire l'application, que les lettres servent, ou pour traitter d'affaires, ou pour s'acquitter de quelque civilité, comme nous venons de dire.

Une lettre qui n'est que pour la civilité est ou un compliment qui exprime quelque passion, ou un compliment qui loüé la perfonne à qui nous écrivons. Si c'eft pour exprimer quelque paffion, comme une conjouiffance, une condoleance, &c. elle fe doit tirer du cœur pour être bonne, ainfi que nous avons dit en traittant des complimens. Autrement c'eft *manierer*, comme parlent les Peintres, que de copier certains complimens vulgaires, qui fouvent n'étant point naturels, & étant avec cela publics, rendent ceux qui les écrivent ridicules.

Il faut les inventer foi-même tellement quellement: cette fincerité jointe à la bienféance que nous avons marquée jufqu'ici à l'égard de la perfonne, de la matiere & du ftile, rendra une lettre, fi non admirable pour les penfées, du moins obligeante, qui eft la fin que l'on doit fe propofer, perfonne n'étant blâmable de n'avoir pas toujours un grand genie.

Que fi c'eft un compliment pour s'infinuer dans l'efprit de la perfonne à qui on écrit, en louant fon mérite, on peut pour l'inventer, ufer des mêmes regles que nous avons données, pour les complimens de loüanges.

Si c'eft une lettre d'affaires, ou c'eft une lettre directe, ou c'eft une réponfe.

Dans une lettre directe qui ouvre la

premiere une négociation , ou un recit;
il faut exactement observer les circonstances, c'est-à-dire, marquer le lieu , le
tems , la personne & la chose , afin que
celui à qui on écrit , voye dans la lettre
les choses dont il s'agit , comme il les
verroit , s'il étoit lui-même sur les lieux,
de même que dans une lettre qui exprime une passion , il doit voir notre cœur,
comme s'il le voyoit en effet.

Mais il faut de tout cela ne prendre
que ce qui est important pour n'être
point long en descriptions inutiles , ni
paroître orateur ; c'est un vice très-
grand dans une lettre d'un homme d'affaires , qui doit être simple , grave &
précise. Elle doit être avec cela claire &
intelligible : ce qui se fait en observant
de l'ordre dans le composé de la lettre &
dans la narration ; c'est-à-dire, en distin-
guant les matieres , & disant de chaque
matiere le premier ce qui sert d'éclaircis-
sement pour ce qui suit : le general devant le particulier ; le moins considerable avant le plus important , & ainsi de
degrez en degrez, jusqu'à ce que l'on soit
parvenu aux choses qui sont , ou les dernieres par le tems , ou les plus importantes , & qui doivent faire le plus d'impression dans l'esprit de celui à qui on écrit.

Si

Si c'est une réponse, il faut avant toutes choses marquer la datte de la lettre que l'on a reçûë, & repondre article par article à tous les chefs : & puis ajoûter ce que l'on auroit de nouveau à faire sçavoir, observant l'œconomie & l'ordre dont nous venons de parler. Les lettres du Cardinal d'Ossat, sont pour l'une & l'autre espece de ces lettres d'affaires, un des plus excellens modeles que l'on puisse proposer, si on en reforme quelques termes surannez.

Il est bon aussi de sçavoir que pour plus de respect, on met la Lettre dans une envelope, sur laquelle on écrit le dessus. Et pour les Dames on cachette quelquefois les lettres avec de la soye, en mettant le dessus sur la lettre même ; ce qui s'observe à l'égard des Dames de la plus grande qualité, si ce n'est que pour marque d'un plus grand respect, on peut mettre la lettre déja cachetée de soye, dans une envelope, sur laquelle on met encore le dessus.

De l'envelope de la lettre

Aprés avoir dit comme il faut écrire des lettres, il est bon à present d'ajoûter un mot de la maniere dont il faut les recevoir.

Observations quand on reçoit une lettre

Si la personne qui vous rend quelques lettres, billets ou autres papiers, est d'une

Bb

qualité que vous deviez honorer, & qu'elle vous rende cette lettre lorsque vous êtes seul, il faut d'abord prendre garde à deux choses.

La premiere, si cette lettre regarde vos propres affaires, ce que vous pouvez aisément juger ; & en ce cas il ne faut ni l'ouvrir, ni la lire devant cette personne, comme nous l'avons déja dit ailleurs en passant.

La seconde, est de voir si c'est pour les interêts de cette même personne ; car alors il faut l'ouvrir & lire la lettre en sa presence, en lui faisant quelque civilité sur ce qu'on la laisse pendant ce tems-là sans l'entretenir.

Que si on vous rend une lettre, un billet ou un autre papier en compagnie, la civilité seroit de la lire tout haut, si cela se pouvoit faire sans interrompre la conversation ; mais parce qu'il en peut arriver de grands inconveniens, comme seroit, par exemple, de reveler quelque chose qui doit être secret, ou qui toucheroit les interêts de quelqu'un de la compagnie ; ou même quelque affaire où on se lieroit les mains en la communiquant ; il vaut mieux, si la chose presse, faire une excuse à la compagnie, & lui demander permission d'expedier la

perſonne qui vous a rendu la lettre : &
après ſe lever , ſi on eſt aſſis , & ſe tirer
à l'écart· pour la lire , & faire la réponſe que l'on jugera à propos ; remarquant cependant qu'il eſt obligeant de
dire à la compagnie quand on revient ,
ce qui ſe peut déclarer , & particulierement ſi c'eſt quelque nouvelle , afin de
ne point paroître myſterieux ni couvert,
ce qui eſt un grand vice en toutes rencontres.

C'eſt pourquoy il faut bien ſe donner
de garde d'imiter certaines perſonnes ,
qui ayant commencé à lire une lettre
tout haut; & venant à rencontrer quelque endroit délicat, s'arrêtent tout court,
& le liſent entre les dents : cela eſt tout-
à-fait déſobligeant , & offenſe bien ſouvent la compagnie , ſuivant les circonſ-
tances & les occaſions.

CHAPITRE XXVI.

*De la bienſeance que doivent garder les
perſonnes ſuperieures , à l'égard
des inferieures.*

L'Ordre nous a conduit à dire ici
quelque choſe de plus précis de la
bienſeance, qu'un ſuperieur doit garder

Raiſons pour
porter les
grands Sei-
gneurs à la
civilité.

à l'égard des inferieurs ; mais comme ce
seroit vouloir prescrire des loix à ceux
qui les font, on s'en dispensera. Seulement prendra-t-on la liberté d'avertir
les jeunes Seigneurs ; car ce Traité n'est
fait que pour la jeunesse ; que s'ils n'é-
toient pas assez raisonnables pour voir
que les petits & les pauvres sont hommes comme eux, ils ont souvent autant & quelquefois plus de merite qu'-
eux : ou s'ils n'avoient pas assez de charité chrétienne pour honorer en leurs
personnes l'image de Dieu, & pour les
regarder comme ayant Dieu pour Pere
aussi-bien qu'eux ; comme ayant été ra-
chetez par JESUS-CHRIST du même
sang qu'eux ; & comme ayant ce privilege par dessus eux, qu'il a voulu sanc-
tifier la pauvreté en se faisant pauvre
lui-même ; ils doivent du moins pour
leur propre interêt être bons, par exemple, à leurs domestiques, & civils &
honnêtes à l'égard de ceux qui ne sont
point dans leur dépendance. Quel mons-
tre n'est-ce pas, en effet, qu'un grand
Seigneur qui n'a point de civilité ? Tout
le monde le fuit, tout le monde s'en ir-
rite, on ne lui rend honneur que par
maniere d'acquit, & pour satisfaire à
l'usage ; ainsi on peut dire qu'il est au

monde fans y être, puifque c'eft n'y être pas, que de n'y être aimé de perfonne. Mais il ne faut pas s'en étonner, la civilité étant, comme nous avons dit, l'effet de la modeftie, qui eft l'effet de l'humilité : & l'humilité étant une marque veritable de la grandeur de l'ame, qui eft la veritable grandeur, & non pas celle de la fortune : c'eft elle qui attire le cœur, & qui fe rend aimable par tout ; comme au contraire l'arrogance, qui eft la marque de la petiteffe de l'efprit, eft l'objet du mépris de tout le monde.

Les grands Seigneurs peuvent même être civils à bien meilleur marché que les autres ; car à l'égard des inferieurs, ils n'ont fans s'incommoder, qu'à être un peu familiers & carreffans, ils pafferont pour fort honnêtes & fort civils, parce que cette familiarité eft obligeante, comme nous l'avons dit au commencement.

Facilité à un grand Seigneur d'être civil

CHAPITRE XXVII.

De la bienféance entre perfonnes égales.

L'Honnêteté eft donc par tout aimable, & par tout la marque d'une

Quelle eft la civilité entre égaux.

Bb iij

personne bien élevée, mais la preuve la plus sensible de la bonne éducation, est la conduite que l'on tient envers ses égaux. Car comme à l'égard des personnes qui sont superieures, la pudeur & la crainte peuvent rendre modeste malgré qu'on en ait ; ici c'est le pas naturel, qui fait un homme civil.

Quand je dis civil, je n'entens pas que l'on observe à l'égard de ses égaux avec lesquels on a accoutumé de vivre, les mêmes déferences & les mêmes circonspections, qu'avec des personnes superieures, devant lesquelles il faut témoigner sa soumission par des observations étudiées.

Quelle familiarité est permise entre égaux.

Avec ses égaux on peut abreger ce que l'on appelle ceremonie, & faire succeder la familiarité à la place des formalitez exterieures.

Mais il est bon de sçavoir aussi, qu'il y a differentes sortes de familiarité.

(a)In iis perniciosus est error,quiexistimant libidinum peccatorumque omnium patere in amicitia licentiam , virtutum enim amicitia adju-

(a) L'une qui ne se cache de rien, non pas même de ce qui est deshonnête : & c'est la familiarité dont usent les personnes qui ont perdu tout sentiment pour l'honneur ; & par consequent ce n'est pas celle dont nos jeunes gens doivent user.

Au contraire, ils ne doivent jamais ni rien dire, ni rien faire, quelque liberté

qu'ils en ayent, qui ne porte le caractere d'un esprit bien fait , & qui sent son
bien.

Il y en a une autre qui sert de prétexte
pour prendre par tout impunément ses
commoditez, & aller à ses fins aux dépens des autres ; & c'est une espece de
filouterie, dont certains hardis usent ,
pour abuser de la bonté & de l'honnêteté des autres. Cette liberté est choquante & tout-à-fait indigne d'une ame bien
née. (*a*)

Il y en a une autre qui est le symbole
de l'amitié ; & c'est celle-ci dont doivent user les égaux entre honnêtes gens.
Ce qui fait voir qu'ils doivent absolument regler leur conduite à leur égard
sur un principe d'amitié , & qu'ils doivent par consequent éviter en toutes choses de se choquer & de se fâcher les uns
les autres ; ils doivent chercher toutes
les occasions de plaire à leurs égaux : ils
doivent même leur porter de l'honneur ,
non un honneur de ceremonie, comme *b*
nous venons de dire , mais d'amitié, ainsi
que font entr'eux les veritables amis.
C'est pourquoy, comme pour vivre dans
la bienseance avec les personnes superieures , l'unique regle est de les considerer par tout plus que soy-même : l'uni-

trix à natura
data est, non
vitiorum co-
mes.
Cic. ....

(a) Asperi-
tas agrestis ,
& inconcin-
na gravisque
. . . . . .
dum vult li-
bertas mera
dici, veraque
virtus.
Hor. Epist.
lib 1. p. 18.

Que la re-
gle pour bien
vivre avec ses
égaux, est
d'observer l'é-
galité.

b; Neque so-
lum colent se
invat se . ac
diligent : sed
etiam maxi-
mum orna-
mentum
amicitiæ col-
lit, qui ex ea
tollit : vere-
cundiam.

que regle auſſi pour vivre dans la bien-ſeance avec les perſonnes égales, eſt de les conſiderer par tout comme ſoi-même.

D'où il s'enſuit que c'eſt une incivilité, & très-incommode à une compagnie de perſonnes égales, de vouloir ſe faire conſiderer par deſſus les autres : de ſe faire attendre : de regler tout le monde à ſes heures : de faire dépendre de ſon goût celui des autres : de s'attribuer les meilleures choſes : de s'ériger en maître & en controlleur, &c.

Que l'hon-nêteté doit ê-tre l'aſſaiſo-nement de la converſation entre égaux. Or comme cette familiarité diſpenſe des actions de ceremonie, elle diſpenſe auſſi des paroles de circonlocutions, qui marquent la ſoumiſſion & la déference : & d'ordinaire la converſation entre égaux eſt plus libre & plus gaye que celle entre perſonnes où il y a de l'inégalité ; mais auſſi parce que ces converſations, toutes gayes qu'elles ſoient, doivent être honnêtes, il eſt bon d'obſerver ici quelques regles d'honnêteté, pour ne pas confondre les choſes qui entrent dans cette converſation.

CHAPITRE XXVIII.

De la Raillerie.

LA raillerie est d'ordinaire ce qui a le plus de part dans la conversation des personnes égales.

Ce que c'est que la raillerie.

Naturellement elle est *un discours enjoüé & spirituel, qui exprime quelque chose d'agreable, sans blesser personne* (a), *ni l'honnêteté.*

(a) Dicacitas sermo facetus & acutus sine scurrilitate, &c.

Mais parce que par abus on a étendu plus loin la signification, il y en a une autre espece, qui est celle dont la plûpart du monde se sert pour exprimer la derision subtile & ingenieuse de quelque vice, ou de quelque défaut en quelque sujet qu'ils se rencontrent, soit en s'en moquant ouvertement, soit en les contrefaisant par geste. (b) Et c'est la raillerie de certains effrontez, qui font un métier de faire rire à quelque prix que ce soit, sans aucun égard ni au tems, ni au lieu, ni aux personnes, comme porte la définition de cette raillerie. Aussi n'y a t-il pas beaucoup de difference entre railler de cette maniere & dire des injures, si ce n'est que les injures attaquent sans chercher d'ornement.

Cic. de Orat. lib. 2, cap. 16. (b) Scurrilitas turpis & procax dicacitas, neque temporis neque loci, neque personarum respectum habet. Id. Ibid.

Cette derniere raillerie eſt tout-à-fait indigne de perſonnes bien élevées. Elle bleſſe l'honnêteté & choque le prochain.

L'autre qui eſt toute innocente, peut entrer dans la converſation des honnêtes gens: le ſecret n'eſt que de la bien tourner : car non ſeulement il faut avoir du feu , & imaginer heureuſement, ce que l'on appelle , *les bons mots* ; mais il faut avoir l'eſprit net & juſte , pour leur donner un tour juſte. En effet , cette raillerie ne conſiſte pas à faire le folâtre , l'enjoüé & le rieur ſans ſujet ; à dire de petites pointes plates , & tirées de ſujets bas & communs, comme la plûpart des proverbes , que l'on a aboli pour cette raiſon ; & parce qu'une raillerie proverbiale eſt une raillerie de mémoire , & non pas d'imagination ; mais à penſer & à dire quelque choſe de nouveau , de brillant & d'élevé , conforme à la qualité des perſonnes qui parlent & qui écoutent & de le dire bien à propos.

C'eſt pourquoi , ſi par l'experience que l'on peut en avoir faite depuis que l'on eſt au monde , on ſe ſentoit l'eſprit peſant , il faut s'abſtenir entierement de la raillerie ; car elle retourne ſur ſon auteur , en ce que perſonne n'en rit , que pour ſe moquer de celui qui la fait mal ,

Mais il ne faut pas seulement s'en abstenir, si on ne se sent pas assez de vivacité d'esprit ; il le faut même quand on en auroit, si ceux devant qui on parle, n'en ont pas assez pour penetrer le fin de la raillerie. Il y en a qui ont, ou les oreilles impenetrables pour tout ce qu'on peut dire de vif & de penetrant, ou l'esprit tellement de travers, qu'ils donnent toujours un sens oblique à ce que l'on peut dire de plus droit. Ce sont gens assurément très-incommodes : mais parce que le monde en est presque rempli, il vaut mieux, ayant à vivre dans le monde, s'accommoder à cette foiblesse, que d'imiter l'inconsideration ou la vanité de quelques-uns, qui aiment mieux perdre un bon ami, qu'un bon mot, il en arrive de très-grands inconveniens : & le sens commun seul nous apprend assez que tous les bons mots ensemble ne valent pas un ami. (a)

(a) Ludus enim genuit trepidum certamen & iram: ira truces inimicitias & funebre bellum. *Hor. Epist. Lib.* 1. *Ep.* 18.

Pour cet effet, il faut se proposer les regles suivantes, ou de semblables pour éviter de n'offenser personne.

Regles pour n'offenser personne dans la raillerie.

La premiere, est qu'en general il ne faut point du tout, s'il se peut faire, de railleries personnelles ; c'est-à-dire, qui attaquent les personnes, & particulierement les personnes encore vivantes, ou

mortes fi recemment, qu'elles vivent encore dans ceux qui les reprefentent.

La feconde, eft que dans la perfonne
il faut diftinguer les défauts volontaires,
de ceux qui font involontaires. C'eft une
très-méchante raillerie de fe mocquer
d'une perfonne, par exemple, à caufe
qu'elle fera borgne, boiteufe, &c. car
ce n'eft pas fa faute : de même que c'eft
une préfomption qui marque un grand
défaut de bon fens, de fe glorifier de ce
que l'on eft bien fait, puifqu'on n'y a
rien contribué.

La troifiéme eft, qu'il faut diftinguer
auffi dans la perfonne, l'exterieur d'avec
l'interieur ; l'exterieur n'eft pas fi fen-
fible que l'interieur : auffi un homme,
par exemple, ne fe fâchera pas qu'on
dife de lui, qu'il n'a pas grande mine ;
mais il fe fâcheroit bien fort, fi on difoit
qu'il n'a point d'efprit. Une femme ne
fera que mortifiée, fi on dit qu'elle eft
paffablement bien faite : mais on l'ou-
trageroit, fi on difoit qu'elle fût extra-
vagante.

La quatriéme eft, que dans l'interieur
même il faut diftinguer ce qui fait le
merite réellement, ou ce que l'imagination ou la foibleffe des hommes a fub-
ftitué à la place du merite, & rendu le

plus senfible, comme ce que l'on appelle
point d'honneur, felon le monde. Car
un homme ne fe fâchera pas tant, fi on
dit qu'il n'a point d'efprit, ni de vertu,
que fi on difoit qu'il n'a point de cœur.
Une femme ne s'offenfera pas tant que
l'on dife qu'elle eft ftupide & fans pieté,
que fi on difoit qu'elle eft libertine.

La cinquiéme, eft de diftinguer auffi
les actions : celles qui partent de principes délicats, touchent bien plus fenfi-
blement que les autres. Comme, par
exemple, de railler fur la fuite d'un homme d'épée, qui aura lâché le pied dans
quelque occafion, l'offenfera bien plus
que de le railler fur ce qu'il aura fait un
mauvais compliment : de railler de ce
qu'une Dame fe fera ajuftée & fardée
pour un mauvais deffein, l'offenfera bien
plus, que de la railler de ce qu'elle fe fera
fardée & ajuftée pour quêter dans une
Eglife.

La raifon eft, que le monde eft ainfi
fait, parce qu'il fait fervir fes actions
de regle à la vertu, au lieu que la vertu
doit être la regle des actions; parce qu'il
fe figure qu'il y a du mépris où il n'y en
a pas, & parce qu'il fe fait un merite de
ce qui ne l'eft qu'en imagination.

C'eft l'aveuglement & l'enyvrement

de la nature corrompuë : & comme on ne doit point s'ériger en Directeur, y ayant des personnes établies pour cela, on doit, puisqu'on est obligé de vivre au milieu de toutes ces foiblesses, que l'on ne peut pas corriger, y conformer sa conduite, & éviter d'offenser personne dans les choses où on a établi ce prétendu mépris. Et c'est se conformer à la regle capitale, que nous avons marquée, qui est de considerer nos égaux comme nous-mêmes.

Car si selon le monde, il n'y a rien de si sensible que le mépris, & encore le mépris qui vient de personnes, qui n'ont aucune autorité sur ceux qu'ils méprisent ; il est certain que comme nous ne serions pas bien aises que l'on nous méprisât nous-mêmes, nous serions, non seulement mal-honnêtes, mais injustes de mépriser les autres.

On voit donc combien la raillerie doit être touchée délicatement, pour être dans les regles de l'honnêteté, & combien peu de matiere il reste pour railler, si on veut éviter les pas dangereux que nous avons marquez. En effet, il ne reste que les choses, c'est-à-dire, ce qui est hors de l'homme ou ce qui ne vient point de l'homme.

Et même il y a encore un temperament à garder, qui est, qu'en premier
lieu, il ne faut jamais faire raillerie des
choses pour lesquelles nous devons naturellement avoir du respect, comme pour
celle de la Religion, quelque délicate
que soit la raillerie. Par exemple, si on
disoit: *Oui ! la grace elle-même, cette grace qui a fait tant de bruit dans les écoles, &
qui fait des effets si admirables dans les
ames: cette grace si forte & si douce tout
ensemble, qui triomphe de la dureté du cœur
sans blesser la liberté du franc - arbitre, qui
s'assujettit la nature en s'y accommodant; qui
se rend maitresse de la volonté, en la laissant
maitresse d'elle-même; cette grace, dis - je,
qu'est - ce autre chose, qu'un je ne sai quoy
surnaturel, qu'on ne peut ni expliquer ni
comprendre.*

En second lieu, il ne faut pas non plus
faire raillerie de choses pour lesquelles
on doit avoir naturellement de la pudeur & de la retenuë, quelque couverte
que soit la raillerie : comme si on disoit,
par exemple, aprés ce vieil original des
railleurs: *Nous en retournant à nos Na-
vires, je vis derriere je ne sai quel buisson,
je ne sais quelles gens faisoient je ne sai quoi
je ne sai comment, &c.* Et un autre railleur reprend, & dit, *C'étoit, comme on*

De quelles choses il ne faut point railler.

nous a raconté, deux hommes de je ne sai
quel âge, ni de quelle condition, qui étoient
allez de compagnie, pour je ne sçai quoy.
Aprés avoir fait chacun, comme ils
croyoient, avec satisfaction ; ils regardent,
par je ne sai quelle complaisance que l'on
a pour ses actions (dont Ésope n'a pû rendre
raison) si l'effet répondoit à leur opinion.
L'un se congratule du bon succès ; L'autre
regarde, il ne trouve rien. Il cherche, rien.
Il demande s'il rêve, il n'en sait rien. Il
foüille par tout, rien. Le voilà dans un
étonnement étrange ; car il étoit assuré de son
fait. Il en appelle à son camarade. Il le
presse de chercher avec lui. Cet autre au
contraire dit qu'il est visionnaire, & lui
prouve : celui - ci encherit, & croit être en-
sorcelé. Il faisoit froid cependant, c'est pourquoy ils quittent la place, reprenent leur
chemin : & comme l'enchanté voulut se cacher de son manteau, il bride le nez à son
compagnon, qui étoit sous sa main, du je
ne sai quoy. Celui-ci le discernant à l'odo-
rat, s'écrie : on visite. Il se trouve que le je
ne sai quoi qu'il avoit fait dans la double-
re de son manteau, s'étoit, en s'élevant,
coulé vers le bout, & étoit allé donner jus-
tement dans le nez de l'autre, comme toutes choses tendent à leur centre, par je ne
sai quelle disposition naturelle. Et de rire.

Et

Et en troisiéme lieu, on ne doit point encore railler sur les disgraces & les infortunes de qui que ce soit : une ame bien née ne doit jamais insulter au malheur d'autrui. C'est une lâcheté, selon le monde, & un peché contre la charité, selon Dieu. Par exemple, si on faisoit ce conte : *Un certain homme fort riche avoit convié bon nombre de ses amis à dîner, & comme on étoit sur le point de servir, on lui vint rendre une lettre d'un naufrage qui étoit arrivé à un Navire qu'il avoit en mer, où étoit tout son bien. La douleur le saisit, il fit ôter le couvert, pria ses amis d'aller dîner chacun chez soy, & s'alla renfermer. Voilà un homme bien empêché* (dit un railleur) *il n'avoit qu'à les prier de dîner avec les Syrenes & les Tritons qui faisoient grand'chere de ce qui étoit dans son Navire, &c.* Il n'y a rien de si impertinent, & en même temps de moins Chrétien. C'est pourquoi il faut très-soigneusement s'abstenir de toutes sortes de railleries qui blessent la religion, qui blessent l'honnêteté, qui blessent la charité, & qui par consequent marquent un grand déréglement d'esprit.

Pour le reste, on peut en toute liberté, c'est-à-dire, sans sortir des regles de la modestie, qui doit être, comme nous

Charmes d'une raillerie sans à propos.

C c

avons dit tant de fois, la compagnie inséparable des paroles & des actions de ceux que nous instruisons; on peut, dis-je, en toute confiance donner carriere à son imagination, si on a cet admirable & rare talent de dire bien les choses: bien loin qu'on s'offense de voir que l'on s'égaye spirituellement sur des sujets où personne n'a aucun interêt, chacun en est charmé, parce que cette gayeté innocente, étant la marque d'un bel esprit & d'un bon naturel, font aimer les personnes qui excellent, & rendent leur conversation très-agréable.

CHAPITRE XXIX.

Comment on se doit faire rendre l'honneur.

Regle pour soy-même.

IL est bon de sçavoir aussi, pour ce qui nous regarde en particulier, que c'est une incivilité de se faire rendre honneur en presence d'une personne plus qualifiée que nous ne sommes, & à qui nous devons nous-mêmes du respect; parce que l'honnêteté qui demande que l'on s'humilie par tout, l'exige de droit absolu dans cette rencontre, où le plus grand, selon l'ordre de la nature, rabaisse & efface le moindre. Ainsi il est

indécent , par exemple , à des perfonnes
de mediocre qualité de fe faire fuivre ;
ou à une Dame de fe faire mener & porter la robe en l'appartement , & en la
prefence d'une perfonne qui eft d'une
condition à fon égard beaucoup plus relevée.

De ce précepte dépend encore d'obli- *Regle pour*
ger fes enfans , fes valets , ou ceux qui *fes enfans , &*
font dans notre dependance , d'adreffer *fes domefti-*
aux perfonnes éminentes , lorfque nous *ques.*
nous trouvons avec elles , tous les devoirs
& toutes les civilitez , qu'ils feroient
obligez de nous rendre.

De là vient qu'il faut que ces enfans
faluent la perfonne éminente la premiere;
& fi le pere & la mere leur demande
quelque chofe , au même tems , que la
perfonne de refpect la demande auffi ,
ils doivent répondre , ou donner cette
chofe là premierement à cette perfonne.
Et delà il s'enfuit encore , que c'eft une
incivilité à des peres & meres de faire
correction à leurs enfans en prefence de
cette perfonne , & particulierement à des
meres qui interrompent la plus ferieufe
& la plus refpectueufe converfation ;
pour dire à leurs filles de fe tenir droites:
Marotte , l'épaule: Gogote , la tête: Toi-
nette ; le menton , & ainfi de plufieurs au-

tres avertiſſemens, fort utiles, à la verité: mais en cet endroit-là tres-ridicules & tres - déſagreables ? parce qu'elles diſent vingt fois la même choſe. Il faut faire ces inſtructions en particulier, ou avertir cette jeuneſſe par quelque ſigne, que perſonne n'apperçoive : ſur ce principe que tout droit de ſuperiorité ceſſe, & eſt comme ſuſpendu à l'égard desPeres & Meres, Maîtres & Maîtreſſes, tandis que la perſonne à qui nous devons du reſpect eſt preſente. Et c'eſt même trés bien fait (pour joindre cette regle de prudence à ce précepte de civilité) de s'abſtenir le plus que l'on peut de ces frequentes leçons. Il y a des meres ſi acharnées, pour ainſi dire, à ces redites, que tout leur entretien ſe paſſe à gourmander leurs filles : & il en arrive un effet tout contraire. Elles les importunent tellement, & leur donnent ſouvent tant de confuſion, que pour leur faire lever la tête, avancer l'épaule & retirer le menton, elles démontent toute la machine, & ces enfans ſe tiennent tres-mal pour ne ſçavoir pas comment ſe tenir ; ce qui retombe, non ſur l'enfant, mais ſur la Mere.

Il eſt pareillement à propos d'apprendre à ſes valets & à ſes ſervantes à porter respect aux personnes que nous respectons. Nous voyons des laquais si mal instruits, que quand ils ont quelque réponse à rendre en presence de personnes éminentes, ils passent devant, & viennent familierement parler à l'oreille de leurs Maîtres : & il faut que cette personne-là attende que ce dialogue soit fini, ce qui fait une trés méchante scene.

Il faut faire comprendre à ces laquais qu'ils doivent attendre que leurs Maîtres soient seuls pour leur parler, à moins qu'il ne s'agît d'une chose extrémement pressante : & alors le Maître doit demander pardon de l'incivilité de son laquais à la personne superieure. Il faut de même, quand il s'agit de servir, que ces laquais ou domestiques servent la personne la plus qualifiée la premiere, soit à table, soit ailleurs : & ceci est d'autant plus essentiel, que toutes les fautes que font ces subalternes retournent sur le Maître même : on l'accuse de ne pas sçavoir le monde, ni la civilité.

CHAPITRE XXX.

De l'importunité.

CE que nous venons de dire, ou ce que nous avons dit jusqu'ici pourroit peut-être suffire, pour nous faire condamner l'importunité, puisque nous en avons rapporté un si grand nombre d'exemples. Mais comme on ne voit que confusément les choses, qui se mêlent & se confondent parmi d'autres, ce ne sera ce me semble, pas être, importun, que de parler précisément & separément de l'importunité dans ce chapitre; puisque l'on ne peut trop parler d'une chose, qui est à l'égard des autres l'opposé direct de la civilité.

Les principes sur lesquels nous avons établi ce Traité, sont comme on a pû voir, de se conformer à la personne, au tems & au lieu; & l'importunité est de ne faire attention ni à la personne, ni au tems, ni au lieu. Un incivil est celui qui ne regarde ni le lieu ni le tems, ni la personne. Un importun est le même; & ainsi qui dit un importun, dit naturellement un incivil.

Les personnes importunes sont ordi-

D'où vient l'importunité.

nairement celles qui ont beaucoup d'a-
mour pour elles-mêmes , & peu de consideration pour les autres ; ou bien qui
ont naturellement l'esprit stupide. De
ces deux défauts ensemble , ou de l'un
des deux vient le vice de l'importunité.
On ne fatigue quelqu'un par ses acca-
blemens , que parce que l'on est , par un
principe d'amour propre , préoccupé de
cette fausse idée , que nos propres volontez doivent regner sur toutes les autres ; ou parce qu'on n'a pas l'esprit de
concevoir la laideur de l'importunité.
On ne détourne quelqu'un par des con-
tre-temps , que parce que l'on s'imagine par un sentiment d'orgueil que notre propre tems , ou notre loisir doit être
la regle du loisir , ou du tems des autres;
ou parce que l'on n'est naturellement
pas capable de discerner que tous les
temps ne se ressemblent point. On ne
trouble enfin quelqu'un dans un lieu , où
on devroit honnêtement garder quelques
mesures , que parce que la bonne opinion que l'on a de soy-même , ne permet pas que l'on donne aucunes bornes
à son petit desir ; ou parce que l'on a
trop de stupidité pour connoître que ce
qui peut être bienseant en un lieu , peut
ne l'être pas en un autre.

Aussi l'importunité produit-elle deux effets très-nuisibles, & tous differens de ceux que font les autres fautes que l'on commet dans la civilité. Là, on excuse le peu d'éducation, le peu d'attention, ici on n'excuse rien, parce que la faute est toute volontaire. Un importun passe pour effronté, ou pour stupide: voilà le premier effet de l'importunité. L'autre est, que comme l'effronterie est une marque du mépris que l'on a de la personne que l'on importune, l'importunité devient une offense, & par consequent aliéne plus l'esprit de la personne avec qui on agit, que la civilité même n'est capable de l'approcher, tant s'en faut que ce soit un moyen pour paroître civil. Ainsi l'importunité est bien comme un fardeau qui charge pesamment la personne que l'on importune: mais c'est un fardeau qui retombe en même temps sur l'importun même.

En effet, il est aisé de voir, que d'aller faire sa cour à cette personne éminente, lors, par exemple, qu'elle est chagrine d'une fâcheuse nouvelle; cette honnêteté est un veritable supplice, que d'aller lui rendre ses respects en un temps où elle est pressée d'affaires importantes; ses respects lui sont autant d'épines,

que

que d'aller lui faire la reverence en un lieu où il eſt de la bienſéance qu'elle ne ſe manifeſte point ; cette reverence lui eſt un coup mortel : auſſi eſt-il facile de juger que cette reverence, ces reſpects, & ces aſſiduitez font un effet très-déſa-vantageux pour celui qui les rend ; puiſ-que la perſonne à qui il les fait, ne peut être que très-ſenſiblement touchée de ſon hardieſſe, ou de ſon peu d'eſprit.

Mais, dira-t-on, ſi je ſuis moi-même preſſé d'une affaire de très-grande im-portance, & laquelle je dois abſolument communiquer à la perſonne ſuperieure, laiſſerai-je perir mon affaire par la ſeule crainte de paroître importun ? Ici l'hy-potheſe change : l'homme que nous ſup-poſons aller faire ſa cour, n'eſt plus un homme de cour, il devient un homme d'affaires ; & ſon importunité, qui ſous la premiere ſuppoſition étoit une faute ſans excuſe, devient ici neceſſaire & excuſable ; & par conſequent ce Grand, dont nous parlons, ne l'imputant plus à la perſonne, mais à l'affaire, l'im-portunité ne produit aucun mauvais ef-fet dans ſon eſprit. Il ſçait ce que per-ſonne n'ignore, que la neceſſité n'écoute aucunes loix.

On pourra dire encore, ſelon nos re-

Objection ſur ce ſujet, & leur réponſe.

D d

gles, qu'il est même de notre devoir
d'aller témoigner à la personne superieure la part que l'on prend à la mauvaise
nouvelle qu'elle peut avoir reçûë. Il est
vrai ; mais il faut que bien des circonstances concourent pour cela. En premier
lieu, il faut voir si cette nouvelle est publique, ou, pour mieux dire, si on veut
qu'elle soit connuë. Si on la veut tenir
cachée, c'est désobliger extrémement la
personne qualifiée de lui en aller parler :
si elle est connuë, il faut voir si cette
personne trouve bon qu'on lui en parle,
si d'autres de nôtre même espece lui en
ont parlé ; si d'elle-même, elle donne
occasion d'en parler, &c. Et si on voit
par cet tesupputation que notre civilité
ne pourroit être qu'une froide civilité,
il vaudra mieux s'adresser à quelqu'un
qui ait un accez libre prés de la personne
ne superieure, & avec qui on aura soy-
même un peu plus de commerce, & lui
faire connoître la part que l'on prend à
ce qui est arrivé ; le priant d'en couler
un mot en tems & lieu ; ou bien il faudra à toute extrémité, faire écrire son
nom au rang des autres, si on tient
memoire.

J'ai, objectera-t-on en dernier lieu,
une chose importante à dire à la person-

ne éminente, & elle se trouve dans un lieu où la bienséance me défend d'entrer. Que faire ? Il faut ou lui faire parler par un tiers, ou lui écrire, plutôt que de se commettre à la désobliger par notre importunité ; car il faut être si retenu & si circonspect dans ces rencontres, qu'il ne faut pas même , quoique le hazard nous jettât ces personnes là comme entre les mains, faire semblant de les connoître, ou y prendre garde.

Pour donc n'être point importun , il faut attentivement avoir égard à la personne, au tems & au lieu ; ou pour dire tout, en un mot, il faut pour n'être point importun, être civil ; parce qu'on ne peut avoir ses égards, que l'on ne soit civil. Or pour être civil, ainsi que nous avons vû, il faut être humble : pour être humble, il faut être charitable : pour être charitable, il faut mettre l'amour du prochain à la place de l'amour que l'on a pour soi-même : & pour mettre l'amour des autres à la place de l'amour propre, il faut préferer la personne, la volonté, la commodité, l'intetêt des autres, à sa propre personne, à sa propre volonté, à sa propre commodité, à son propre interêt ; & par conséquent, il faut pour n'être point im-

Ce qu'il faut faire pour n'être point importun.

D d ij

portun prendre les autres pour regle de nous-mêmes.

Et c'est ce qui s'adresse particuliere-ment à ceux qui pourroient être accusez de présomption, ou d'être du nombre de ces personnes, dont nous avons par-lé, qui prétendent donner la loi à tout le monde, & faire dominer leurs affai-res sur les affaires des autres. Ils n'ont, au lieu d'aller comme ils alloient aupa-ravant la droite route, où ils rencon-troient l'écüeil que nous découvrons ici, qu'à aller, comme on dit à la bouline, & à lovier. Il faut au lieu de donner à corps perdu contre la personne à qui ils doivent du respect, prendre langue, s'informer de l'état, de la disposition, de l'humeur de la personne éminente, du tems & du lieu favorable; & pren-dre sur tout cela ses mesures pour lui parler, lui rendre ses devoirs & ses res-pects.

Application de ces regles à des exemples. Et c'est, ce me semble, ce que tout le monde est capable de concevoir, les plus inconsiderez & les plus stupides mêmes. Cependant, parce qu'il est de la dernie-re importance de bien comprendre, & executer ce precepte, puisque sans cela il est impossible d'être civil, on va le proposer d'une autre maniere. Et c'est d'observer si la chose, pour laquelle nous allons vers un Grand, a quelque relation à lui-même, ou à ses affaires, ou bien si elle n'en a point, si cela a quelque rapport, l'entreprise est favorable : si cela n'en a point, elle est importune.

Par ce rapport, je n'entens pas seulement que la personne éminente ait interêt dans la visite qu'on lui va faire, ou que dans cette visite elle nous parle de quelque chose qui ait rapport ou liaison à ce que nous voulons dire; mais j'entens, à proprement parler, qu'il n'y ait dans cette personne ni dans l'état où elle se trouve, ou dans ses affaires, rien qui ait de la répugnance, ou qui ferme l'accez à notre entreprise : des exemples le vont éclaircir.

Supposons un homme qui vient demander à un Seigneur la permission de chasser sur ses terres, & supposons ce même homme peu capable de faire réflexion en lui-même, que ce qu'il demande est une grace qui doit être un pur effet de bonté ou d'amitié. Cela supposé, il n'a pour s'empêcher d'être importun qu'à comparer ou rapporter à l'état où il trouve la personne, ce qu'il veut demander. Il la trouve, par exemple fort touchée, de la maladie de quel-

qu'un qui lui est proche : qu'il rapporte à cet état la chose qu'il veut demander, & il verra que cet état ferme
tout accez, ou qu'il n'a aucun rapport
à la demande, & que c'est, ainsi que dit
le Sage, pour donner l'idée d'une chose
importune, une musique au milieu des
pleurs.

Il trouve cette personne-là en un tems
où elle est dans l'embarras de recevoir un
grand Prince : qu'il fasse le même rapport, & il verra que l'un est infiniment
éloigné de l'autre, & que de vouloir lui
faire sa demande dans cet empressement,
ce seroit la même chose, que de vouloir
arrêter un vaisseau qui va à pleines voiles.

Enfin notre homme rencontre la personne qualifiée à son oratoire, qui prie
Dieu : qu'il confere pareillement ce qu'il
demande avec la sainteté du lieu & de
l'action, & il verra sans beaucoup raisonner, que l'un & l'autre ne conviennent point ensemble ; & que sa demande seroit une espece de tentation, pour
traverser la bonne œuvre de la personne
de qualité.

Il en est de même de tous les états &
de toutes les actions ; de toutes les occasions & de tous les lieux, qui ne pourront point, pour dire ainsi, servir d'a-

venuë à l'affaire que notre homme veut proposer, comme seroit de dormir, d'écrire, de lire, de manger, de joüer, d'être enfermé, &c.

Tout au contraire, si notre même homme trouve cette personne qualifiée; je ne dis pas seulement dans un tems auquel elle parle elle-même de la chasse, ce qui seroit le moment heureux pour sa demande, parce qu'il y auroit un rapport naturel, mais de bonne humeur, & en un lieu favorable : alors toutes choses le conviant à parler, il ne doit point perdre l'occasion de le faire le plus respectueusement qu'il pourra : car le faisant ainsi, il ne passera point pour importun.

Ce rapport a même cette vertu, qu'il redresse les choses, qui ne seroient pas tout-à-fait dans les regles. Par exemple, il est de la civilité de ne point détourner un homme qui écrit; neanmoins si j'ai quelque chose à lui dire, qui ait rapport à ce que je sçai qu'il écrit, il est de l'ordre de lui parler, & c'est le rapport des choses qui opere cette rectitude.

Au reste, quand on dit que l'on doit avoir égard à la personne, on n'entend pas seulement la personne qualifiée, mais aussi la propre personne, & la personne

Que non seulement la chose, mais la personne doit être agreable pour ne point être importune.

D d iiij

des autres. De-là vient que quelque bonne volonté, ou bonne intention que nous ayons à l'égard du supérieur, si notre personne lui est désagréable, tout ce que nous faisons, tous les devoirs & tous les respects que nous lui rendons ne font que des importunitez. Et il arrive la même chose, lors, par exemple, que nous allons rendre ces devoirs en compagnie de gens qui ne plaisent pas à la personne supérieure : le chagrin que lui donne la vûë de ces personnes-là retombe sur nous, & rend importun ce qui sans cela seroit honnête.

Que le tems doit pareillement estre favorable à notre égard. Quand on dit de même, qu'il faut prendre garde au tems, on entend dire que ce soit autant à notre égard, qu'à l'égard de la personne éminente ; car de faire trop souvent la même civilité, quoy qu'elle fût dans les formes pour les autres circonstances, elle ne pourroit être qu'importune, manquant à celle-ci.

Aussi-bien que le lieu. Et pareillement du lieu. Ce n'est pas seulement le lieu de la personne supérieure qu'il faut observer, mais le nôtre propre. C'est pourquoi si cette personne-là nous faisoit visite par quelque occasion, ce seroit une incivilité de se prévaloir de cette rencontre pour lui faire la demande dont nous parlions, si elle ne nous en donnoit sujet elle-même ; & ainsi des autres lieux, comme l'Eglise, le Palais, les maisons des autres, &c. C'est manquer de civilité, que de demander quelque grace à une personne éminente hors de son logis, à moins que quelque circonstance ne l'excusât.

La moindre circonstance peut en effet rectifier une action qui seroit d'elle-même irreguliere: comme d'autre côté il faut, generalement parlant, établir cette maxime infaillible, qui comprend en peu de mots tout ce chapitre: que tout ce que l'on fait agissant avec les autres hommes, est importun, si cela ne convient ni au lieu, ni au tems, ni aux personnes.

CHAPITRE XXXI.

De la Contenance.

IL est maintenant à propos, avant que de finir ces preceptes, de faire voir d'une part les obstacles qui empêchent qu'on ne les pratique: & de l'autre, ce qui fait, que même en les pratiquant on n'est point civil. Il faut, dis-je, traiter de ces deux differens inconveniens, ou autrement ces deux mêmes préceptes de-

Interstices qui traversent la civilité.

meureroient inutiles. Dans ce chapitre nous parlerons des obstacles : & le suivant fera voir ce qui fait degenerer de la veritable civilité , en une fausse civilité.

La source de la contenance. Notre volonté est le principe de toutes les actions qui sont libres en nous : parce qu'elle est la source de nos passions , ce qui fait que toutes nos actions venant de nos passions , ont au dehors les mêmes qualitez que nos passions ont au dedans. Si celles-ci sont tranquilles , nos actions sont tranquilles: & on ne dit d'un homme , qu'il est posé & qu'il se possede, que parce qu'il possede son interieur , ou les passions ; & qu'ensuite celles-ci retenant l'exterieur, tout ce que nous voyons de cet homme paroît posé ou tranquille. Comme donc la civilité, à la considerer en elle-même , ne consiste qu'à se posseder , il s'ensuit que de ne se posseder pas , c'est à notre égard l'obstacle naturellement opposé à la civilité.

Ce qui c'est que la contenance. Et c'est ce que tout le monde exprime sans y penser , lorsqu'on dit d'une personne , qui ne sçait comment se tenir , ni ce qu'elle doit faire ou dire , qu'elle est décontenancée. Car la contenance n'est autre chose que *l'accord du dedans avec le dehors d'un homme* , c'est-à-dire, de la personne avec la chose , le lieu & le

tems dont il s'agit : & on ne perd contenance que quand le dedans ou l'esprit
sortant de son assiette , déconcerte le dehors , & empêche qu'il ne réponde aux
obligations que lui imposent les loix du
devoir de l'honnête homme, ou de l'homme civil, par rapport aux trois circonstances que nous venons de marquer.

Le mot même de *contenance* l'exprime
tout seul , en ce que venant du mot *contenir* , une personne n'est censée avoir
de la contenance , que parce qu'elle contient en premier lieu ses passions , & puis
ses membres ou ses actions , sa langue ou
ses paroles dans les bornes , où toutes
ces choses-là doivent être , pour répondre à ces circonstances.

De là vient , par exemple , que si une
personne qui sera obligée de se tenir at-
tentive devant une autre d'un degré émi-
nent , vient à s'endormir , chacun dira
qu'elle n'est pas dans la contenance où
elle doit être : & pourquoy , à votre avis?
parce qu'elle ne se contient pas : &
pourquoy encore ? allez à la source ,
& vous trouverez , que c'est parce que
l'ame étant préoccupée par la paresse ,
qui est une passion qui appesantit , devient elle - même pesante ; & par cela
même allourdit le corps , & lui ôte tout

fentiment , & par conféquent l'attention,
qui eft la chofe dont il s'agit , fait dormir contre la bienfeance devant une perfonne à qui on doit du refpect , ce qui
marque le lieu , & prend un tems pour
dormir qui n'eft pas deftiné au fommeil.
Et ainfi ne fe contenant point , ou per-
dant contenance par ce dormir , on devient incivil ; ou , pour mieux dire , c'eft
ce manque de contenance qui eft l'ob-
ftacle à la civilité.

Cet exemple n'eft que pour éclaircir
notre définition. On fçait bien que la né-
ceffité étant cette loy fouveraine , qui fe
fait faire un joug par toutes les autres
loix , on ne perd point contenance, lorfque la nature , l'âge , l'indifpofition &
autres raifons invincibles obligent dans
la matiere que nous traitons , à faire
même ce que l'on condamne. Un homme
difgracié naturellement aura une contenance reguliere , tout boffu qu'il foit.
Un vieillard & un malade feront toujours bien en quelques manieres qu'ils
foient. Nous entendons parler ici de ce
qui eft volontaire , & de ce qui nous emporte hors des regles de la bienfeance
par notre propre faute.

Or ce qui nous emporte ainfi , n'eft
autre chofe, comme nous venons de di-

re, que nos paſſions, ou plutôt nous ne perdons contenance, que parce que nous ſubſtituons une paſſion à la place d'une autre paſſion, ou une paſſion étrangere à la place de celle qui nous doit faire agir. Ces fauſſes paſſions font les mauvaiſes contenances; & comme les paſſions mal reglées ſont preſque ſans nombre, les mauvaiſes contenances ſont auſſi fort ordinaires.

Que les differentes paſſions ſont les differentes contenances

Nous en avons déja fait remarquer une aſſez bonne quantité dans le cours de cet ouvrage, en montrant ce qui eſt contre la civilité: & ſi on veut ſoy-même étudier un peu le monde pour ſe corriger, on verra qu'il n'y a preſque rien de plus rare qu'une bonne contenance.

La plûpart des gens ſont ſi empêchez de leur perſonne par les faux principes dont nous parlons, qu'ils ne ſont pas moins inſupportables à eux-mêmes, qu'ils ſont ridicules & choquans à la vûë des autres.

Exemples des mauvaiſes contenances.

Qui peut ſouffrir dans un entretien ſerieux un jeune homme qui ſe porte bien, étendu, ou le corps plié en deux dans un fauteüil, faiſant l'eſprit fort; & particulierement ſi c'eſt un Eccleſiaſtique; ou qui peut même le ſouffrir d'une femme?

Nous en voyons qui de peur de paroî-tre stupides, parlent sans cesse, & en s'écoutant parler, s'applaudissent des mains & des pieds.

Qui dans une conversation avec un su-perieur pâliront, se refrogneront.

Il y en a qui dans une compagnie de Dames, & en presence de personnes à qui on doit du respect, font les yeux doux, ou font des souris à quelque belle.

Il y en a qui rient à tout le monde, qui caressent, qui loüent, qui baisent, qui étouffent les gens, comme les sin-ges leurs petits, à force de les embrasser; qui font les amis, les patrons, les idolâ-tres de tout le genre humain.

Une Dame de son côté joüera de la prunelle, se portera cent fois la main au mouchoir, si elle a la main ou la gorge belle. Et d'autres, tant hommes que femmes, feront cent autres petites façons pour se faire regarder.

Une femme badinera avec un éventail jusqu'à en rompre la tête aux gens. Un homme se joüera avec sa canne, ses gants & ainsi du reste.

Un homme qui n'a ni esprit ni talens, affectera, pour faire paroître qu'il en a; car c'est un écüeil où nous donnons tous, une certaine gravité qui se complaît en elle-même , ſe compoſera les yeux , la bouche; parlera de tout par monoſyllabes entre ſes dents , ou du bout des lévres , s'imaginant que la mine & le ton, eſt ce qui fait la belle penſée.

Pourquoi , par exemple , un jeune homme qui n'a pas vû le monde , tourne-t-il ſon chapeau : ou pourquoi eſt-ce qu'il rougit quand une perſonne qualifiée lui parle ?

D'où vient qu'en preſence d'une compagnie à laquelle on doit du reſpect , il y en a qui s'accrochent , ſe heurtent , & ne ſçavent ce qu'ils font , en l'abordant, ou en ſe retirant:

Mais nous entreprendrions l'impoſſible , ſi nous voulions faire le dénombrement de tous les décontenancez du monde : tâchons ſeulement de nous corriger: pour cela ſuivons nos regles. Suppoſons d'un côté, que toutes les perſonnes dont nous venons de parler , ſoient devant quelqu'un à qui elles doivent du reſpect; & qu'elles ſoient venuës lui parler , ſi vous voulez, pour quelque procez , ou affaires ſerieuſes : & ſouvenons-nous d'autre côté , que la contenance eſt , comme nous avons dit , un concert de la paſſion & de la perſonne avec la choſe, le lieu & le temps.

Tout cela préfuppofé, il fera aifé de voir que le jeune homme, l'Ecclefiafti-que, ou la femme qui font dans ce fau-teüil, oublient ce qu'ils font, c'eft-à-dire, ne font pas attention à leur perfon-ne, mettent la pareffe à la place de la modeftie, & ne fe fouviennent ni du lieu ni du temps où ils fe rencontrent. Pour fe corriger, ils n'ont donc qu'à fe contenir chacun felon ce qu'il eft, ou felon fa qualité; je veux dire, qu'ils n'ont qu'à fe poffeder ou entrer en eux-mêmes, en fubftituant la modeftie à la place de toute autre paffion. L'affiette d'une per-fonne affife, eft d'être la moitié du corps qui eft la plus haute, droite, quoique mo-bile,& l'autre qui eft la plus baffe, ferme, retirée & immobile, fans croifer les ge-noux: & le refpect étant fondé là-def-fus, en ce lieu,& en ce temps, il ne faut point manquer à cette contenance, ou on manque à la civilité.

Ceux qui parlent trop, le font par un principe de vanité & de ftupidité tout enfemble; bien-loin d'éviter par-là de paroître ftupides, ils témoignent ne fça-voir pas que la ftupidité n'eft autre cho-fe que l'ignorance de fon devoir. Il faut donc être comme une ftatuë, dira-t-on? nullement, mais il faut dire refpectueu-
fement

sement l'affaire qui vous amene, entendre les réponses qu'on vous fait, & rendre raison de ce qu'on vous demande : ce que les statuës ne font pas. Et il s'en faut tenir là inviolablement, si on veut se tenir dans les regles.

Ceux qui pâlissent, &c. montrent qu'ils sont agitez de colere : & ainsi cette passion empêchant qu'ils ne se contiennent, ils n'ont qu'à la supprimer, & ils seront dans l'ordre.

Les differens gestes de ceux qui cajolent ici les Dames, marquent qu'il y a en eux de la coquetterie ; & ils substituent ainsi cette passion à cette tranquillité respectueuse où ils doivent être. Otant donc de leur esprit ce déreglement, ils se possederont, & seront dans leur devoir.

Ces grands carresseurs sont les comediens serieux de la vie civile. S'ils sçavoient que les personnes de sens rassis se rient de ses pantalonnades, selon ce principe, que quiconque aime & louë tout le monde, n'aime & ne louë personne, puisqu'il ne l'aime & ne le louë que par grimace ; ils se garderoient bien d'extravaguer de cette maniere ; ils conformeroient leurs façons de faire à leurs personnes ; ôteroient de leur esprit l'ambition & la fausseté qui le possedent ; &

E e

alors ils seroient civils, honnêtes & sin-
ceres envers tout le monde, comme tout
honnête homme doit être ; mais avec la
circonspection qui est, & doit toujours
être la compagnie inseparable de la civilité, aussi-bien que toutes les autres vertus. La civilité n'entend nullement que
l'on se prostituë.

Une Dame qui a les manieres liberti-
nes découvre sa vanité ou sa dissolution ;
& ce dereglement qui l'offense elle-même, & offense la personne éminente, parce que le respect est de cette nature, que
tout ce qui nous deshonore nous - même en la presence de la personne à qui
nous devons porter honneur, la deshon-
nore elle-même. Il ne faut donc que re-
trancher ses passions, & on sera dans la
regle. Outre qu'en general ceux qui
veulent qu'on les regarde déplaisent, on
les tournent tacitement en ridicules ; car
on regarde toujours l'interieur, pour juger de l'exterieur.

Ceux qui se joüent avec l'éventail ou
la cane, ou qui ont de telles contenances hors d'œuvre, sont gens qui dorment les yeux ouverts ; c'est-à-dire, qui
ont l'esprit dissipé. Ils n'ont qu'à rentrer
en eux-mêmes, chasser l'idée ou la passion qui les distrait, & ils seront civils.

L'homme grave par affectation, n'a qu'à se souvenir de cette maxime ; que vouloir cacher sa stupidité sous des apparences étudiées, c'est au contraire la manifester. Il n'a qu'à bannir de son esprit la vanité, & il paroîtra homme d'esprit. Il vaut cent fois mieux être moins spirituel que vain ; puisque la vanité sautant aux yeux du monde, découvre notre stupidité, & tout ensemble nous fait passer pour ridicules ; ce qui est s'attirer deux maux au lieu d'un.

Le jeune homme qui est interdit, ou qui rougit : l'autre de même, qui marche ou agit comme un homme hors de son bon sens ; toutes ces personnes, dis-je, sont des gens préoccupez par la crainte : & c'est cette passion, qui fait plus que toute autre perdre contenance. L'appareil, la présence, le regard des personnes éminentes étonne. On appréhende de les offenser, & on ne sçait pas que c'est cette appréhension-là même qui les offense. Le moyen de se rassurer l'esprit, est de ne penser qu'à soy-même.

Et c'est-là pour comprendre toutes ces regles, sous une seule, l'unique voye de ne jamais se décontenancer. Il ne faut que se contenir en soy-même, & voici comment. Il faut d'abord envisager des yeux

Regle pour ne se point décontenancer.

de l'imagination la perfonne à qui nous avons affaire: voir la chofe dont il s'agit: & enfin, pour le dire encore une fois, le lieu & le tems où on fe trouve.

Et quand nous avons repaffé tout cela dans notre efprit, il ne faut plus y penfer: mais feulement réfléchir fur nous-mêmes, & demeurer fans ceffe en nous-mêmes fans en fortir, afin de veiller & d'obferver fi nous nous conformons à tous ces devoirs. Par ce moyen fermant la porte à tout ce qui pourroit nous frapper de dehors, & faire naître en nous quelque paffion capable de troubler le concert où nous devons être, nous demeurerons fermes dans l'état que la civilité demande de nous.

Ainfi les bonnes contenances ne confiftent qu'à obferver ce concert de la perfonne avec la chofe, le lieu & le temps. De-là vient que fi nous changeons notre fuppofition, la plûpart des contenances que nous venons de rapporter, deviendront en quelque maniere fupportables, fi toutefois il peut venir quelque chofe de raifonnable d'une mauvaife fource.

Mettons ces perfonnes parmi des égaux: au bal, dans le temps où on parle de marier une fille, on pardonnera une partie, de ce qui choqueroit fans cela.

Mettons de même, pour passer à d'autres exemples : un particulier obligé de coucher dans la chambre d'un Prince : il aura la veritable contenance qu'il doit avoir, s'il dort, parce que c'est-là la chose dont il s'agit, & qu'il est dans le lieu & le temps de dormir.

Posons le cas qu'il soit à table avec lui : il fera son devoir de boire & de manger.

Supposons qu'il soit en faction : il sera civil de ne lui point ôter le chapeau, de lui refuser même le passage, s'il n'a point autorité sur lui.

Representons-nous qu'il doit écrire ce que la personne éminente lui dicte ; il sera dans la bienséance d'être assis, quoi même que l'autre soit debout.

Nous voyons donc par tout ce que nous venons de dire, la verité du principe que nous avons établi ; que comme de garder la contenance que l'on doit, cette contenance empêchant que l'esprit ne se dissipe par aucune passion étrangere, le rend attentif aux regles de la civilité : un obstacle, ou même un écüeil certain à la civilité, est au contraire la décontenance, s'il m'est permis d'employer ce terme, ou le déconcert de la personne, ou de l'interieur à l'égard de l'exterieur.

Et cela même fait voir en même tems quelle doit être la contenance de tout le monde : car si vous me demandiez ici des regles pour montrer quelle doit être la contenance de chaque personne, selon leurs differentes qualitez, ou leurs differens caracteres, je ne vous pourrois répondre que la même chose ; & que cela dépend de sçavoir ce qui est bienséant à la qualité de chaque personne, par rapport, comme nous disons sans cesse, à la chose, au lieu & au temps.

Toute la difficulté est seulement, comme nous disions au commencement de ce Traité, de sçavoir ce qui est bienseant. Selon la bienséance, les personnes d'Eglise, par exemple, celles de judicature, les personnes âgées, les filles, les femmes doivent avoir un maintien serieux, qui marque de la gravité, mais qui n'ait rien d'affecté, de froid, de nonchalant, d'endormi, ni cet air couvert & tenebreux, qui marque que l'on est fâché.

Les jeunes gens, selon leur qualité, doivent avoir des manieres un peu plus gayes, plus vives & plus résoluës ; & particulierement ceux qui sont destinez aux armes. Il n'y a qu'à éviter à leur égard l'air effronté d'une part, & l'air fanfaron d'autre part : car l'un & l'autre choque également.

Et pour toutes sortes de conditions il faut éviter encore deux autres défauts, un certain air étudié, mysterieux ou grimacier : tel, par exemple, que nous voyons dans certains dévots, dont les uns roulent les yeux dans la tête, font des contorsions de la bouche ; font de gros soupirs & de grands helas ; de grandes gesticulations de la tête & des mains, croyant par-là signaler leur zele ; quoy-qu'ils le feroient peut-être encore mieux sans cela. Ces contenances composées font une peine extrême à ceux avec qui nous conversons. Si on fait une reverence, si on baise la main, ou si on fait autre chose de cette nature, tout cela est, pour ainsi dire, si étoffé, qu'une seule de ces choses-là en ces personnes grimacieres, en vaut quatre dans les autres. Il faut avoir un extrême soin d'abreger l'inutile ; parce que les signes de la civilité ne font pas la civilité même. C'est pourquoi quand un homme à qui nous devons du respect, est persuadé que notre interieur est civil, il se met fort peu en peine du reste. (a)

L'autre défaut qu'il est bon de fuir, est le contraire du précedent ; c'est-à-dire, un certain abregé de ces mêmes choses, qui les tourne en burlesque ; ou qui pas-

(a) il moror officium, quod me gravat. *Hor Ep.* 11, *lib. Ep.* 1,

se si vîte sur tout , qu'on y remarque
plutôt du dédain , ou de la marionnette,
que de l'honnêteté. Il faut dans toutes
nos actions regarder ce qui donne de la
grace , & l'observer ; ou tâcher d'imiter
dans les autres ce bon air , si nous ne le
trouvons pas dans nous-mêmes.

Enfin nous pouvons dire , pour donner une idée en general de toutes les contenances , puisqu'on ne le peut pas faire
dans le détail , qu'il ne faut que prendre
le milieu de deux défauts opposez , par
rapport toujours à la personne, à la chose ,
au lieu & au tems. Il ne faut être ni
endormi , ni étourdi , mais serieux. Il
ne faut être ni fâché , ni enjoué , mais
serain. Il ne faut être ni effronté , ni
timide , mais résolu. Il ne faut être ni
grimacier , ni immobile , mais libre. Il
ne faut avoir les manieres ni étudiées , ni
badines , mais naturelles , & en même
tems succintes ; je veux dire , qu'il ne
faut avoir rien d'affecté ni de grossier ;
de caché ou de dissimulé ; d'éventé ou
d'évaporé ; mais avoir un air franc, in-
genu , & qui aille , comme on dit , son
grand chemin : c'est le meilleur de tous
les caracteres , parce qu'il comprend tous
les autres. En un mot, il faut établir pour
maxime à l'égard de la contenance , aussi-
bien

bien que de tout ce qui regarde cette matiere, que tout eſt mauvais, quand cela
n'eſt pas dans la bienſéance ; & que cela
n'eſt pas dans la bienſéance, lorſque
cela ſort de ce milieu, dont nous parlons. (a) C'eſt le point où ſe doivent fixer
la plupart des vertus, mais ſur tout celle
dont il s'agit ici. Elle n'eſt vertu qu'en-
tant, comme dit un Poëte traitant de
la même choſe, qu'elle s'éloigne également de toutes ces extrémitez vicieuſes.

(a) Virtus
eſt medium
vitiorum &
utrinque re-
ductum.
*Hor. Lib. 1.
Epiſt. 1.*

Il faut donc ſe ſouvenir de ce principe, & en même tems de ce que nous
avons auſſi remarqué dans ce chapitre,
qui eſt de faire ſans ceſſe attention ſur
nous-mêmes, pour voir ſi nous ſommes
dans la contenance qui nous convient :
car de cette attention vient la contenance, & de la contenance la civilité ; comme du manque d'attention, vient le manque de contenance ; & de ce manque-là,
l'incivilité : par cette raiſon, comme nous
avons déja dit plus d'une fois, que le
défaut d'attention laiſſant entrer une paſſion étrangere à la place de la veritable
paſſion, met par-là un homme hors de
lui-même, & le rend incapable d'écouter les regles de ſon devoir.

CHAPITRE XXXII.

De la flaterie & des trop grands scrupules qui font la fausse civilité.

ON peut dans la pratique même de la plus reguliere civilité, tomber encore dans deux extrémitez ou défauts très-dangereux, qui la feront degenerer en une mauvaise civilité.

Bassesse, la gloire.

Le premier est, lorsque l'on excede dans la pratique de ces regles, accablant la personne à qui on fait sa cour, de complaisances aveugles & superfluës.

1. Hor. Epist. Lib. 1. Epist. 17.

Vous en voyez, comme dit un Poëte, qui étudient & reverent le moindre signe & le moindre geste que fait la personne à laquelle ils s'attachent ; qui admirent, relevent, ou repetent ce qu'elle dit, comme quand un enfant repete les mots que son Maître d'école lui apprend. Tout cela est, ce que l'on appelle flaterie, laquelle ne vient que de bassesse & d'interêts à l'égard de celui qui la fait, & ne tourne qu'au désavantage de celui qui la reçoit : car de même que celui qui flate fait voir par ses continuelles adorations le caractere d'une ame rampante, double & interessée ; ainsi celui qui la souffre, donne à connoître qu'il a lui-même l'esprit borné & présomptueux, de ne pas découvrir l'appas, & de se laisser toucher à des soumissions, qui ont pour objet toute autre chose que son merite. (*a*)

Le second défaut dans lequel on peut tomber, est quand pour trop éplucher les choses, nous nous faisons des scrupules sur tout, & que nous nous rendons esclaves de ces ceremonies, jusqu'à nous en troubler l'esprit, & nous rendre incommodes ou ridicules aux autres par trop d'exactitude. (*b*)

La civilité doit être, comme nous avons déja dit, toute libre, toute naturelle & nullement façonniere, ni superstitieuse : de-là vient même que quand nous nous sommes mis dans les termes de la bienséance & du respect, que les personnes qualifiées peuvent attendre de nous, nous ne devons point après cela paroître timides près d'elles : mais nous devons au contraire parler librement & franchement. Cette crainte qui va quelquefois jusqu'au tremblement, embarasse même celui à qui on parle, & est à l'égard de celui qui parle, la marque d'un naturel sauvage, ou d'une éducation basse & mal cultivée.

(*a*) Quamquam ita assentatio perniciosa sit, nocere tamen nemini potest nisi ei qui eam recipit atque ea delectatur : ita utilis affentatoribus, patefaciunt aures suas maximè, qui ipse sibi assentatur, & se maximè ipse delectat. *Cic. de amicit.*

Que la civilité doit être libre.

(*b*) Sedulitas autem stultè quem diligit urget. *Hor. Epist. Lib. II. Ep. I.*

F f ij

Ce qui nous fait clairement connoître que la modestie ou l'honnêteté n'est pas comme plusieurs pensent, une pusillanimité, qui recule ou obscurcisse les honnêtes gens; mais qu'au contraire, étant comme un frein à cette audace effrontée, qui aliéne de nous les personnes de bon sens, il faut tenir pour constant ce que dit Ciceron : *Que sans la pudeur & la retenuë, il n'y a rien de loüable, il n'y a rien d'honnête.* (a)

(a) Sine verecundia nihil rectum esse potest, nihil honestum.
C. lib. 1.

CHAPITRE XXXIII.

De l'application des préceptes de civilité à toutes rencontres.

Qu'il faut avoir la civilité plutôt dans l'esprit, que dans la memoire.

IL reste à dire qu'encore que ce Traité soit divisé par chapitre pour garder quelque ordre, il ne s'ensuit pas que l'on ne doive pratiquer la civilité qu'à la lettre, & selon que les choses y sont disposées. Il ne faut pas l'entendre ainsi; mais il faut se mettre ces préceptes en general dans l'esprit, pour être civil par tout, ou pour ne pas prendre la fausse civilité pour la veritable.

La pratiquer à des differens degrez.

Il faut les appliquer avec discernement & observer quelques degrez. Car, par exemple, s'il faut être civil envers nos

égaux d'une civilité d'amitié, il faut l'ê-
tre encore davantage avec des personnes
qui auront quelque qualité sur nous,
quoiqu'elle n'y mette pas une grande
difference : & s'il faut l'être envers celles-
ci, il faut l'être encore plus à l'égard de
celles qui seront d'une qualité éminente
pardessus nous : & encore plus à l'égard
des Princes, qui seront pardessus ces personnes-là, & enfin bien plus exactement
des Têtes couronnées, ou des personnes
qui les touchent de près, & qui sont au-
dessus des autres Princes, puisqu'alors la
civilité devient un devoir. Nous nous
en acquitterons régulierement, si nous
nous souvenons de garder par tout la
bienséance que nous avons marquée à
l'égard des personnes, du temps & du
lieu.

Mais pour voir tout d'un coup dans la *Regle prompte pour redresser l'esprit en toutes rencontres.*
rencontre, si nous sommes dans ces ob-
servations ; & pour en même temps prévenir plusieurs irrégularitez qui font
de la peine, nous n'avons qu'à observer
une regle courte & infaillible, qui comprend toutes les autres.

C'est de considerer l'effet du précepte
avec le précepte même. Quelques exemples nous le feront peut-être mieux entendre. Un des préceptes pour la table,

est de ne se point découvrir : sur ce principe un particulier, par exemple, qui
se trouveroit à la table d'un Prince, qui
se proposant de l'obliger, boiroit à sa santé, ne manqueroit pas, si vous voulez,
à la civilité de demeurer couvert ; mais
quel effet cela feroit-il ? de voir un homme si different de qualité, & qui doit
être effectivement dans le respect, immobile, comme sur un pied d'estal, pendant
que le Prince le comble d'honnêteté ;
il est aisé de s'en persuader l'absurdité,
si on se les represente à table, & en la
compagnie d'un grand nombre de personnes qui mangent avec eux, & qui les
voyent manger. Ce précepte ne peut donc
pas s'observer dans cette rencontre, à
cause de son mauvais effet ; & il faut
necessairement se découvrir, & s'incliner,
comme nous l'avons remarqué, puisque
par ces actions-là même, qui sont hors
de la regle, on témoigne davantage son
respect.

Tout de même, se trouvant à table
avec des personnes à qui on doit quelque déference, & qu'il faut par conséquent servir les premiers, avant que de se
servir soi-même, pour suivre le précepte de civilité qui l'ordonne ainsi. Ce seroit, par exemple, une plaisante civilité,

ſi une perſonne de cette qualité demandant du pain d'ordinaire, comme il arrive ſouvent, dont on auroit déja coupé
le jour auparavant, ſi vous voulez, &
me priant de lui en couper, je lui cou-
pois & préſentois, pour ſuivre le precepte, le premier morceau qui ſeroit dur
& ſec, & gardois pour moi le ſecond,
qui ſeroit tendre.

De même, un des préceptes de la civilité, eſt de laiſſer paſſer la premiere,
une perſonne que nous devons honorer;
mais ſi, par exemple, on a un bourbier
à paſſer, & qu'on inonde cette perſonne-là, d'eau & de bouë, pour ſe tenir
literalement au précepte; quel ſpectacle
ſera-ce de la voir crottée par honneur?

Il faut donc en toutes rencontres, pour
appliquer judicieuſement les regles que
nous avons marquées, voir d'une vûë le
précepte & l'effet du précepte; & ſi l'effet produit quelque indécence, rectifier &
redreſſer le précepte par le ſens commun,
autrement notre civilité n'a rien de civil.

CONCLUSION.

CE ſont-là les obſervations que l'on
a jugé à propos de faire, pour l'in-
ſtruction des jeunes gens. On voit bien

Que ces re-
gles n'ent été
tirées d'au-
cun livre.

qu'il seroit impossible de donner des préceptes de civilité, pour toutes sortes de rencontres, & pour toutes les actions de la vie, qui peuvent servir de matiere aux régles de la civilité; & on n'ignore pas non plus, que l'on a mis dans cet écrit quantité de choses que tout le monde sçait, & que d'autres peuvent avoir déja dites, mais la chose ne se pouvoit pas faire autrement; car comme il étoit question de traiter de la bienséance des actions des hommes, qui sont presque toujours les mêmes, y ayant eu depuis le commencement du monde, des gens qui ont bû, mangé, craché, bâillé, &c. on ne pouvoit pas éviter de redire les mêmes régles, en parlant des mêmes actions, puisque la bienséance n'étant autre chose, que ce que la raison a jugé convenable sur les principes de la nature & de l'usage; il y a eu avant nous des gens raisonnables, qui ont pû connoître & enseigner cette convenance, aussi-bien que nous.

Ce n'est pas que pour faire ce Traité on se soit servi d'aucuns livres de pareil sujet: on sçait bien que pour les préceptes de civilité, qui dépendent de l'usage, ces anciennes régles nuisent plutôt qu'elles ne servent; & que par conséquent il vaut mieux confulter l'ufage vivant, que l'ufage mort. Que fi toutefois nous nous étions rencontrez avec ceux qui en ont écrit; comme il eft probable qu'entre tant de perfonnes de merite , qui font profeffion d'inftruire la jeuneffe, & qui s'y appliquent avec tant de zele , il s'en fera trouvé qui n'auront pas oublié de lui prefcrire des regles touchant la civilité ; puifqu'elle fait une des plus neceffaires parties de l'inftruction; ou du moins celle qui paroît davantage & plus fréquemment aux yeux du monde; que fi (dis-je) nous nous fommes rencontrez avec quelques-uns , nous ne voulons pas finir fans les prier d'être eux-mêmes à notre égard civils, & obligeans; & de ne pas trouver mauvais que nous les ayons imitez en quelque chofe.

En effet , à le prendre même à la rigueur , comme nous fommes femblables, eux & nous en cette rencontre, à ceux qui compilent des loix, qu'ils n'ont pas faites , & dont par conféquent ils feroient ridicules de fe faire un mérite ; nous n'avons pas lieu non plus, ni eux, ni nous de nous offenfer, s'il y en a qui joignent leur travail au nôtre , puifqu'ils n'ôtent rien de ce qui eft à nous. Auffi verrons-nous avec beaucoup de

joye que d'autres prennent, comme de
main en main, le pinceau que nous leur
préfentons; & qu'ils perfectionnent ce
que nous ne venons que d'ébaucher : car
quelque chofe que les uns & les autres
en puiffent avoir dit jufqu'ici, il eft certain que l'on doit en avoir beaucoup dit,
fi on a voulu répondre à une matiere fi
abondante; & il eft fans doute encore,
que quoique nous-mêmes, ayons pû en
avoir remarqué dans cet écrit, il en refte
encore beaucoup plus à dire.

Que l'ufage peut changer. Davantage, cet ufage, dont nous venons de parler, ne permet pas que la plu-
part de ces fortes de loix foient immua-
bles. Il y en a plufieurs qui ont déja
changé, & je ne doute pas qu'il n'y en
ait quantité de celles ci, qui changeront
de même à l'avenir.

Autrefois, par exemple, il étoit permis de cracher à terre devant des perfonnes de qualité, & il fuffifoit de mettre pied deffus; à préfent c'eft une indécence.

Autrefois on pouvoit bâiller, & c'é-
toit affez, pourvû que l'on ne parlât pas
en bâillant, à préfent une perfonne de
qualité s'en choqueroit.

Autrefois on pouvoit tremper fon pain
dans la fauffe, & il fuffifoit pourvû que

l'on n'y eût pas encore mordu , maintenant ce seroit une espece de rusticité.

Autrefois on pouvoit tirer de sa bouche ce que l'on ne pouvoit pas manger , & le jetter à terre ; pourvû que cela se fît adroitement ; & maintenant ce seroit une grande saleté , & ainsi de plusieurs autres observations.

Il est donc certain que l'usage pourra polir, abolir & changer peut-être une partie des régles que nous donnons ; mais neanmoins comme la civilité vient essentiellement de la modestie , & la modestie de l'humilité , qui est le souverain degré de la charité , & qui comme les autres est appuyée sur des principes inébranlables : c'est une verité constante, que quand même l'usage changeroit , la civilité ne changeroit pas dans le fond ; & que l'on sera toujours civil , quand on sera modeste ; toujours modeste , quand on sera humble ; & toujours humble , quand on aura la charité chrétienne , qui nous porte à obliger tous ceux que nous pouvons , même contre nos propres interêts.

Mais que la civilité est & sera toujours immuable dans le fond

F I N.

TABLE
DES CHAPITRES
& des Matieres contenus en ce Livre.

DES MATIERES.

TABLE

DES MATIERES.

TABLE

Couteau

TABLE

DES MATIERES.

TABLE

DES MATIERES.

TABLE DES MATIERES.

Fin de la Table.

PRIVILEGE DU ROY.

LOUIS, par la grace de Dieu, Roy de France & de Navarre: A nos amez & féaux Conseillers, les Gens tenans nos Cours de Parlement, Maîtres des Requêtes ordinaires de notre Hôtel, Grand-Conseil, Prevôt de Paris, Baillifs, Sénechaux, leurs Lieutenans Civils, & autres nos Justiciers qu'il appartiendra. SALUT, notre bien amé CHARLES ROBUSTEL, Libraire à Paris, Nous a fait remontrer qu'ayant acquis depuis peu avec de grands frais plusieurs Livres très-utiles au public · dont les Editions sont presque consommées, & dont les Privileges par Nous accordez sont expirez, ou prêts à expirer, dans la vûë qu'il a de pouvoir toujours satisfaire le Public, il auroit dessein, sous notre bon plaisir, de réimprimer lesdits Livres. Mais comme il ne le peut sans s'engager

encore à une très-grande dépense : Il Nous a très-humblement fait supplier pour le dédommager des avances
considerables qu'il a faites , & qu'il est obligé de faire , de
lui accorder nos Lettres de Privilèges sur ce necessaires.
A CES CAUSES , voulant favorablement traiter ledit Robustel , & exciter par son exemple les autres Libraires & Imprimeurs à entreprendre des Editions dont la
lecture peut être avantageuse à l'avancement des Sciences
& aux progrès des belles Lettres , qui ont toujurs fleury
dans notre Royaume , ainsi qu'à soutenir l'Imprimerie &
la Librairie , qui ont été jusqu'à présent cultivées par nos
Suiers avec autant de succès que de réputation. Nous avons
permis & permettons par ces Presentes audit Robustel ,
de faire imprimer & reimprimer lesdits Ouvrages intituler : *Histoire de la Vie de Notre Seigneur Jesus-Christ . Principe & Règles
de la Vie Chrétienne , Instructions & Exercices de Pieté durant la sainte
Messe , Office de la Vierge en Latin & en François avec des Instructions
pour passer chrétiennement la journée , Manieres ma ieres d'entendre la sainte
Messe , Instructions sur les sept Sacremens , le tout par le Sieur Tourneux ,
Traité de la Prière , par le Sieur Nicole. Traité de la Civilité , par le
Sieur Courtin. Traité du Point d'Honneur , de la Médisance & de la Paresse ,
par le même. Richesse de la Mort Chrétienne , Conduite Chrétienne pour la
Confession & Communion , Catechisme de la Penitence , Pseautier de David, avec des Notes tirées de S. Augustin , Le Dilletantaire Chrétien , le
Directeur Spirituel , par le Sieur Treuvé. L'Imitation de Jesus-Christ avec
des Réflexions , Homilies sur les Sacremens de Penitence & d'Eucharistie ,
Homilies Morales sur les Evangiles , par le Sieur Fleurier , Traité de la
Messe de Paroisse , par le même. Instructions Theologiques & Morales sur
le Symbole , & les Sacremens. L'Oraison Dominicale , & le Décalogue ,
par le Sieur Nicole*, en telle volume , forme , marge , caractere , conjointement ou séparément , & autant de fois
que bon lui semblera , & de les vendre , faire vendre , &
débiter par tout notre Royaume , pendant le tems de seize
années consecutives ; à compter du jour de la datte desdites Presentes. Faisons défenses à toutes personnes de quelque qualité & condition qu'elles soient , d'en introduire
d'impression étrangere dans aucun lieu de notre obéïssance ; & à tous Imprimeurs , Libraires & autres d'imprimer , faire imprimer , vendre , faire vendre , débiter ni
contrefaire aucuns desdits Livres en tout ni en partie , en
general ou en particulier , sous quelque prétexte que ce
soit , d'augmentation , correction , changement de titre ,
de traduction en langue latine , ni autrement , ni d'en
faire des extraits & abregez sans la permission expresse &
par écrit dudit Exposant ou de ceux qui auront droit de
lui , à peine de confiscation des exemplaires contrefaits .
de six mille livres d'amende contre chacun des contre venans , dont un tiers à Nous , un tiers à l'Hôtel-Dieu de
Paris , l'autre tiers audit Exposant , & de tous dépens .
dommages & intérêts ; à la charge que ces Presentes seront enregistrées tout au long sur le Registre de la Communauté des Imprimeurs & Libraires de Paris , & ce dans
trois mois de la datte d'icelles ; Que l'impression desdits
Livres sera faite dans notre Royaume & non ailleurs , en
bon papier & en beaux caracteres , conformement aux
Reglemens de la Librairie ; & qu'avant de les exposer en
vente , il en sera mis deux exemplaires de chacun dans
notre Bibliotheque publique , un dans celle de notre Châ-

féau du Louvre, & un dans celle de notre très-cher &
féal Chevalier Chancelier de France, le Sieur Phelipeaux,
Comte de Ponchartrain, Commandeur de nos Ordres ; le
tour à peine de nullité des Presentes ; du contenu desquel-
les vous mandons & enjoignons de faire joüir l'Exposant
ou ses ayans cause, pleinement & paisiblement, sans souffrir qu'il leur soit fait aucun trouble ou empêchement.
Voulons qu'à la copie desdites Presentes qui sera impri-
mée au commencement ou à la fin desdits Livres soit tenuë pour düëment signifiée, & qu'aux copies collationnées
par l'un de nos amez & féaux Conseillers & Secretaires,
foy soit ajoutée comme à l'Original. Commandons au premier notre Huissier ou Sergent de faire pour l'éxecution
d'icelles tous Actes requis & necessaires, sans demander
autre permission ; & nonobstant clameur de Haro, Charte
Normande & Lettres à ce contraires. Car tel est notre
plaisir. Donné à Versailles le vingt-quatriéme jour du
mois de Janvier l'an de grace mil sept cent douze ; & de
notre Regne le soixante neuviéme. Par le Roy en son Con-
seil. DE SAINT HILAIRE.

JE reconnois avoir cedé la moitié du Privilege cy-dessus
à Monsieur LOUIS JOSSE, Libraire à Paris, pour en
joüir suivant les conventions faites entre nous. A Paris,
le 26. Janvier 1712.

ROBUSTEL.

Registré sur le Registre numero 298. de la Communauté des Imprimeurs &
Libraires de Paris, page 300. conformément aux Reglemens, & notam-
ment à l'Arrêt du 13. Août 1703. A Paris ce vingt-huitiéme jour de
mois de Janvier 1712.

signé, LOUIS JOSSE, Syndic

www.ingramcontent.com/pod-product-compliance
Lightning Source LLC
Chambersburg PA
CBHW071631270326
41928CB00010B/1873